培育新动能　引领新潮流
开辟新赛道　塑造新优势

向新而行
发展新质生产力

翟　云　等◎著

·北京·
中央党校出版集团
国家行政学院出版社
NATIONAL ACADEMY OF GOVERNANCE PRESS

图书在版编目（CIP）数据

向新而行：发展新质生产力 / 翟云等著 . -- 北京：国家行政学院出版社，2025.1. -- ISBN 978-7-5150-2928-3

Ⅰ . F120.2

中国国家版本馆 CIP 数据核字第 20240PC030 号

书　　名	向新而行：发展新质生产力
	XIANG XIN ER XING：FAZHAN XINZHI SHENGCHANLI
作　　者	翟　云　等 著
统筹策划	王　莹
责任编辑	王　莹　马文涛　孔令慧
责任校对	许海利
责任印刷	吴　霞
出版发行	国家行政学院出版社
	（北京市海淀区长春桥路 6 号　100089）
综 合 办	（010）68928887
发 行 部	（010）68928866
经　　销	新华书店
印　　刷	北京新视觉印刷有限公司
版　　次	2025 年 1 月北京第 1 版
印　　次	2025 年 1 月北京第 1 次印刷
开　　本	170 毫米 ×240 毫米　16 开
印　　张	25
字　　数	350 千字
定　　价	98.00 元

本书如有印装问题，可联系调换。联系电话：（010）68929022

专家委员会

顾　问

彭　森　中国经济体制改革研究会会长、国家发改委原副主任

主　任

杨　杰　中国移动通信集团有限公司党组书记、董事长

委　员（按姓氏笔画排序）

王晓梅　中国国际技术智力合作集团有限公司总经理

王满传　中央党校（国家行政学院）社会和生态文明教研部主任、教授

邢怀滨　科技部新质生产力促进中心主任

朱旭峰　清华大学公共管理学院院长、教授

李江涛　中央党校（国家行政学院）国家治理教研部副主任、教授

宋　洁　北京大学工学院党委书记、博雅特聘教授

宋志刚　数字中国研究院（福建）院长

陈洪涛　中国移动集团科技创新部总经理

周　民　国家信息中心副主任

周鸿祎　360集团创始人、董事长

曹现强　山东大学党委常委、副校长、教授，兼任青岛校区校长

梁　鹏　中国联合网络通信有限公司智能城市研究院院长

翟晓舟　陕西科技创新与新质生产力研究院副院长、教授

发展新质生产力是推动高质量发展的内在要求和重要着力点,必须继续做好创新这篇大文章,推动新质生产力加快发展。

——摘自习近平总书记在二十届中央政治局第十一次集体学习时的讲话

献给所有
致力于新质生产力发展事业的

To all the trailblazers, pioneers and devotees committed to the development of new quality productive forces! | **奋进者**
开拓者
奉献者

推荐序

全面深化改革　激发新质生产力蓬勃伟力

2024年，注定是不平凡的一年，注定是载入史册的一年。这一年，是中华人民共和国成立75周年，是实现"十四五"规划目标任务的关键一年，更是进一步开启全面深化改革的一年。党的二十届三中全会站在新的历史起点上，明确了进一步全面深化改革的总目标是继续完善和发展中国特色社会主义制度，推进国家治理体系和治理能力现代化。这是"久久为功，坚定不移将改革进行到底"的必胜信心，为进一步全面深化改革明确了目标导向。

大国复兴，当需伟力。奋进新征程，需要锻造新动能；向新而行，需要开辟新赛道。正如习近平总书记在二十届中央政治局第十一次集体学习上的讲话所言，"发展新质生产力是推动高质量发展的内在要求和重要着力点，必须继续做好创新这篇大文章，推动新质生产力加快发展"，磅礴力量，于斯为盛。

发展新质生产力，就是在全面建设社会主义现代化国家、全面推进中华民族伟大复兴的伟大征程中，中国共产党人坚持马克思主义基本原理，坚持实事求是、从中国实际出发的主动之举，是观察时代、把握时代、引领时代的创新之举，是立足现在、展望未来、掌握主动的战略之举。发展新质生产力，是全面深化改革的重要支撑，是推动高质量发展的关键一招，更是加快推动中国式现代化的创新之源。

正如习近平总书记所强调的，"高质量发展需要新的生产力理论来指导，而新质生产力已经在实践中形成并展示出对高质量发展的强劲推动力、支撑力，需要我们从理论上进行总结、概括，用以指导新的发展实践"。要在全球科技竞争日趋激烈、国际经济环境错综复杂的世界百年未有之大变局中锚定从"后发追赶"迈向"前沿竞争"的转型轨道，必须对新质生产力的生成逻辑、学理意涵与发展路径作进一步考察。这也是将"中国道路"的经验知识学理化、体系化，进而为深化拓展中国式现代化进程、加快实现中华民族伟大复兴注入强大思想动力的应然之举。

为此，翟云等撰写《向新而行：发展新质生产力》一书。全书分为三编。其中，发展编重点阐述新质生产力形成和发展的历史逻辑、理论逻辑；改革编立足以改革思维加快高水平科技自立自强、深化人才创新、推动要素市场化配置、深化数实融合、加快绿色发展等核心议题；治理编则将筑牢安全基石和塑造新型生产关系作为落脚点。这些问题既是新质生产力的"生长基因"，也是各级领导干部观察新质生产力的切入点。我欣喜地看到，著者对这些问题初步的、尝试性的思考，既呈现出了新质生产力的基本样貌，也为读者认识、理解、发展新质生产力提供了一个全新的认知架构和思考视角。

激荡改革潮，扬帆正远航。党的二十届三中全会作出了"健全因地制宜发展新质生产力体制机制"的总动员。让我们乘着全面深化改革的东风，立足"两个大局"，心怀"国之大者"，做好创新这篇大文章，激活生产要素"向新力"，开辟高质量发展"新"赛道，镌绘新质生产力的绿色底色，筑牢安全发展"防火墙"，推动新质生产力加快发展，为高质量发展和中国式现代化宏图伟业注入源源不断的蓬勃动能。

让我们一起擘画新质生产力发展蓝图！

中国经济体制改革研究会会长
国家发改委原副主任

目 录

第一章　大变局呼吁新动能

第一节　百年变局下的世界坐标 / 3

第二节　百年变局中的中国方位 / 16

第三节　世界之问与时代命题 / 23

第二章　新质生产力的学理阐释

第一节　开辟"新"图景 / 37

第二节　新质生产力的学理意涵 / 51

第三节　新型生产关系的理论透视 / 59

第三章　走进新质生产力

第一节　"中南海"的理论课 / 75

第二节　这个生产力，到底有多"新" / 85

第三节　走向新质生产力的路径 / 97

第四章　走好科技创新先手棋

第一节　科技创新势在必行 / 113

第二节　发展新质生产力具备坚实的科技基础 / 119

第三节　我国科技创新的发展困境 / 131

第四节　筑牢创新根基　问鼎科技前沿 / 138

第五章　厚植新质生产力人才根基

第一节　发展新质生产力，关键靠人 / 157

第二节　念好"人才经"需突破"三重困境" / 163

第三节　让金字塔尖上的人才冒出来 / 176

第六章　数据要素市场化配置新进路

第一节　筑牢根基制度先行 / 193

第二节　让数据流向最需要的地方 / 200

第三节　公共数据授权运营迎来"春江水暖" / 206

第四节　数据要素化要实现"多赢" / 218

第七章　高质量发展开辟"新"赛道

第一节　聚焦数实融合主阵地 / 241

第二节　锻造数字产业集群新优势 / 251

第三节　夯实数字基础设施新底座 / 258

第八章　镌绘新质生产力的绿色底色

第一节　新质生产力本身就是绿色生产力 / 273
第二节　厚植绿色技术创新优势 / 286
第三节　用好用足经济政策工具箱 / 297

第九章　筑牢新质生产力安全基石

第一节　全球数字安全呈现新样态 / 307
第二节　发展新质生产力面临新挑战 / 320
第三节　为新质生产力安全发展注入新内核 / 326

第十章　面向未来的新型生产关系

第一节　生产力和生产关系是天生的"冤家" / 345
第二节　打通束缚新质生产力的"任督二脉" / 364
第三节　要开放，不要闭门造车 / 374

后　记 / 385

第一章
大变局呼吁新动能

面对纷繁复杂的国际国内形势,面对新一轮科技革命和产业变革,面对人民群众新期待,必须继续把改革推向前进。

——摘自《中共中央关于进一步全面深化改革　推进中国式现代化的决定》

第一节 百年变局下的世界坐标

2016年5月，习近平总书记在全国科技创新大会、两院院士大会、中国科协第九次全国代表大会上指出："历史经验表明，那些抓住科技革命机遇走向现代化的国家，都是科学基础雄厚的国家；那些抓住科技革命机遇成为世界强国的国家，都是在重要科技领域处于领先行列的国家。"今天，我们形成和发展新质生产力，就必须深刻洞察人类社会发展的历史规律，就必须在现代科技革命的历史长河中找准我们当下所处的世界坐标，在他山之石中塑造破解高质量发展的制胜之器。

一、从飞梭到火车

1769年，英国工程师詹姆斯·瓦特（James Watt）发明了瓦特蒸汽机，成为第一次科技产业革命即蒸汽革命开始的标志。它起源于18世纪初的英国，持续至19世纪30年代，在欧洲其他国家也产生了深远影响，极大地促进了人类社会工业化进程。

（一）从抽水机到"万用动力机"

在17世纪的英国，随着经济的快速增长，煤炭成为广泛使用的能源。然而，随着采矿业的快速发展，矿井的深度和规模不断扩大，传统的人力和自然力提水排水方式已无法满足需求。这一挑战促使矿主和发明家们寻求新的动力机械。

向新而行：发展新质生产力

1698年，英国绅士托马斯·萨维利发明了一种蒸汽泵，这是世界上第一台投入使用的蒸汽机。萨维利的发明受到了法国物理学家丹尼斯·帕潘的启发，帕潘在1679年发明了"蒸煮器"，并在1690年发明了单缸活塞式蒸汽机。托马斯·纽卡门在1705年制造出了一种新型蒸汽机，结合了帕潘蒸汽机和萨维利蒸汽泵的优点，采用了带活塞的气缸，蒸汽由独立锅炉输入，显著提高了热效率。

纽卡门蒸汽机虽然在煤炭工业中得到广泛应用，但其高能耗限制了其在更广泛工业生产中的应用。这促使詹姆斯·瓦特自1763年起着手改进纽卡门蒸汽机。经过多年的研发，瓦特于1769年发明了一种新型蒸汽机，通过引入冷凝器，显著提高了热效率，减少了燃料浪费。瓦特的蒸汽机成为工业革命的标志，被称为万能"原动机"，开启了蒸汽时代。

拓展阅读

为什么工业革命起源于英国？

工业革命起源于英国的原因可以归结为经济基础、资源条件、社会结构、技术创新和政策环境5个关键因素。

从经济基础来看，英国在18世纪初已经具备了相对发达的农业和手工业基础，这为工业化提供了必要的物质条件和市场需求。通过海外殖民扩张，英国积累了大量财富，这些财富为工业投资和基础设施建设提供了资金支持。随着人口增长和城市化进程，英国国内市场对商品的需求不断增加，同时英国的海外殖民地也为英国工业产品提供了广阔的市场。

从资源条件来看，英国拥有丰富的煤炭和铁矿资源，这些资源为工业化提供了原材料，尤其是煤炭在蒸汽机的广泛应用中起到了关键作用。英国拥有发达的水路和陆路交通网络，特别是运河和铁路的发展，为工业产品的运输和市场扩展提供了便利。

从社会结构来看，英国的"圈地运动"导致大量农民失去土地，成为廉价劳动力，为工业化提供了充足的劳动力资源。英国的社会结构和阶级关系为工业化提供了条件，新兴的工业资产阶级和工人阶级的形成推动了工业化进程。

从技术创新来看，英国在18世纪出现了一系列重要的技术创新，如纺织机械的发明和改进（如珍妮纺纱机、水力纺纱机）和蒸汽机的发明，这些技术进步为工业生产提供了动力。

从政策环境来看，英国政府在一定程度上支持工业发展，通过专利法等措施保护和鼓励技术创新。英国的文化和教育环境也对工业化产生了影响，科学和工程学的发展为技术创新提供了知识基础。

这些因素共同作用使得英国成为世界上第一个进入工业化的国家，引领了第一次工业革命的浪潮。

（二）"蒸汽火车"到"蒸汽轮船"的飞跃

蒸汽机的发展预示着交通领域的重大变革，它不仅为机械提供动力，更开启了轮式交通工具的新纪元。在瓦特专利到期之前，英国工程师们已开始探索高压蒸汽机的制造，以期超越瓦特的设计。理查德·特雷维西克经过研发，于1801年圣诞节成功制造并测试了世界上第一台高压蒸汽机。这台机器轻巧且能驱动车辆行驶约1公里，标志着交通革命的开端。

特雷维西克的发明迅速应用于铁路和船舶运输，成为这些交通工具的主流动力源。1804年2月，特雷维西克驾驶他的蒸汽机车完成了一次试验，以5英里/小时的速度行驶，证明了蒸汽机车的实用性。特雷维西克的蒸汽机车不仅比瓦特早期的机器更轻巧、动力更强，而且其设计允许将蒸汽机安装在自行驱动

向新而行：发展新质生产力

的车辆上，为未来150年的世界变革奠定了基础。①

蒸汽机在煤矿、货物和乘客运输的试验中迅速推广起来。19世纪20年代前，铁路建设常遭遇一些人反对，但工程师乔治·史蒂文森与富商爱德华·皮斯共同推动铁路修建。1821年，英国议会批准建造25英里的铁路，这是铁路历史上的一个里程碑。1825年，史蒂文森公司的蒸汽机车在达林顿到斯托克顿的铁路上成功运行。这条铁路虽最初为煤矿设计，却成为世界上第一条公共铁路。铁路迅速成为国家运输系统的基础设施，1838年议会允许铁路运送邮件，电报随之沿铁路线发展起来。1844年的铁路法案建立了英国运输系统和行业规范。

随着铁路的普及，蒸汽动力也推动了船运的发展。18世纪虽有发明家尝试蒸汽船，但直到1838年布鲁内尔的"大西部"号开创了远洋轮船时代。18世纪70年代，螺旋桨和高效复合发动机的应用使远洋航行变得安全且经济，为数百万欧洲移民迁往美国提供了可能，蒸汽船也成了具有战略价值的工具。②

二、让大地遍布通信神经

第二次科技产业革命，即电力革命，为人类提供了比蒸汽更高效、清洁的能源，极大地提升了物质生产能力。同时，电报和电话的普及使信息传播速度大幅提升，与光速匹敌，推动了社会生产和交流的革命，使人类进入物质丰裕时代。在19世纪之前，电力对人类而言是陌生的。1820年，奥斯特和安培发现了电流的磁效应，法拉第随后揭示了电磁感应现象，推动了电磁学理论的飞速

---

① 参见罗杰·奥斯本《钢铁、蒸汽与资本：工业革命的起源》，曹磊译，电子工业出版社2016年版，第118—124页。
② 参见罗杰·奥斯本《钢铁、蒸汽与资本：工业革命的起源》，曹磊译，电子工业出版社2016年版，第250—257页。

发展。工程技术专家迅速认识到电力技术的重大意义，投身于电力的研究与应用，开启了电气时代。电力革命标志着电能成为主导社会经济生活的主要能源，其易于传输的特性和作为信息载体的可靠性，使电力在传输和通信方面发挥了巨大作用。随之而来的是大型发电机、高压输电网、电动机和照明电灯的出现，以及电报、电话等无线通信的普及，这些发明极大地改善了人类的生活质量。[①] 电力革命不仅推动了发电机和电动机的实用化，也促进了电报电话通信技术的发展，从有线到无线，为社会生产和生活提供了新型能源和更高效的信息传递方式。

电力革命的关键在于掌握获取电能的技术。1800年，伏特发明的电池为电能的科技创新打下了基础。在19世纪60年代，美国掀起了电器开发的热潮，这引起了被誉为"发明大王"的托马斯·阿尔瓦·爱迪生的极大兴趣。凭借自身的聪明才智、勤奋工作及敏锐的商业洞察力，爱迪生的发明使得人类在电能应用领域取得了一系列重大突破，从而在全球范围内声名鹊起。1879年10月22日，爱迪生终于成功研制出了以碳化棉丝为发光材料的真空白炽灯。这是人类历史上第一盏具有广泛实用价值的电灯，能够持续亮起45小时。爱迪生在发明过程中使用了1600种不同的材料进行试验，这种电灯因其高电阻特性和使用碳化棉丝而得名。在1880年的圣诞夜，爱迪生用他的电灯照亮了新泽西州洛帕克的主要街道，为当地居民带来了光明。次年，他又研制出了使用日本竹子制成的碳化灯丝，这种灯丝能够使电灯持续点亮1000小时。

1881年，在巴黎世博会上，爱迪生展出了一台重达27吨的发电设备，这台设备能够为1200只电灯提供照明，引起了极大的轰动。到了1882年，爱迪生在纽约建立了世界上最大的电力系统，他的直流发电机规模达到了600多千瓦，为数千用户提供了照明用电。

[①] 吴国盛：《科学的历程》，北京大学出版社2002年版，第411页。

向新而行：发展新质生产力

拓展阅读

除了自馈式发电机，还有哪些技术对电力革命有重要贡献？

电力革命是19世纪末至20世纪初的一次重大技术变革，极大地推动了社会生产力的发展，并深刻改变了人类的生活与产业结构。除了自馈式发电机，还有以下多种技术对电力革命有重要贡献。

1. 电动机的发明：1834年，第一台实用电动机的诞生标志着电动机进入了实用化阶段，为电力的广泛应用提供了基础。随着发电机功率增大，供电范围变广，促进了发电站的建设。

2. 远距离输电技术：1882年，法国电气技师建造了世界上第一条远距离直流输电实验线路，这项技术的发展为电力的远距离传输提供了可能。

3. 三相交流输电线路：在1890至1891年，从法国劳芬到德国法兰克福架设的世界上第一条三相交流输电线路，推动了交流技术的不断发展和完善。

4. 内燃机的发明：19世纪80年代中期，德国发明家卡尔·本茨提出了轻内燃发动机的设计。这种发动机以汽油为燃料，引发了交通运输领域的革命性变革。

5. 石油开采与化学工业的发展：内燃机的发明推动了石油开采业的发展和石油化学工业的产生，石油成为一种重要的新能源。

6. 伏打电堆的发明：伏打电堆作为电池的原型，改变了人们对电流的认识，为后续电力技术的发展奠定了基础。

这些技术的发展和应用共同推动了电力革命的进程，促进了社会生产力的巨大飞跃，并为现代工业社会的形成奠定了基础。

这一时期的科技革命，特别是电力革命，对资本主义的进化产生了深远影响。马克思在1850年预言了自然科学的新革命，指出电力将取代蒸汽成为新的革命者，其影响无法估量。这场革命深化了科学技术与资本的结合，推动了科

技的大发展，并促进了美国资本主义生产力的爆发，使美国成为世界工业强国。

三、网络社会的崛起

第三次科技产业革命，也称为信息技术革命，起源于20世纪40年代末的美国，并在90年代达到高峰。这场革命以其连锁爆炸式的发展和长达数十年的持续时间而著称，其核心技术是数字化的信息技术，特别是电子计算机的应用。与历史上的其他科技革命相比，信息技术革命对科学技术的渗透和影响更为深远。信息技术革命的核心技术是信息和通信技术（ICT），它是人类历史上最具深远影响的科技革命之一。

（一）信息技术革命的主线之一：计算机革命

世界上第一台电子计算机 ENIAC 是由美国宾夕法尼亚大学摩尔电气工程学院在第二次世界大战后期研制成功的。1942年，为提高火炮射击精度，美国陆军部委托该学院研制高速计算设备，由约翰·莫希利和约翰·普瑞斯伯·埃克特负责。ENIAC 的研制历时3年，耗资48万美元，于1945年完成，1946年公开演示。它每秒能执行数千次运算，速度远超当时的机电式计算机和手工计算。ENIAC 的诞生开启了信息处理的新时代，但其程序与计算分离的设计存在明显缺陷。操作人员需手动接通线路，准备时间长，计算时间短。为改进这一问题，普林斯顿大学的冯·诺依曼提出了电子离散变量自动计算机（EDVAC）方案，引入二进制和程序存储概念，奠定了现代计算机结构的基础，被誉为"电子计算机之父"。电子计算机的发展不仅体现了信息技术的革命性进步，也预示着计算机小型化和数字化处理是科技发展的必然趋势。冯·诺依曼的设计理念至今仍对计算机架构影响深远，推动了信息技术的快速发展和广泛应用。

1947年，在美国电报电话公司（AT&T）贝尔实验室，威廉·布拉德福德·肖克利、约翰·巴丁和沃尔特·豪斯·布拉顿三位科学家成功发明了晶体管，被广泛认为是"20世纪最重要的发明"。1951年，冯·诺依曼利用晶体管技术开发了EDVAC，其效率比ENIAC提高了数百倍，耗电和占地面积大幅减少。[1]随后，1955年贝尔实验室推出了全球首台全晶体管计算机TRADIC，[2]1956年麻省理工学院推出了晶体管TX-0，IBM公司也相继推出了晶体管电脑IBM1620和IBM1790，运算速度达到每秒几十万次。1961年，IBM生产的大型电子计算机使用了169000个晶体管，运算速度达每秒百万次。1964年，IBM360型系统计算机的问世标志着第三代计算机技术的开始。计算机革命作为信息技术革命的核心，持续了半个世纪，与互联网革命并行，共同推动了社会进入信息时代。

（二）信息技术革命的主线之二：互联网革命

20世纪50年代，随着美苏冷战的加剧，美国政府和军方迫切需要建立一个能在核攻击下生存的通信网络。1966年，美国国防部高级研究计划署（ARPA）的信息处理技术处（IPTO）处长鲍勃·泰勒决定启动计算机联网实验，获得了100万美元的经费。泰勒的计划后来发展为著名的ARPANet，即"阿帕网"。[3]1968年，拉里·罗伯茨领导的"阿帕网"工程选择了分布式网络结构和包交换技术。1969年10月，四台主机通过长途电话线路成功互联，标志着世界上第一个远程计算机网络的诞生。1971年，阿帕网扩展到15个站点、23台主机，4年后节点数增至40个，奠定了互联网的基础。1974年，阿帕网转交给国防通讯处（DCA），开始正式运行。[4]1982年，阿帕网与美国计算机科学研究

---

[1] 叶平、罗治馨：《计算机与网络之父》，天津教育出版社2001年版，第82页。
[2] 叶平、罗治馨：《计算机与网络之父》，天津教育出版社2001年版，第89页。
[3] 叶平、罗治馨：《图说电脑史》，百花文艺出版社2000年版，第196页。
[4] 郭良：《网络创世纪——从阿帕网到互联网》，中国人民大学出版社1998年版，第24页。

网（CGNet）互联。1983年，阿帕网采用TCP/IP协议，标志着因特网的诞生。[①] 1986年，阿帕网的军用部分脱离，由美国国家科学基金会（NSF）创建的NSFnet接替其主干网地位。1990年，阿帕网完成了其历史使命，退出历史舞台。

互联网革命的成功，得益于计算机革命和互联网革命的汇聚，信息技术广泛渗透到社会生活的各个领域。这场革命不仅改变了信息处理方式，也重塑了全球政治经济格局。美国商务部在1998年的报告中将始于20世纪40年代末的信息技术革命视为继蒸汽革命和电力革命之后最伟大的科技革命。

```
(Message # 50  1532 bytes, KEEP, Forwarded)
Received: from unikal by irmll.germany csnet id aa21216; 20 Sep 87 17:36 MET
Received: from Peking by unikal; Sun, 20 Sep 87 16:55 (MET dst)
Date:    Mon, 14 Sep 87 21:07 China Time
From:    Mail Administration for China <MAIL@zel>
To:      Zorn@germany, Rotert@germany, Wacker@germany, Finken@unikal
CC:      lhl@parmesan.wisc.edu, farber@udel.edu,
         jennings%irlean.bitnet@germany, cic%relay.cs.net@germany, Wang@zel,
         RZLI@zel
Subject: First Electronic Mail from China to Germany

"Ueber die Grosse Mauer erreichen wie alle Ecken der Welt"
"Across the Great Wall we can reach every corner in the world"
Dies ist die erste ELECTRONIC MAIL, die von China aus ueber Rechnerkopplung
in die internationalen Wissenschaftsnetze geschickt wird.
This is the first ELECTRONIC MAIL supposed to be sent from China into the
international scientific networks via computer interconnection between
Beijing and Karlsruhe, West Germany (using CSNET/PMDF BS2000 Version)

   University of Karlsruhe          Institute for Computer Application of
-Informatik Rechnerabteilung-       State Commission of Machine Industry
     (IRA)                               (ICA)
Prof. Werner Zorn                   Prof. Wang Yuen Fung
Michael Finken                      Dr. Li Cheng Chiung
Stefan Paulisch                     Qiu Lei Nan
Michael Rotert                      Ruan Ren Cheng
Gerhard Wacker                      Wei Bao Xian
Hans Lackner                        Zhu Jiang
                                    Zhao Li Hua
```

图 1-1　中国连接互联网的第一封信

[①] 叶平、罗治馨：《计算机与网络之父》，天津教育出版社 2001 年版，第 156 页。

向新而行：发展新质生产力

四、数智技术在改变一切

而今，我们正处于第四次工业革命的浪潮之中。这一革命以大数据、人工智能、机器学习、物联网（IoT）、人工智能、量子技术等颠覆性群体性科技变革为核心，搭乘着全球化的进步列车以不可阻遏之势席卷世界，深刻改变了各个国家的经济社会发展结构。可以说，第四次工业革命铸就了一个由数智化技术驱动的新时代，人们的生产和生活方式正呈现出前所未有的崭新风貌。

（一）从工业4.0到第四次工业革命

1. 接榫与超越

我们正处于第四次工业革命的初期，这场革命建立在数字革命基础之上，以互联网的普及、移动通信设备的推广、传感器技术的进步，以及人工智能和机器学习的兴起为特征。与前三次工业革命不同，数字技术的深化和一体化正在引发经济社会的变革。麻省理工学院的学者将这一时期视为"第二次机器革命"，认为数字技术将通过自动化和预测性判断发挥巨大影响力。德国提出的工业4.0概念标志着全球价值链的深刻变革。该概念不仅预示着智能工厂的兴起，更推动了生产系统向虚拟与实体协作的方向发展。它使得产品生产更为弹性化、灵活化，进而促成了全新的企业运营模式。第四次工业革命的影响远远超出了智能机器和自动化系统的范畴。它涵盖了一系列前沿技术，包括基因测序、纳米技术、可再生能源和量子计算等领域。这些技术在工业4.0的背景下相互融合、相互协同，推动着人类文明迈向数智化的未来。

2. 变革中的阵痛

虽然这场革命的传播速度和影响力远超以往，但它同时也会带来许多新的安全风险。目前来看，第四次工业革命正在深刻地重塑国家间的互动和国际安全格局，而其影响尚未被充分讨论。这场技术革命不仅改变了安全风险的本质，同时还引发了经济社会的权力结构变化，无论是国家行为体还是非国家行为体都会牵涉其中。一方面，社会不平等的加剧成为当前国际安全面临的主要威胁之一。它可能导致社会分裂、种族对立，甚至引发社会动荡，为极端主义和暴力行为提供肥沃的土壤。另一方面，技术的发展尤其是自动化和智能化领域的科技快速迭代，正在以前所未有的速度改变着劳动力市场和社会结构，进而引发潜在的社会动荡。

此外，在地缘政治紧张和复杂的地区，非国家行为体的崛起对现有的国际秩序构成了新的挑战。这些行为体包括跨国公司、恐怖组织、黑客团体等，它们在国际舞台上的影响力日益增强。应对这些新兴行为体，需要国际社会建立更加灵活和包容的合作平台，以促进共同的安全和稳定。此外，技术革命还带来了新的安全问题，如网络攻击、数据泄露和人工智能的伦理问题等。这些问题的跨国性质要求国际社会加强合作，共同制定规则和标准，以确保技术的发展能够造福人类，而不是成为新的威胁来源。在这个过程中，国家间的对话和协作，是构建更加安全、公正的国际环境的关键。

（二）驱动革命的"三驾马车"

第四次工业革命的发展动力来自各领域广泛的技术涌现。世界经济论坛的研究表明，驱动第四次工业革命的创新性技术力量可以归纳为物理、数字和生物三大类别。它们相互促进，共同催生了这一场伟大变革。

1. 物理技术

物理技术主要包括无人驾驶交通工具、3D/4D 打印、高级机器人和新材料等四类物理技术。从无人驾驶技术来看，它不仅限于汽车，还包括卡车、无人机、飞行器和船只，得益于传感器和人工智能的进步。这些设备性能快速提升，预计将广泛应用于商业和军事领域。3D 打印，或称增材制造，颠覆了传统建材制造方法，通过数字模板逐层打印实物。这项技术已用于制造风电机和医学植入材料，未来有望扩展至电路板和生物打印。4D打印旨在进一步推动产品的自适应能力。机器人技术的发展使其从汽车行业扩展到精准农业和护理工作，人机协作变得日益普遍。机器人的适应性和灵活性随着传感器和其他技术的进步而提高，未来的新一代机器人将更侧重于逻辑能力的发展。新材料的蓬勃发展加速了工业产业变革，它们通常拥有更加优良的性能，甚至有的材料还具有自我修复和自我清洁的能力。智能材料和具有记忆功能的金属，以及能将压力转化为能源的陶瓷和水晶，这些都是新材料的典型案例。值得一提的是，石墨烯的强度和导电性也为其在制造业和基础设施行业中带来了巨大的应用潜力。总之，新材料的发展对全球经济和环境具有深远影响。例如，聚六氢三嗪的发现为循环经济的发展提供了新材料，它有助于减少人们对自然资源的高度依赖，缓解全球性危机。[①]这些技术进步预示着工业和经济的重大变革。

2. 数字技术

数字技术的标志性成果是物联网。物联网的核心理念是万物互联，同时也是第四次工业革命中连接物理世界与数字世界的桥梁。它通过先进的互联技术，实现了物品（包括产品、服务、地点等）与人之间的智能连接。物联网的核心在于通过传感器和其他技术手段，将现实世界中的物体与虚拟的数字网络相连接，从而实现数据的收集、交换和分析。随着技术的不断迭代发展，传感器变得越来越小巧、成本越来越低，智能程度也越来越高。这些传感器被广泛应用于我们的日常生活和工业生产中，包括住宅、穿戴设备、城市基础设施、交通系统、能源网络和生产制造过程。目前，全球已有数十亿台设备接入了物联网，包括智能手机、平板电脑和传统电脑等。预计在未来几年内，这一数字将大幅

---

① Bernard Meyerson, "Top 10 Technologies of 2015," Meta-Council on emerging Technologies, World economic forum, 4 March 2015.

增加，从数十亿台增至上万亿台。这种增长将极大地促进我们以更加精细化的方式对资产和活动进行监控和优化，彻底改变供应链管理的方式。物联网的远程监控功能是其广泛应用的一个典型例子。如今，包裹、货盘、集装箱等都可以安装传感器，如信号发射器或射频识别标签。这些设备使得企业能够实时追踪物品在供应链中的移动情况，包括其实际性能和使用情况等信息。

3. 生物技术

生物技术尤其是基因技术方面的创新同样令人叹为观止。曾经，人类基因组项目的完成耗费了十余年时间和数十亿美元的资金。而如今，同样的工作仅需数小时，成本也降至 1000 美元以下。这一进步不仅加快了基因研究的步伐，也为个性化医疗和疾病预防提供了可能。

合成生物学作为基因工程的一个分支，通过编写 DNA 来定制有机体，展现了人类对生命过程控制的新维度。尽管这一技术可能引发伦理争议，但其在医药、农业和生物燃料生产等领域的应用前景无疑是巨大的。在医学领域，基因编辑技术的进步为治疗遗传性疾病和癌症提供了新的希望。CRISPR/Cas9 系统的开发，使得基因编辑变得更加精确和高效。这项技术不仅可以应用于动植物的基因改良，还可以用于治疗人类的遗传性疾病。IBM 的 "沃森" 超级计算机系统是基因数据处理能力的一个例证。该系统能够在几分钟内分析癌症患者的基因数据，并与全球最新的医学知识进行比对，提出个性化的治疗建议。这种大数据驱动的精准医疗，预示着未来医疗将更加个性化和高效。

拓展阅读

超级计算机 "沃森" 到底有多牛？

1997 年 5 月 11 日，国际象棋世界冠军卡斯帕罗夫与 IBM 公司的国际象棋电脑 "深蓝" 的六局对抗赛降下帷幕，在前五局以 2.5 对 2.5 打平的情况下，卡斯帕罗夫在第六盘决胜局中仅走了 19 步就向 "深蓝" 拱手称臣，整场比赛进行了不到一个小时,"深蓝"赢得了这场具有特殊意义的对抗。

2011年,IBM以创始人托马斯·沃森(Thomas J. Watson)的名字命名的计算机,继续着对人类智能极限的挑战。它叫"沃森",IBM开发沃森旨在完成一项艰巨挑战:建造一个能与人类回答问题能力匹敌的计算系统。

2014年3月,IBM将利用其超级计算机"沃森"的云计算系统与位于纽约的基因组研究中心合作,帮助开发治疗脑胶质瘤的方案,以期战胜人类脑癌。虽然肿瘤学领域早有"精确医学"技术,但它们一般都需要几周时间才能为癌症患者找出治疗药物,而"沃森"则能将这一过程缩短到几分钟的时间。

"沃森"医生是一款IBM公司打造的医疗认知计算系统,是第一个战胜国际象棋冠军智能系统"深蓝"的后裔,被称为肿瘤学界的"阿尔法狗"。2017年,"沃森"可以每秒处理500GB数据,并已收录肿瘤学研究领域的42种医学期刊、临床试验的60多万条医疗证据和200万页文本资料。而且,它还在继续学习,其数据库每3个月就会更新一次。2017年9月2日,在上海的仁济医院,一名63岁的结肠癌男性患者成了"沃森"正式上岗后的第一个病人。

第二节 百年变局中的中国方位

面对接踵而至、变动不居的群体性、颠覆性科技产业革命浪潮,当务之急是立足中国式现代化的历史方位去把握世界坐标的变动趋势。党的十八大以来,习近平总书记统筹把握世界科技、经济发展的前沿趋势与国家治理体系现代化的战略要求,高屋建瓴地提出新发展阶段、新发展理念、新发展格局和高质量发展等一系列影响深远的重大论断。在全面建设社会主义现代化国家新征程上,要科学把握新发展阶段,深入贯彻新发展理念,加快构建新发展格局,以实现高质量发展为主题,为拓展推进中国式现代化进程注入强劲动能。

一、准确把握新发展阶段

从鸦片战争后的屈辱历史,到近代以来各路仁人志士的奋斗,再到中国共产党团结带领中国人民建立新中国,中华民族一直奔走在孜孜追求现代化转型的道路上。新中国成立后,特别是经过改革开放40多年的奋斗,我国经济实力、科技实力、综合国力和人民生活水平有了极大的提升。

党的十八大以来,中国特色社会主义进入新时代。我国成为世界第二大经济体、第一大工业国、第一大货物贸易国和第一大外汇储备国,国内生产总值超过100万亿元。不仅如此,全国832个贫困县全部摘帽,历史性地解决了绝对贫困问题。以习近平同志为核心的党中央统筹中华民族伟大复兴战略全局和世界百年未有之大变局,作出我国已进入新发展阶段的重大战略判断。

新发展阶段就是全面建设社会主义现代化国家、向第二个百年奋斗目标进军的阶段。在这一阶段,我国经济社会发展面临着巨大的新机遇和挑战。国际方面,世界百年未有之大变局加速演进,政治多极化、经济全球化、文化多样化、社会信息化正在深刻塑造着世界政治经济格局,产业链、价值链、创新链正在全球范围内加速重组,新科技革命和产业变革正在加速改变人类的生产方式和生活方式,外部发展环境的不稳定性和不确定性增加。国内方面,我国正处于实现中华民族伟大复兴的关键时期,经济已由高速增长阶段转向高质量发展阶段,社会主要矛盾发生变化,要加快供给侧结构性改革,积极扩大内需,解决发展不平衡不充分问题,统筹处理好经济发展与安全、生态环境保护的关系,不断满足人民日益增长的美好生活需要。同时,我国经济社会发展也充满着新机遇。新科技革命、新产业正在成为经济增长新引擎,我国的新型举国体制优势、超大规模市场优势、完整的产业链优势、高素质人力资本优势、良好的营商环境优势等,正在释放经济高质量发展的新红利。

新时代与新发展阶段时间长度不同,但要完成的历史任务和奋斗目标一致。新时代是从党的十八大开始的,是全体中华儿女勠力同心、奋力实现中华民族伟大复兴中国梦的时代。新发展阶段是从开启全面建设社会主义现代化国家新征程开始的,是党带领人民实现从站起来、富起来到强起来历史性跨越的新阶段。

新发展阶段,我国的经济社会发展将注入"新动力"和"新活力"。进入新时代,我国经济质量变革、效率变革、动力变革正在加速。当前,我国经济结构不断优化升级,科技创新正在成为驱动经济增长的"新动力"。受到国际发展环境影响,要实现我国经济行稳致远,关键是要解决"卡脖子"的核心技术问题。要更加注重基础研究、应用基础研究,加快科技成果的市场转化,为经济高质量发展和安全发展奠定坚实的科技基础。

进入新发展阶段,我国改革也将进入攻坚期和深水区。改革的目的就是要解放和发展社会生产力,重点是要多措并举破除影响经济社会高质量发展的体制机制障碍,进一步激发各类市场主体的新活力。要坚持和完善社会主义基本经济制度,充分发挥市场在资源配置中的决定性作用,同时更好发挥政府作用,推动有效市场和有为政府更好结合。

值得注意的是,新发展阶段仍然属于社会主义初级阶段,但这是一个站在新的起点上的阶段。换言之,新发展阶段被包含在社会主义初级阶段之内,是经过几十年积累后的新阶段。我们必须认识到新发展阶段是动态的、积极有为的阶段,是集中体现社会主义初级阶段的持续进步的过程。

二、全面贯彻新发展理念

理念是行动的先导,理念创新是党的指导思想永葆生机活力的重要保障。习近平总书记在党的十八届五中全会上首次提出创新、协调、绿色、开放、共享的新发展理念。从历史逻辑来看，改革开放以来，大规模粗放型的要素投入和充足的低成本劳动力构成了中国后发优势的重要基础，加上发达国家加速转移劳动密集型产业的国际大环境，中国凭借急剧扩大的出口贸易一度维持了高速的经济增长。然而，2008年国际金融危机爆发后，国际产业分工进入深度调整期，贸易保护主义抬头，同时东盟等新兴经济体积极参与国际贸易，中国出口增速放缓，生产要素相对优势出现变化，经济面临下行压力。新发展理念回答了新发展阶段关于发展的目的、动力、方式、路径等一系列理论和实践问题，阐明了中国共产党关于发展的政治立场、价值导向、发展模式、发展道路等重大政治问题。新发展理念要求摆脱传统高消耗、粗放型的发展路径，加快调整生产函数组合方式，形成创新驱动、集约高效、环保节能、开放合作和共建共享的质量效率型发展模式。

新发展理念，是实现经济高质量发展的指挥棒、红绿灯，是管全局、管根本、管长远的向导。可以说，新发展理念不仅是指导党执政兴国的方向标，更是各行各业在复杂环境中踔厉奋发、勇毅前行的定盘星。新发展理念以其全局性、根本性和长远性，为我们描绘了清晰的发展蓝图。新发展理念要求我们在发展过程中不仅要关注经济增长速度，更要注重质量和效益。新发展理念的提出能够有效减少短视行为和资源浪费，保障经济的可持续性与长期竞争力。在这个意义上，新发展理念对于适应新发展阶段的要求、破解发展难题、增强发展动力、厚植发展优势，具有非常重要的指导意义。

创新是发展的第一动力，必须把创新摆在国家发展全局的核心位置。唯有不断创新，才能持续提升我国综合国力，增强经济发展的内生动力。创新不仅是科技的进步，更是思想观念、体制机制、产业结构等的全方位创新。通过深入实施科教兴国、人才强国和创新驱动发展三大战略，强化国家战略科技力量，发挥政府、市场和社会在创新方面的协同作用，有助于形成推动经济高质量发展的新动力。

协调是持续健康发展的内在要求。只有深入推进区域之间、城乡之间的协调发展，才能保障我国经济社会实现整体稳定与健康发展。协调发展不仅是解决发展不平衡、不充分问题的重要手段，更是实现共同富裕、提升人民生活质量的必由之路。深入实施区域协调发展战略、区域重大战略、主体功能区战略、新型城镇化战略等，可以有效缩小城乡之间、地区之间的发展差距。

绿色是永续发展的必要条件和人民对美好生活追求的重要体现。绿色发展不仅关乎生态保护，更是实现可持续发展和满足人民群众对美好生活向往的关键。绿色发展理念强调人与自然的和谐共生，倡导节约资源、保护环境，要坚持绿水青山就是金山银山的理念，构建科学的自然和生态保护体系，推动形成绿色低碳循环发展新方式，全面构建生态文明体系，努力建设好美丽中国。

开放是国家繁荣发展的必由之路。历史和现实都表明，封闭必然导致落后，开放才能带来进步。只有坚持对外开放，才能充分利用国内国际两个市场，着力推动资源配置优化和经济持续增长。实施高水平对外开放，开拓合作共赢新局面，是新发展阶段落实开放发展战略的重要途径。要塑造我国参与国际合作和竞争新优势，重视以国际循环提升国内大循环效率和水平。

共享是中国特色社会主义的本质要求。共享发展不仅体现了社会主义的本质特征，更是实现社会公平正义、增进人民福祉的重要途径。只有实现全体人民共同享有改革发展的成果，才能真正体现中国特色社会主义的优越性。要推动经济高质量发展、完善收入分配制度，不断实现发展为了人民、发展依靠人民、发展成果由人民共享，让现代化建设成果更多更公平惠及全体人民。

三、加快构建新发展格局

构建以国内大循环为主体、国内国际双循环相互促进的新发展格局，是以习近平同志为核心的党中央根据我国发展阶段、环境、条件变化，特别是基于我国比较优势变化，审时度势作出的重大决策。当前，国际产业分工正处于深度调整期，新冠疫情的暴发加剧了逆全球化浪潮，以往"两头在外、大进大出"的"世界工厂"模式已经不能适应当前形势，构建以国内大循环为主体、国内国际双循环相互促进的战略新布局是中国掌握经济主动权、于变局中开新局的必然要求。构建新发展格局是事关全局的系统性、深层次变革，是立足当前、着眼长远的战略谋划，要从全局和战略的高度准确把握加快构建新发展格局的战略构想。

构建新发展格局，要以供给侧结构性改革为主线，解决生产端的问题。面对国际经济环境的不确定性，通过供给侧结构性改革增强经济韧性和竞争力，有助于降低对外部市场的依赖。应深入推进产业结构、区域结构、要素投入结构、经济发展动力结构、收入分配结构的优化调整，扩大有效供给，提高供给结构对需求变化的适应性和灵活性，提高劳动生产率和全要素生产率，更好对接市场需求，建立健全现代化经济体系。

构建新发展格局，要不断扩大消费需求，解决消费端的问题。扩大消费需求可以激发市场活力，促进生产和投资，推动经济持续增长。构建国内大循环体系，关键是要进一步发挥消费对经济发展的基础性作用，充分释放中国超大规模市场优势，以消费转型升级激发出新的内需动力。

构建新发展格局，要畅通流通环节，减少交易环节，降低交易成本，解决流通端的问题。流通环节的畅通程度直接关系到商品和服务的供给效率。优化流通环节可以减少时间成本和资金占用，提高整体经济运行效率。要加快商业、仓储、物流等领域的数字化和智能化建设，通过流通领域的数字基础设施建设和制度建设，不断提高流通效率。

构建新发展格局，要深化分配领域改革，完善体现效率、促进公平的收入分配体系。重点是调整初次分配领域居民、企业和政府的收入分配格局，科学合理发挥税收、转移支付、社会保障等收入分配手段的调节作用，引导社会机构和个人等通过社会慈善和捐赠等方式发挥三次分配的补充性作用。要夯实扩大消费的收入基础，真正落实扩大内需的各项政策。

构建新发展格局不是封闭的国内单循环，而是开放的国内国际双循环，是在更高质量和更高开放水平上建立强大的内循环体系。受国际国内发展环境、发展阶段、发展条件的制约和影响，当前我国经济高质量发展主要依靠强大的内循环体系，但是高水平的国际循环仍然是我国发展的战略选择。新发展阶段，要适应和引领经济全球化，高质量推进"一带一路"建设，拓展新的出口市场，引进国外先进技术、人才等高质量生产要素，加快自由贸易区和自由贸易港建设，以更高水平对外开放打造国际合作和竞争新优势。

四、扎实推进高质量发展

党的十八大以来，党中央不断深化对我国经济发展阶段性特征和规律的认识，在"发展是硬道理"的基础上提出"高质量发展是新时代的硬道理"。党的十九大报告宣告"我国经济已由高速增长阶段转向高质量发展阶段"，党的二十大报告强调"高质量发展是全面建设社会主义现代化国家的首要任务"。新时代以来，党中央作出一系列重大决策部署，推动高质量发展成为全党全社会的共识和自觉行动，高质量发展成为主旋律。一方面，资源环境压力增大和生产要素相对优势变化需要加快转变经济增长方式，要实现从规模速度、粗放型增长向质量效率型集约增长的转变；另一方面，新一轮科技革命和产业变革全面渗透经济社会各领域，生产方式与生活方式发生剧烈变化，人民群众的物质需求与精神需求不断升级。这意味着要着力建设优质高效的产品服务生产体系，在更高水平上实现供求均衡。实现高质量发展在生产力维度上集中体现从量的扩张转向质的提高，即通过要素品质提升带来质量变革，通过要素配置优化带来效率变革，通过科技进步创新带来动力变革，进而推动全要素生产率实现大幅提升。

近年来，我国科技创新成果丰硕，创新驱动发展成效日益显现；城乡区域发展协调性、平衡性明显增强；改革开放全面深化，发展动力活力竞相迸发；绿色低碳转型成效显著，发展方式转变步伐加快，高质量发展取得明显成效。同时，制约高质量发展的因素还大量存在。从外部环境看，世界百年未有之大变局全方位、深层次加速演进。从内在条件看，我国一些领域关键核心技术受制于人的局面尚未根本改变，城乡区域发展和收入分配差距依然较大，成为经济社会高质量发展的掣肘。从工作推进情况看，有的领导干部认识不到位，实际工作中一遇到矛盾和困难又习惯性地回到追求粗放扩张、低效发展的老路上；有的领导干部观念陈旧，名曰推动高质量发展，实际上"新瓶装旧酒"；有的领导干部能力不足，面对国内外新环境新挑战，不知如何推动高质量发展；等等。对这些问题，要高度重视、切实解决。我们必须牢记高质量发展是新时代的硬道理，完整、准确、全面贯彻新发展理念，把加快建设现代化经济体系、推进高水平科技自立自强、加快构建新发展格局、统筹推进深层次改革和高水平开放、统筹高质量发展和高水平安全等战略任务落实到位，为推动高质量发展打牢基础。

第三节　世界之问与时代命题

如前所述，以大数据、人工智能、移动通信、区块链和云计算等数智化技术为代表的新一轮群体性颠覆性重大科技变革方兴未艾，如何基于"三新一高"的本土国情科学有效地找到中国式现代化进程的"动力机"与"推进器"，进而为全面建设社会主义强国注入不竭动力，是有力回应世界之问与时代命题的关键所在。本节将从马克思主义理论的视角出发，深入讨论为什么加快发展生产力在现代经济社会发展中具有基础性、奠基性的根本作用，并据此进一步阐发

向新而行：发展新质生产力

中国在当前历史方位推动生产力现代化的重大理论意义。

一、生产力的现代化

（一）社会科学的根本问题：是什么在推动社会发展

1. 随机论

第一类是以社会学家马克斯·韦伯（Max Weber）为代表的随机论。这一流派的主要观点是，人们无法用一般性的原则对社会发展规律进行概括。韦伯认为："无数的事件像流水一样源源不断地流向永恒。驱动人类的各种文化问题不断形成新的结构，而且特点各异。"[①] 他还指出："社会行动的形式有它们'自己的规律'……而且……在特定的情况下，它们可能总是由经济原因之外的因素共同决定的。但是，在某些时候，经济条件可能会变得非常重要，而且经常对所有的社会全体而言都变得具有因果决定性……相反，经济也通常受到发生其中的自主的社会行动结构的影响。对于这会何时和如何发生的问题，我们不能作出有效的一般性概括。"

2. 一元机械决定论

第二类以林恩·怀特（Lynn White）、雅克·埃吕尔（Jacques Ellul）和卡尔·波普尔（Karl Popper）为代表。这一流派主张社会进步与历史发展都是由某个单一因素所推动，其他因素的作用都可以还原为这个因素，进而否定了其他因素的作用。其中，怀特与埃吕尔都是机械技术决定论的代表人物，前者将马镫的发明描述为封建制度诞生的主导原因，后者则指出随着人造环境逐步替代

[①] 安东尼·吉登斯：《资本主义与现代社会理论》，郭忠华、潘华凌译，上海译文出版社2018年版，第191页。

自然环境，世界正逐渐成为一个充斥着技术产品的庞大系统。①与之相似的还有波普尔的经济决定论，他在歪曲马克思主义理论的基础上提出了经济一元决定论，即"把历史舞台上的人间演员（包括所谓'大'人物）都看作是被经济线路——被他们无法驾驭的历史力量——不可抗拒地推动着的木偶"②。

3. 多元决定论

第三类以路易斯·皮埃尔·阿尔都塞（Louis Pierre Althusser）和迈克尔·曼（Michael Mann）为代表的多元决定论。该流派的核心思想是社会进步是由多种力量共同决定的，进而在否定某一力量的主导性作用的基础上，强调历史的发展只不过是一种"复杂的复合体"的演化。在多元决定论的代表性人物中，阿尔都塞可谓赫赫有名。他指出："经济所起的决定作用在真实的历史中恰恰是通过经济、政治、理论等交替第一位作用而实现的。"由此，在阿尔都塞看来，无论是经济、政治、意识形态还是其他因素，在社会发展中都具有同等重要性。

（二）马克思主义的答案：基于生产力发展的"中轴线"理论

1. 历史唯物主义：理论内涵与概念解析

马克思率先提出物质资料的生产是人类历史发展的"第一个前提"，③进而揭示了这样一个朴素事实，即"人们首先必须吃、喝、住、穿，然后才能从事政治、科学、艺术、宗教等等"。④在此基础上，马克思明确了生产力对社会历

---

① 邱泽奇：《技术与组织：学科脉络与文献》，中国人民大学出版社2015年版，第268页。
② 卡尔·波普尔：《开放社会及其敌人》第2卷，陆衡、郑一明等译，中国社会科学出版社1999年版，第168页。
③ 《马克思恩格斯选集》第1卷，人民出版社2012年版，第158页。
④ 《马克思恩格斯选集》第3卷，人民出版社1995年版，第776页。

史发展具有归根到底意义上的决定性作用，这种决定性作用又表现为生产力辩证决定生产关系、经济基础辩证决定上层建筑，这便是历史唯物主义的基本理论命题。显然，历史唯物主义既否定了历史发展是依附于不断变化的偶然性因素所组成的随机论，又抨击了将历史视为"有规律的混沌"的一元机械决定论和多元决定论。它深刻揭示了生产力是人类历史发展的最终决定力量并将社会经济形态更替的动力归结于生产力和生产关系间的矛盾运动，由此在众多"偶然"之中揭开历史的"必然"。

恩格斯曾提出一个形象的"中轴线理论"比喻，即把生产力的发展或者说现代化形象地比喻为中轴线，把人们各式各样的偶然活动的连线比喻为曲线。曲线总是在中轴线的两侧上下摆动，但中轴线起最终决定作用，而其他影响因素则围绕在生产力发展这个中轴线周围发挥其作用。[①] 恩格斯还指出，研究的时间跨度越大、范围越广，曲线摆动的幅度会越来越小、越来越靠近中轴线。恩格斯的这个比喻表明，历史区间越长，生产力发展对于历史进程的最终决定作用表现得越清楚。

基于以上讨论，四种社会发展理论的内在逻辑可总结为表 1-1 所示。

表 1-1　四种社会发展理论的内在逻辑

	是否有可概括的规律	是否有主导性力量	单因素还是多因素
随机论	×	—	—
一元机械决定论	√	√	单因素
多元决定论	√	×	多因素
历史唯物主义	√	√	多因素

---

① 沈江平：《经济决定论的历史唯物主义评判》，《中国社会科学》2020 年第 7 期。

2. 生产力的理论内涵及其历史推动作用

生产力是人们在劳动生产中利用、改造自然以使其满足人的需要的客观物质力量，其基本构成要素包括劳动力、劳动资料与劳动对象等。[①] 从理论内涵来看，生产力是由劳动者、劳动资料与劳动对象等要素构成的复杂系统。恩格斯在 1894 年的一封信中进行了解释，即基于生产力和生产关系矛盾的经济运动对历史的一般进程和总体趋势的决定作用是通过无穷无尽的偶然事件实现的。[②] 下文拟基于历史唯物主义视角对人类社会的发展历史作一个简要的梳理，方便读者对历史唯物主义有一个更充分的理解。

第一次飞跃：在历史唯物主义视域下，原始生产力向农业生产力的跃升催生了"城市革命"，即包括古中国在内的第一批人类文明的诞生。原始生产力阶段始于旧石器时代中的粗糙石器制作与火的使用。该阶段的物质生产水平极为低下，人们只能依靠采集食物与捕猎动物为生。然而，这种情况在人类跨入"新石器时代"后发生了重大变化。[③] 在这一过程中，谷物园艺与动物蓄养技术的稳定成熟标志着农业生产力的形成，而不断集中的生产力布局则催生了"城市革命"，也即通常意义上的"文明的发生"。[④] 古中国、古希腊和古埃及等农业文明雏形正是发轫于这一时期。

第二次飞跃：这是西方主导近现代世界格局建构的开始。当西方工业革命如火如荼进行时，中国却一如既往地发展着农业生产力，这在很大程度上为近代中国的民族危机埋下了伏笔。在失去工业革命的先机后，近代中国逐步陷入

[①] 徐光春：《马克思主义大辞典》，崇文书局 2018 年版，第 58 页。
[②] 肖磊：《关于"生产力一元决定论"的若干理论问题——基于经典文本的解释、辩护和重申》，《马克思主义研究》2018 年第 1 期。
[③] 斯塔夫里阿诺斯：《全球通史：从史前史到 21 世纪》（上册），吴象婴、梁赤民、董书慧等译，北京大学出版社 2005 年版，第 24—25 页。
[④] 詹姆斯·E.麦克莱伦、哈罗德·多恩：《世界科学技术通史》，上海科技教育出版社 2007 年版，第 22 页。

危急存亡的困境之中，待到中国共产党领导组织人民革命夺取胜利并建立新中国之时已是百年之后。

第三次飞跃：当代人类社会与过往历史相比发生了三个方面的重大变化，即前文提及的技术革命性突破、生产要素创新性配置及产业深度转型升级，促使原先作为主导性生产力的工业生产力迅速发生演变。[①] 第一，从技术革命性突破来看，包括新能源、新材料、新制造和新一代信息技术在内的群体性颠覆性重大技术变革正在重塑科技结构并推动生产力实现新的飞跃发展。第二，从生产要素创新性配置来看，席卷全球的数智化转型浪潮带来了以下三大变化：首先，数据、算力、算法、通信网络和移动通信设备成为新型生产要素；其次，劳动者、劳动资料、劳动对象等范畴下的传统生产要素正在转型升级；最后，劳动者组合应用劳动资料和劳动对象的方式不断创新。第三，从产业深度转型升级来看，农业、工业和服务业等产业领域在数字时代中均发生了重大嬗变，再工业化、新农业和平台经济等新兴发展趋势正在全球扩散开来。

二、走出具有中国特色的生产力现代化道路

（一）回应世界之问与时代命题：加快推动中国本土生产力的现代化转型

如今，中国正处于两大历史进程的交汇点上，一是世界现代化进程下的新一轮科技产业革命，二是中国共产党领导中国人民从传统走向现代、"从站起来、富起来到强起来"、从"一穷二白"到"物的不断丰富和人的全面发展"相统一

---

① 翟云、潘云龙、程主：《新质生产力：生成逻辑、学理意涵与发展路径》，《当代世界与社会主义》2024 年第 4 期。

的中国式现代化进程。基于历史唯物主义，现代物质生产是推进现代化进程的必要条件，生产力的现代化是一切现代化的根基所在。

> **拓展阅读**
>
> **近现代中国对现代化发展的孜孜追求**
>
> 20世纪初，孙中山领导辛亥革命推翻了统治中国数千年的封建专制，他所撰就的《建国方略》为近代中国的现代化发展勾勒出一个囊括交通、农业及矿业等多个方面的宏大"实业计划"，力求以发展工业生产力为着力点推动社会进步、加速民族复兴。新中国成立后，毛泽东同志针对新中国成立初期的经济困难指出要将我国"建设成一个工业化的具有高度现代文化程度的伟大国家"，而周恩来同志则进一步地提出了"四个现代化"的著名论述，首先是"现代化的工业"。经过中国共产党和中国人民的持续奋斗，我国的生产力水平迈上了一个大台阶，并在中国特色新型工业化道路的探索中发展成为世界第一工业大国。
>
> 对于近现代中国对现代化发展的孜孜追求，习近平总书记深刻地总结道："近代以后，我们的民族历经磨难，中华民族到了最危险的时候。自那时以来，为了实现中华民族伟大复兴，无数仁人志士奋起抗争，但一次又一次地失败了。中国共产党成立后，团结带领人民前仆后继、顽强奋斗，把贫穷落后的旧中国变成日益走向繁荣富强的新中国，中华民族伟大复兴展现出前所未有的光明前景。"

随着新一轮科技产业革命席卷全球，各领域生产资料持续迭代更新，数据要素大规模流通应用形成"乘数效应"，数字技术全面嵌入生产活动并发展出相对独立的"智能生产力"，传统的适应于工业时代的生产力在产业数字化及数字产业化的趋势中迅速迈入现代化转型的轨道中。世界各国亦随之兴起了所谓的再工业化浪潮，典型案例如美国的"先进制造业伙伴计划"、德国的"工业4.0"

及法国的"新工业计划"等。

> **拓展阅读**
>
> **他山之石：再工业化浪潮**
>
> 美国：2022年10月7日，美国科技政策办公室发布了最新版的《先进制造业国家战略》（NSAM）。美国科技政策办公室自2012年起每5年更新一次原始文件。拜登政府希望通过制造业来推动美国经济和国家安全。为了帮助美国保持全球领先地位，拜登政府致力于振兴制造业、建立强大的美国供应链、投资研发以及培训能够保障全球经济的劳动力。
>
> 德国："工业4.0"是德国针对全球第四次工业革命的基本方向拿出的德国方案。德国提出这一构想的意图是要把虚拟空间和现实空间连接在所谓的"网络-实体生产系统"中，以便利用数字化的进步来建设下一代工厂。在生产更加灵活且高效的基础上，德国更加注重在保证个性化产品质量的同时，实现成本的进一步下降，从而把德国企业数字化转型模式打造为企业追求产品个性化与高附加值相结合的标杆。
>
> 法国：法国的"新工业计划"总体布局为"一个核心，九大支点"。一个核心，即"未来工业"，主要内容是实现工业生产向数字制造、智能制造转型，以生产工具的转型升级带动商业模式变革。九大支点，包括大数据经济、环保汽车、新资源开发、现代化物流、新型医药、可持续发展城市、物联网、宽带网络与信息安全、智能电网等。

以习近平同志为核心的党中央准确洞察和把握住了这一趋势："新一代信息技术同机器人和智能制造技术相互融合步伐加快，科技创新链条更加灵巧，技术更新和成果转化更加快捷，产业更新换代不断加快，使社会生产和消费从工业化向自动化、智能化转变，社会生产力将再次大提高，劳动生产率将再次大飞跃。"①如此，基于历史唯物主义这一社会发展理论，在新的历史方位科学研判中国式现代化进程中的形势与任务，加快推动本土生产力的现代化转型，走出符合中国国情的生产力现代化道路，无疑是当务之急。

（二）迈向生产力现代化转型的中国道路

当前，中国式现代化进程来到了新的历史起点。党的二十大报告明确提出："从现在起，中国共产党的中心任务就是团结带领全国各族人民全面建成社会主义现代化强国、实现第二个百年奋斗目标，以中国式现代化全面推进中华民族伟大复兴。"迈向这一宏伟目标的中国道路可以概括为把握新发展阶段、贯彻新发展理念、构建新发展格局和实现高质量发展四个方面。②它们分别构成了我国加快推动生产力现代化的现实依据、行动指南、路径选择与目标指向，并在理论层面上深刻诠释了生产力现代化的内在逻辑。

第一，新发展阶段是我国推动生产力现代化的现实依据。党的十八大以来，以习近平同志为核心的党中央统筹推进"五位一体"总体布局，协调推进"四个全面"战略布局，取得了全面建成小康社会、实现第一个百年奋斗目标的历史性成就。习近平总书记指出，新发展阶段既是生产力不断累积进而"拥有开启新征程、实现新的更高目标的雄厚物质基础"的必然结果，同时也是指向全面建设社会主义现代化国家、基本实现社会主义现代化的形势判断。③由此，在新的历史方位上，应聚力推动生产力水平踏上新的大台阶，为全面拓展推进中国式现代化进程注入强劲动力。

第二，新发展理念是我国推动生产力现代化的行动指南。新发展理念包含

---

① 习近平：《为建设世界科技强国而奋斗——在全国科技创新大会、两院院士大会、中国科协第九次全国代表大会上的讲话》，《人民日报》2016年6月1日。
② 韩保江、李志斌：《中国式现代化：特征、挑战与路径》，《管理世界》2022年第11期。
③ 参见习近平《论把握新发展阶段、贯彻新发展理念、构建新发展格局》，中央文献出版社2021年版，第472页。

向新而行：发展新质生产力

创新、协调、绿色、开放和共享等五大发展理念，是习近平总书记在经济社会发展领域提出的最重要、最主要的指导原则，[①] 系统回答了我国在新发展阶段开展现代化建设的系列问题，深刻总结了生产力现代化的发展方向。

第三，新发展格局是我国推动生产力现代化的路径选择。构建新发展格局是新发展阶段的事关我国发展全局的重大战略部署，其基础支撑是以科技创新培育发展动能，全面提升生产力发展中的科技进步贡献率，努力实现具有"先发优势"的高水平自立自强。目前，我国科技整体水平已取得历史性突破，从"跟跑"为主转入"跟跑、并跑、领跑"共存的新阶段，但仍有许多长期存在的堵点痛点难点亟须解决。由此，抓住新一轮科技产业变革的契机，加快实现引领型发展、迈向创新型国家，不断推动科技创新成果向现实生产力转化，是构建新发展格局的必由之路。

第四，高质量发展是我国推动生产力现代化的目标指向。高质量发展是全面建设社会主义现代化国家的首要任务，意指以新发展理念为实践指引、以满足人民日益增长的美好生活需要为根本依循的发展。

> **拓展阅读**
>
> **从发展是硬道理到高质量发展是硬道理**
>
> 邓小平在1992年的"南方谈话"中指出："对于我们这样发展中的大国来说，经济要发展得快一点，不可能总是那么平平静静、稳稳当当。要注意经济稳定、协调地发展，但稳定和协调也是相对的，不是绝对的。发展才是硬道理。"如此，"发展是硬道理"这一理念首次被正式提出，并成为党治国理政的重要理念和推动我国经济社会可持续发展的战略选择。

[①] 习近平：《论把握新发展阶段、贯彻新发展理念、构建新发展格局》，中央文献出版社2021年版，第479页。

党的十八大以来，中国特色社会主义进入新时代。我国社会主要矛盾转化为人民日益增长的美好生活需要和不平衡不充分的发展之间的矛盾，这是关系全局的历史性变化。"不平衡不充分的发展"，本身就是发展质量不高的突出表现。一方面，资源环境约束加紧和生产要素相对优势变化需要加快转变经济增长方式，从规模速度型粗放增长转向质量效率型集约增长，稳步有序推进现代化经济体系建设。另一方面，新一轮科技产业变革全面渗透至经济社会领域之中，生产方式与生活方式发生剧烈变化，新产业新业态不断出现，人民群众的物质需求与精神需求不断升级。这意味着要着力建设优质高效的产品服务生产体系，在更高水平上实现供求平衡。

本质上说，实现高质量发展是把握新发展阶段、贯彻新发展理念和建构新发展格局的最终目的，其在生产力发展上集中体现为从量的扩张转向质的提高，即要素品质提升带来质量变革、要素配置优化带来效率变革以及科技进步创新带来动力变革，并推动全要素生产率实现大幅提升。在2023年12月召开的中央经济工作会议上，习近平总书记进一步强调"必须把坚持高质量发展作为新时代的硬道理"，充分体现了以习近平同志为核心的党中央站高谋远、总揽全局、把握大势、前瞻未来的战略清醒和战略远见。

总而言之，立足全面建设社会主义现代化国家的新历史方位，迈向生产力现代化转型的中国道路的理论逻辑可以概括如下：以把握新发展阶段为现实依据，以贯彻新发展理念为行动指南，以建构新发展格局为路径选择，以实现高质量发展为目标指向，以自主创新能力为第一动力，以科技发展应用为必要条件，在新一轮科技产业革命和国内外形势变化的历史机遇中积极推动社会生产和消费向自动化、集约化、智能化和绿色化转变，促使生产力"再次大提高""再次大飞跃"，迈向创新驱动的引领型发展，为全面推进拓展中国式现代化历史进程注入强劲动力。

第二章
新质生产力的学理阐释

> 新质生产力已经在实践中形成并展示出对高质量发展的强劲推动力、支撑力。
>
> ——摘自习近平总书记在二十届中央政治局第十一次集体学习时的讲话

第一节 开辟"新"图景

一、科技创新成为时代主旋律

从科技革命和产业变革的视角来看,人类社会经历了从蒸汽革命到电力革命、信息革命,再到智能革命的演进过程。每一次革命都极大地推动了生产力的发展和社会的进步,塑造了我们从何而来、我们身在何处以及去往何方的历史脉络。

拓展阅读

四次工业革命引领时代主旋律

第一次工业革命以蒸汽机的发明和应用为标志,推动了机械化生产的广泛普及。此次工业革命使得生产力大幅提升,工厂系统取代了手工作坊,城市化进程加速,资本主义经济体系逐步确立。

第二次工业革命产生于电力和内燃机的广泛应用,电力使得生产效率得到进一步提高,大规模生产得以实现,而交通运输及通信手段的革新促进了全球贸易和经济的一体化。

第三次工业革命在信息技术的普及和推广过程中,知识经济和全球化成为新的发展趋势,信息化和数字化的进程得以推进。数字经济的兴起,大数据、云计算等数字技术的运用,使得这场信息革命中信息获取、处理和传播更加便捷,促进了创新和创业,同时也带来了数据安全、隐私保护等新的挑战,推动了经济和社会的深度变革。

向新而行：发展新质生产力

> 第四次工业革命，将以人工智能、物联网、5G通信、量子计算等技术的突破和应用为标志，重塑生产方式、商业模式和社会治理，推动了智能制造、智慧城市、远程医疗等新兴领域的发展。

从蒸汽革命到智能革命，每一次科技革命和产业变革都深刻地改变了人类社会的生产方式、生活方式和社会结构。我们从机械化生产的初步探索中走来，身处信息化和数字化的浪潮中，正迈向智能化和绿色化的未来。这一过程中，科技革命和产业变革不仅是技术进步的体现，更是社会发展和人类文明进步的重要推动力。

（一）新型基础设施

近年来，中国在新型基础设施建设方面取得了显著进展，特别是在2021年国家发展改革委发布的《全国一体化大数据中心协同创新体系算力枢纽实施方案》中，明确了全国算力枢纽的布局，为新型基础设施的发展提供了重要指导。

2021年5月，国家发展改革委会同有关部门发布了《全国一体化大数据中心协同创新体系算力枢纽实施方案》。该方案旨在加快推动数据中心绿色高质量发展，建设全国算力枢纽体系。这一布局的核心是构建全国一体化的算力网络，通过优化数据中心的区域布局，提升算力资源的利用效率和服务质量。这一方案的实施重点，在于优化区域布局、提升算力资源利用效率和推动绿色发展三个方面。首先，通过在全国范围内选择若干具有较好基础条件的地区，建设算力枢纽节点，形成"东数西算"的格局，即东部地区的数据向西部地区传输和计算，可以充分利用西部地区的能源和土地资源。其次，通过技术创新和管理优化，可以提高数据中心的能效比，降低运营成本，提升服务质量。最后，鼓励采用清洁能源和节能技术，减少数据中心的碳排放，可以推动数据中心的绿色发展。①

> **拓展阅读**
>
> **从"铁公机"到"新基建"**
>
> "铁公机"，也可称"铁公基"，泛指以铁路、公路、机场为代表的国家投资的基础设施建设。
>
> 新型基础设施，简称"新基建"，是以新发展理念为引领，以技术创新为驱动，以信息网络为基础，提供数字转型、智能升级、融合创新等方面基础性、公共性服务的物质工程设施。它包括信息基础设施、融合基础设施和创新基础设施三方面内容。信息基础设施主要是指基于新一代信息技术演化生成的基础设施，如5G、物联网、数据中心、人工智能、卫星通信、区块链基础设施等。融合基础设施是指传统基础设施应用新一代信息技术进行智能化改造后所形成的基础设施形态，包括工业互联网、智慧交通物流设施、智慧能源系统等。创新基础设施则是支撑科学研究、技术开发、新产品和新服务研制的具有公益属性的基础设施。

目前，新型基础设施的发展呈现欣欣向荣之势。

第一，信息基础设施快速升级迭代。中国在5G、光纤网络、数据中心等方面取得了显著进展。5G网络覆盖方面，截至2023年底，我国移动电话基站总数达1162万个，其中5G基站总数达337.7万个，占移动基站总数的29.1%。5G行业应用已覆盖60个国民经济大类，在制造业、矿山、医疗、能源、港口

---

① 《国家发展改革委等部门关于深入实施"东数西算"工程加快构建全国一体化算力网的实施意见》，中华人民共和国中央人民政府网，https://www.gov.cn/zhengce/zhengceku/202401/content_6924596.htm。

等 5G 应用的先导行业已实现规模复制。[①] 大数据中心方面，中国数据中心规模不断扩大，成为数据存储、处理和分析的重要基础设施。据资料显示，2023 年，我国大数据产业规模达 1.74 万亿元，同比增长 10.45%。[②]

> **拓展阅读**
>
> **贵州发展大数据确实有道理**
>
> 2014 年以来，贵州省大力发展大数据产业，创建了国家级大数据产业发展集聚区，大力发展数据中心，远期目标为 200 万台服务器，还成立了大数据交易所，建设全域公共免费 Wi-Fi 城市。作为大数据产业的重要载体，大数据广场汇集了 51 支创客团队、360 多家大数据及关联企业。2014 年，贵州省大数据信息产业总量同比增长 62.2%。
>
> 2015 年 6 月 17 日，习近平总书记在贵阳市考察大数据应用展示中心。习近平总书记来到贵阳市大数据广场，走进大数据应用展示中心，听取贵州大数据产业发展、规划和实际应用情况介绍。在一块电子屏前，有关人员告诉总书记，作为全国第一个大数据交易所，贵阳大数据交易所可以交易 30 种数据。贵州省以发展大数据作为突破口推动经济社会发展的探索，给习近平留下深刻印象，他对当地干部说："我听懂了，贵州发展大数据确实有道理。"

第二，融合基础设施深入推进。无人码头、自动驾驶等交通运输新形态不断涌现，智慧城市基础设施加速构建，为社会治理和民生改善注入了新的动力和活力。无人码头方面，2021 年 10 月 17 日，天津港北疆港区 C 段智能化集装箱码头正式投产运营，成为全球首个"智慧零碳"码头。该码头采用自主研发

[①] 国家数据局：《数字中国发展报告（2023）》。
[②] 国家互联网信息办公室：《国家信息化发展报告（2023）》。

的智能水平运输管理系统，实现了车路协同超 L4 级无人驾驶的规模化商用落地，码头运营全过程实现零碳排放。①通过 AI、大数据、云计算、5G 等先进技术的应用，天津港提升了港口运营的科学性，实现了港口经营的降本增效。自动驾驶方面，百度率先推出自动驾驶出租车（Robotaxi），在多个城市投入试运营，引起了中国消费者的热情关注。截至 2021 年底，已经有上汽、百度、滴滴、T3 出行、小马智行、文远知行、元戎启行、AutoX 等多家公司的自动驾驶出租车开始试点商业化运营，②萝卜快跑自动驾驶出租车已经在 10 多个城市商业化落地。截至 2024 年 1 月 2 日，萝卜快跑总服务量超 500 万单，在四季度内服务单数同比增长 49% 至 83.9 万单，在武汉地区车内无人驾驶订单比例达到 45%。

创新基础设施提速增效。中国已建成运行 32 个国家重大科技基础设施，在重点领域布局建设了 200 多家国家工程研究中心、1600 多家国家级企业技术中心和一批国家产业创新中心，形成了较为完备的重大科技基础设施体系。③

新型基础设施不仅是技术进步的体现，更是推动经济社会高质量发展的重要支撑。它通过提升信息流的流通效率，带动物流、资金流无障碍无耗损的流通，从而打造面向未来的新型供应链优势。新型基础设施推动了室内外网络速度的提升，促进了可穿戴设备、数字家庭、智能服务机器人等进入成熟产业，带动了消费升级，推动了老年人等更多人群加入线上消费。5G 网络的稳定运行促进了"直播带货"等新经济模式，激活了"数字文创"等内容产业，通过创

---

① 《满满"黑科技"！全球首个"智慧零碳"码头在天津港投入运营》，腾讯网，https://new.qq.com/rain/a/20211017A05ZRM00。

② 吴昕、彭波、陈晴、王斯佳：《让科幻照进现实：自动驾驶在中国的进展与趋势》，麦肯锡公司百家号，https://baijiahao.baidu.com/s?id=1728081270206442892&wfr=spider&for=pc。

③ 王威：《扩大新基建投资，形成经济社会发展关键新动能》，中华人民共和国国家发展和改革委员会网站，http://www.ndrc.gov.cn/wsdwhfz/202304/t20230420_1353867.html。

新消费模式，拉动了旅游、生活等服务消费的快速增长。城乡信息基础设施的升级改造，推动了协同办公、线上娱乐、远程教育等领域的发展，扩大了消费群体，激发了老年人的"线上购""购全球"消费热情。

（二）新科技经济

习近平总书记指出，科技创新的重大突破和加快应用极有可能重塑全球经济结构，使产业和经济竞争的赛场发生转换。大力培育未来产业，已成为引领科技进步、带动产业升级、培育新质生产力的战略选择。2024年1月，工业和信息化部等七部委联合印发《关于推动未来产业创新发展的实施意见》，推动未来产业创新发展。中国新经济科技的发展是全球经济转型的重要标志，涵盖了数字经济、低空经济、"灯塔工厂"等多个领域。

数字经济成为中国经济的"半壁江山"。数字经济是指以数字化的知识和信息为关键生产要素，以现代信息网络为重要载体，以信息通信技术的有效使用为提升效率和优化经济结构的一系列经济活动。如图2-1所示。

2022年，国务院发布《"十四五"数字经济发展规划》，明确了数字经济发展的目标和路径，为数字经济的发展提供了政策支持。中国数字经济的快速发展表现在电子商务的繁荣、移动支付的普及、人工智能的突破和5G技术的领先等多个方面。在电子商务领域，中国电子商务市场规模持续扩大，网络零售额连续多年位居全球第一。电商平台如阿里巴巴、京东等不仅改变了传统的购物方式，还通过大数据分析等技术提升了供应链效率。在移动支付领域，中国的移动支付市场规模巨大。在某种程度上，支付宝和微信支付已成为人们日常生活的一部分，它们不仅支持在线支付，还拓展到了线下支付、公共交通、生活缴费等多个场景，极大地便利了商业交易和个人消费。在5G技术领域，中国已建成全球规模最大、技术领先的5G网络，5G网络的建设和商用化推动了物联网、自动驾驶、远程医疗等新兴产业的发展。如图2-2所示。

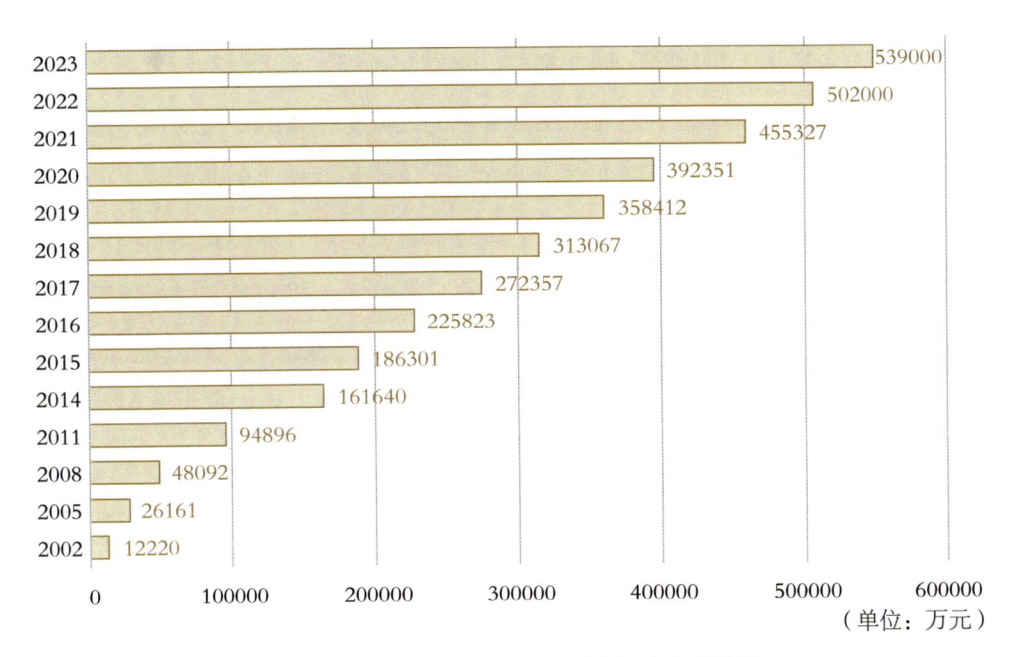

图 2-1　2002—2023 年我国数字经济发展规模

图 2-2　2015—2023 年中国跨境电子商务交易规模

第二，低空经济突飞猛进。低空经济是指利用低空空域资源，开展的各类经济活动，包括无人机物流、低空旅游、空中交通等。无人机物流方面，在我国的农业植保、物流配送、地理测绘等领域，无人机已得到广泛应用。低空旅游方面，我国部分地区已开展低空旅游试点，探索低空经济的新模式。一些旅游城市，如张家界、九寨沟等，开放了直升机观光、热气球体验等新模式，为游客提供了全新的旅游体验。空中交通方面，随着无人机和低空飞行器数量的增加，中国正在探索建立低空飞行服务管理体系，确保低空飞行安全和效率。例如，亿航智能推出了电动垂直起降（eVTOL）飞行器，探索城市空中交通的可能性，为未来低空经济的发展提供了新思路。

拓展阅读

美国低空经济的"先立后破"

随着效率更高、成本更低、噪音更小（目前仅为轻型直升机的1/4分贝）的eVTOL出现，城市空中交通找到了替代直升机、发展新经济的方向。目前，美国有46个城市，开始新一轮的城市空中交通发展计划，如洛杉矶联合交通、规划部门、航空公司、eVTOL企业、研究机构，联合推出了《综合先进空中交通：城市入门》报告，为更多城市发展空中交通提供借鉴。整体来看，这些城市主要从3个方面思考城市空中交通的未来发展。

一是以直升机网络为基础。eVTOL商业化发展初期，由于飞行频率相对较低，城市无需进行大规模的基建投入。一些城市已经规划了基于原有直升机航线的首批eVTOL航线，如芝加哥市中心至奥黑尔机场（32公里）、迈阿密国际机场至迈阿密海滩会议中心（16公里）、曼哈顿至纽瓦克机场（24公里）等。

二是执行VOD模式的空地一体化联运。美国规划协会基于TOD模式（以公共交通为导向的开发），提出了VOD模式（以垂直端口为导向的开发），也就是需要开发建设（升级）空地一体化的交通枢纽。它不仅需要为飞行器提供

> 充电服务，还需要为无人驾驶的士、公共交通等提供充电服务。因此，VOD 模式需要具有智能充电、能源生产和能源存储功能，这对于城市电网规划来说将是一大挑战。
>
> 三是探索管理运营分工。美国空中交通管制系统（ATC）每天要监管近 5 万架次航班，面对未来海量的 eVTOL 飞行管理任务，显然无法单纯依赖 ATC 来承担全部工作。2023 年，美国联邦航空管理局（FAA）发布了《城市空中交通（UAM）运行概念 2.0》白皮书，给出了未来城市空中交通管理思路——强调市场的深度参与，FAA 主要作为宏观把控方和空中交通走廊规则制定者，而具体的管理运营工作则由空中交通服务供应商与空中交通运营商负责。

第三，"灯塔工厂"成就显著。灯塔工厂是指在智能制造和工业 4.0 领域具有示范引领作用的先进工厂，代表了全球制造业创新的先锋。"灯塔工厂"通过采纳和整合前沿技术，如人工智能、物联网、大数据分析等，引领制造业的转型升级。[1]这些工厂不仅实现了生产效率和可持续性的显著提升，还通过智能化改造推动了工作方式和企业文化的根本变革。中国在"灯塔工厂"的建设方面取得了显著成就。据 2024 年 2 月的数据显示，中国以 62 座灯塔工厂荣登全球之首，占全球灯塔工厂总数的 40.52%。[2]

（三）新能源革命

中国新能源革命正通过政策引导、技术创新、产业升级和国际合作等多方

---

[1] 千际投行：《2024 年中国灯塔工厂研究报告》，21 经济网，https://www.21jingji.com/article/20240223/herald/9c07f83f9f25e08c86562a742fd3b428.html。

[2] 邵鹏璐：《中国"灯塔工厂"领跑全球》，澎湃新闻网，https://www.thepaper.cn/newsDetail_forward_26507121。

面推动，旨在实现能源的绿色、低碳、安全和高效发展。

第一，新能源汽车产业加快推进。中国政府通过提供购车补贴、税收优惠等措施，鼓励新能源汽车的研发和消费；同时，通过加快充电桩等基础设施建设，提高新能源汽车的便利性和实用性。目前，中国已成为全球最大的新能源汽车市场，包括纯电动汽车（BEV）、插电式混合动力汽车（PHEV）等。比亚迪、蔚来、小鹏汽车等本土新能源汽车品牌迅速崛起，成为市场的有力竞争者。

第二，新型制造绿色革命降耗增效。作为中国响应全球气候变化挑战、推动生态文明建设的重要举措，新型制造绿色革命是指在制造业领域内，通过采用先进的技术、工艺、管理和政策措施，实现生产过程的绿色化、低碳化、循环化，旨在构建绿色、低碳、循环的现代产业体系，促进制造业的高质量发展。① 截至2023年6月，我国已培育建设3657家绿色工厂、270家绿色工业园区、408家绿色供应链企业，推广近3万个绿色产品。绿色工业园区平均固废处置利用率超过95%，一大批绿色工厂能耗水平优于国家能耗限额标准的先进值。②

第三，光伏发电提升绿色底色。国家在"十四五"规划纲要中提出建设清洁低碳、安全高效的能源体系，非化石能源占能源消费总量比重提高到20%左右。从未来看，"十四五"时期风电光伏要成为清洁能源增长的主力。不仅如此，我国还明确向国际社会提出2030年前碳达峰、努力争取2060年前碳中和。目前，在装机容量方面，中国光伏发电装机容量稳居世界第一。截至2024年6月底，我国可再生能源累计装机容量达到16.53亿千瓦，其中风电光伏发电的装机容量约11.8亿千瓦。2024年上半年，全国可再生能源发电量达1.56万亿千瓦时，

---

① 黄鑫：《稳步推进制造业绿色化》，《经济日报》2023年6月20日。
② 《我国绿色制造体系基本构建》，《人民日报》2023年3月29日。

约占全部发电量的 35.1%。[①]

> **拓展阅读**
>
> **湖北秭归光伏扶贫**
>
> 位于西陵峡畔的秭归是国家级贫困县,属武陵山片区县,2019 年 4 月,秭归县实现脱贫摘帽。
>
> 秭归县成功"摘帽"离不开绿色能源的强大动力。作为国家电网定点扶贫县,近年来,秭归县抢抓国家电网"阳光扶贫行动"机遇,全县共建成光伏扶贫电站 50 座,总装机容量 10.86 兆瓦,项目覆盖所有重点贫困村,惠及 9119 户贫困户,持续稳定推动贫困村集体经济和受益贫困户收入双增收。
>
> 据了解,秭归县在实践中积极探索"光伏+"的综合开发路子,坚持因时因地制宜,在不影响电站发电能力的前提下,如通过"光伏+食用菌"模式,茅坪镇建东村在光伏板下种植羊肚菌 7 亩,每年增收 3 万元;通过"光伏+花卉"模式,茅坪镇建东村在光伏板下种植观赏性植物蚊母 5 亩,年收入达 20 万元。

二、新质生产力"火爆出圈"

作为马克思主义政治经济学和历史唯物论的最基本范畴,生产力既是人类历史的物质基础,也是推动社会进步的最活跃的、最革命的要素,没有生产力的发展就没有社会的进步。

(一)习近平总书记关于新质生产力的重要论述

2023 年 9 月,习近平总书记在黑龙江考察期间首次提出"新质生产力"一

[①] 《我国可再生能源装机规模全球最大、发展速度全球最快》,央广网。

向新而行：发展新质生产力

词，此后又在多个重要场合作了深入论述。

2023年9月7日，习近平总书记在新时代推动东北全面振兴座谈会上强调，要积极培育新能源、新材料、先进制造、电子信息等战略性新兴产业，积极培育未来产业，加快形成新质生产力，增强发展新动能。2023年9月8日，习近平总书记在听取黑龙江省委和省政府工作汇报时强调，整合科技创新资源，引领发展战略性新兴产业和未来产业，加快形成新质生产力。

2023年12月11日至12日，习近平总书记在中央经济工作会议上强调，深化供给侧结构性改革，核心是以科技创新推动产业创新，特别是以颠覆性技术和前沿技术催生新产业、新模式、新动能，发展新质生产力。

2024年1月19日，习近平总书记在"国家工程师奖"首次评选表彰之际作出重要指示强调，希望全国广大工程技术人员坚定科技报国、为民造福理想，勇于突破关键核心技术，锻造精品工程，推动发展新质生产力，加快实现高水平科技自立自强，服务高质量发展，为以中国式现代化全面推进强国建设、民族复兴伟业作出更大贡献。

2024年3月6日，习近平总书记在看望参加全国政协十四届二次会议的民革、科技界、环境资源界委员，并参加联组会，听取意见和建议时强调，科技界委员和广大科技工作者要进一步增强科教兴国强国的抱负，担当起科技创新的重任，加强基础研究和应用基础研究，打好关键核心技术攻坚战，培育发展新质生产力的新动能。

2024年1月31日，习近平总书记在主持二十届中央政治局第十一次集体学习时强调，发展新质生产力是推动高质量发展的内在要求和重要着力点，必须继续做好创新这篇大文章，推动新质生产力加快发展。

2024年2月2日，习近平总书记在听取天津市委和市政府工作汇报时强调，天津作为全国先进制造研发基地，要发挥科教资源丰富等优势，在发展新质生产力上勇争先、善作为。

2024年2月29日，习近平总书记在主持二十届中央政治局第十二次集体学习时强调，要瞄准世界能源科技前沿，聚焦能源关键领域和重大需求，合理选择技术路线，发挥新型举国体制优势，加强关键核心技术联合攻关，强化科研成果转化运用，把能源技术及其关联产业培育成带动我国产业升级的新增长点，促进新质生产力发展。

2024年3月5日，习近平总书记在参加十四届全国人大二次会议江苏代表团审议时强调，要牢牢把握高质量发展这个首要任务，因地制宜发展新质生产力。

2024年7月15日，习近平总书记在二十届三中全会上对《中共中央关于进一步全面深化改革　推进中国式现代化的决定》的起草情况进行说明，强调决定稿围绕发展以高技术、高效能、高质量为特征的生产力，提出加强新领域新赛道制度供给，建立未来产业投入增长机制，以国家标准提升引领传统产业优化升级，促进各类先进生产要素向发展新质生产力集聚。

（二）发展新质生产力战略在海外好评如潮

新质生产力作为中国新发展格局构建的关键因素，受到了国外的高度关注和积极评价。

新质生产力的英文释义和概念阐释曾一度引发争议。至2024年3月初，对于新质生产力的翻译未能达成统一。主流媒体多将其译为"new productive forces"，但这种方式忽略了对新质生产力中"质"的说明。与此同时，《北京周报》（*Beijing Review*）等将其翻译为"new, high-quality productive forces"，这又与"高质量发展"的译名产生了部分重合；还有一些媒体采用了"new quality productivity"、"qualitatively new productivity"和"new productivity booster"的译法。针对新质生产力英文不统一的情况，第十四届全国人民代表大会与中国人民政治协商会议开幕后，新华社、China Daily、CGTN等主流媒体将"新质生产力"翻译为"new quality productive forces",英文翻译得到了统一。[①]

诸多海外专家学者认为,新质生产力是中国推动高质量发展的新引擎。英国国际关系专家基思·贝内特指出,新质生产力的发展是技术革新和产业转型的必然结果,它不仅提升了发展速度,更注重规模和质量的提升。这种生产力的变革有助于减轻体力劳动、改善环境,进而提高人们的生活水平,推动绿色经济的发展。中国日本商会会长本间哲朗认为,中国已经从制造大国转变为创新大国,新质生产力的发展将为经济的长期稳定增长提供支持,促进技术进步和产业升级。西门子中国区负责人肖松也认为,新质生产力正在成为中国经济发展的新引擎,为公司带来新的市场机会和业务增长点。土耳其亚太研究中心主任塞尔丘克·乔拉克奥卢强调,通过加大创新力度,利用新技术改造传统产业,可以为各行业的转型升级提供新动力,加快新质生产力的发展至关重要。巴基斯坦伊斯兰堡和平与外交研究所所长费尔哈特·阿西夫则认为,新质生产力代表了工业与技术革命的范式转变,将使中国社会更加适应全球不断变化的发展态势,推动可持续和包容性增长。阿根廷工程和技术支持公司总裁费尔南多·法佐拉里指出,中国的科技创新已经产生了许多高科技和高知识含量的产业,这些产业的发展将助力中国乃至全球的社会发展。英国广播公司网站也刊文认为,新质生产力将成为中国未来发展议程中的关键词,强调以新兴智能和环保技术为核心的科技、数字化和高端制造业的发展与商业化。美国得克萨斯大学圣安东尼奥校区学者乔恩·泰勒的观点也被报道引用,他认为这将意味着中国经济发展将更加注重新兴智能和环保技术的发展与应用。这些观点共同描绘了新质生产力在中国乃至全球经济发展中的重要角色和潜力。

整体来看,海外舆论普遍认同我国的新质生产力发展战略体现了国家对科

[①] 杭敏:《新质生产力的国际传播要精准有效》,《北京传播》2024年第4期。

技创新的重视，符合高质量发展的要求，并预示着中国经济的转型升级和可持续发展。①

第二节　新质生产力的学理意涵

习近平总书记明确指出，新质生产力的基本内涵是劳动者、劳动资料、劳动对象及其优化组合的跃升。下文将进一步就"生产要素创新性配置"展开讨论，并从要素构成与要素组合两个方面详细考察新质生产力的学理内涵。

一、要素构成的品质提升

基于唯物史观，生产要素在生产活动过程中的"各自的发展变化"是生产力发展跃升的重要表征。② 具体到要素构成上，新质生产力与传统生产力的区别在实践中表现为生产要素的品质提升，包括传统生产要素的迭代升级与新型生产要素的发展涌现。我们将前者称为"内部替换"，将后者称之为"结构深化"。③

---

① 《国际学者看新质生产力：革新、创新、更新 | 世界观》，中国新闻网，https://baijiahao.baidu.com/s?id=1794319155284678125&wfr=spider&for=pc。
② 马昀、卫兴华：《用唯物史观科学把握生产力的历史作用》，《中国社会科学》2013年第11期。
③ 布莱恩·阿瑟：《技术的本质：技术是什么，它是如何进化的》，曹东溟、王健译，浙江人民出版社2018年版，第169页。

向新而行：发展新质生产力

（一）内部替换：传统生产要素的迭代升级

内部替换意指劳动者、劳动资料与劳动对象等各类生产要素的置换与优化。

第一，从劳动者来看，工业革命以来的标准化培训、专业化分工所催生的刚性就业劳动者正日益转型为具有多领域知识和跨行业灵活劳动能力的高素质复合型人才。

回溯历史，工业革命以来的生产方式大多以批量生产、流水线作业和标准化管理为主要特征。[1]身处其中的劳动者在层级节制的组织体系与刚性严苛的分工约束下往往只能选择某一行业走完自己"从一而终"的职业生涯。然而，随着全球化进程的持续推进以及科技产业革命的不断深化，这种僵化臃肿的生产方式很快便被冲击得支离破碎，以敏捷生产、灵活劳动和松散连接为特征的"数字后福特主义"[2]或"数字商业生态"[3]正在强势崛起。在这一过程中，以往只拥有单一技能的劳动者在现代化教育体系以及数智传播技术带来的知识共享浪潮中成长为具有交叉学科知识和跨行业劳动能力的"多技能"复合型人才。由此，劳动者的能动作用被进一步激发，社会分工继续分化细化，但这种演变不再是被"分工文化"所桎梏下的劳动异化，而是更强调劳动者的自主意志实现的潜在生产力的解放。

第二，从劳动资料来看，传统工业的"机器替代"在新质生产力发展中演变为"智能替代"革命。[4]按照马克思在《资本论》中的考察，机器大工业体系

---

[1] 弗兰克·韦伯斯特《信息社会理论（第三版）》，曹晋、梁静、李哲等译，北京大学出版社2013年版，第85—88页。

[2] 贾开：《"数字福特"与"数字后福特"——共同富裕视野下数字生产组织结构的再选择》，《开放时代》2023年第5期。

[3] André Hanelt, et al., "A Systematic Review of the Literature on Digital Transformation: Insights and Implications for Strategy and Organizational Change," *Journal of Management Studies*, 2021, 58(5).

[4] 贾根良：《第三次工业革命与工业智能化》，《中国社会科学》2016年第6期。

中具有改造劳动对象作用的"工具机"的出现是"18世纪工业革命的起点"。[①]也就是说,马克思认为正是"机器替代"的出现开启了区别于传统手工业的机器大工业时代。

返回当下,新一轮科技产业革命带来的"超级制造"浪潮正在改造和重塑机器大工业的"遗产"。[②]一方面,实物流程的自动化以及机器人的引入推动传统生产模式转向自动化之路,常见形式如无人化生产线、自动化材料物流以及利用智能机器人执行任务。另一方面,基于"数据中心主义"的敏捷组织架构则指向了围绕由"数据湖+API"构成的超级数字系统打造互联互通的新型运营体系,包括数据主导下的开发生产、质量控制、异常检测和过程跟踪,等等。最关键的是,无论是自动化还是数字化,都揭示了当下兴起的一种区别于"机器替代"的以"智能替代"为特征的劳动资料革命,也即从对躯体力量的替代迈向对脑力劳动的替代。当然,劳动者本身始终还是生产活动的主体性要素。

第三,从劳动对象来看,作为生产过程中被开发利用的物质客体,新能源技术与材料科学的突飞猛进使得具有优良性能且节能低碳的"合成物质"在新质生产力中强势崛起。马克思曾把劳动对象区分为生活资料与劳动资料,前者指的是农耕畜牧中必不可少的土地、水源等,后者则包括了工业化生产所亟须的煤炭、金属及木料等。[③]然而,一个多世纪以来的能源革命与材料革命促使劳动对象本身也发生了颠覆性变化。就能源而言,20世纪50年代的核电站热潮与70年代的可再生能源开发可以视为替代能源的两个发展高潮。[④]其中,除去

[①]《马克思恩格斯文集》第5卷,人民出版社2009年版,第429页。
[②] 参见迈克尔·瓦伦丁《超级制造:后精益生产时代,第四次工业革命的新模式》,陈明浩译,社会科学文献出版社2022年版,第10—13页。
[③] 孙冶方:《什么是生产力以及关于生产力定义问题的几个争论》,《经济研究》1980年第1期。
[④] 赵宏图:《新能源观:从"战场"到"市场"的国际能源政治》,中信出版社2016年版,第377—378页。

向新而行：发展新质生产力

水能、风能、地热能和太阳能等基于自然资源开发的清洁能源外，页岩气、生物乙醇等合成燃料也呈现出快速增长的态势。公开资料显示，2023年全球页岩油气产量为12.6亿吨油当量，占全球油气产量的14.9%，[①]生物乙醇混配的汽油占全球车用汽油消费总量的60%。[②]至于材料迭代方面，从自然材料到合成材料乃至"可编程材料"的发展轨迹亦是十分显著。以服装为例，过往的服装大多是由天然棉所纺织而成，但现在合成纤维已经被普遍应用至衣物的制作之中，最新趋势甚至指向了具有自组装、自适应能力的"材料智能"的发展倾向。[③]

（二）结构深化：新型生产要素的发展涌现

结构深化意指将新型生产要素加入至生产系统之中，以此突破传统生产系统的局限并在新质生产力中实现二次平衡优化。当今世界，人类社会的实体性身体交往已经融入至数字化界面所构成的"虚体单元"之中。[④]而数字空间的维系运转需要两种不同类型的新型生产要素。第一类是数据、算力、算法、通信网络和移动通信设备等基础性资源。数据作为"数据–信息–知识"链条的前端要素，是数字空间中不可分割的最小单位，同时也是现实世界的"记忆痕迹"编码至虚拟世界进而形成"虚拟现实"的必要条件。[⑤]与之相似，通信网络和移动通信设备是人们随时随地接入互联互通的"移动星球"的基本前提，网络的缺失或者设备的匮乏是诱发"数字鸿沟"的常见因素。算力和算法则随着人工

[①]《页岩开发：加快推动"东方页岩革命"》，《中国石化报》2024年6月17日。
[②] 武国庆、薛晓舟、闵剑等：《全球能源低碳转型下生物液体燃料产业现状与展望》，《中国生物工程杂志》2024年第1期。
[③] 斯凯拉·蒂比茨：《新材料革命》，李丹译，浙江教育出版社2023年版，第9页。
[④] 蓝江：《一般数据、虚体、数字资本——数字资本主义的三重逻辑》，《哲学研究》2018年第3期。
[⑤] 狄波拉·勒普顿：《数字社会学》，王明玉译，上海人民出版社2022年版，第44—45页。

智能浪潮的兴起尤其是近年来的生成式人工智能的"火爆出圈"而成为新兴战略性资源，多元泛在的算力设施和节能高效的算法方案是人工智能赋能各类场景数智化转型的重要支撑。①

第二类新型生产要素是以大数据、人工智能、云计算与区块链为代表的新一代数智化技术，它们是数字空间"撬动"现实世界的技术支点。②大数据意指收集、整理和分析具有大规模和异质性等特征的结构化数据或非结构化数据并以此指导社会行动的技术活动，③数据处理带来的"知识的浮现"能够有效拓展人类的理性边界。④人工智能则通过神经网络的堆叠以及基于注意力机制的仿人类思维模拟训练进而形成高性能智力表现，进而以"社会智力的一般生产力"解放乃至替代人类的脑力劳动。⑤云计算作为一种弹性计算基础设施，能够为产业数字化和数字产业化提供廉价高效的计算资源，进而整合汇聚出具有规模效应的巨大价值链。⑥至于区块链技术，它提供了一种去中心化的分布式数据库，能够有效解决市场交易以及组织交互中的信息模糊、信任不足及可追溯性差等系列问题，加密货币、去中心化治理组织等新兴事物正是立足在区块链技术的蓬勃发展之上。⑦

---

① 米加宁、李大宇、董昌其：《算力驱动的新质生产力：本质特征、基础逻辑与国家治理现代化》，《公共管理学报》2024年第2期。
② 翟云、潘云龙：《数字化转型视角下的新质生产力发展——基于"动力－要素－结构"框架的理论阐释》，《电子政务》2024年第4期。
③ 孟小峰、慈祥：《大数据管理：概念、技术与挑战》，《计算机研究与发展》2013年第1期。
④ 孟德斯鸠：《论法的精神（上册）》，张雁深译，商务印书馆1959年版，第4页。
⑤ 何哲、曾润喜、秦维等：《ChatGPT等新一代人工智能技术的社会影响及其治理》，《电子政务》2023年第4期。
⑥ 郁建兴、高翔、王诗宗：《数字时代的政府变革》，商务印书馆2023年版，第26页。
⑦ Hashem Dadashpoor, Zahed Yousefi, "Centralization or Decentralization? A Review on the Effects of Information and Communication Technology on Urban Spatial Structure," *CITIES*, Vol.78, 2018.

向新而行：发展新质生产力

二、要素组合的优化跃升

依据唯物史观，生产要素之间的矛盾及其解决是传统生产力向新质生产力发展跃升的另一重要表征。① 具体到生产要素组合上时则体现为两种不同类型的矛盾：技术性矛盾与社会性矛盾。② 其中，技术性矛盾包括主客观矛盾和生产资料的内部矛盾，这一类矛盾通常依赖"重新域定"进行解决。③ 而社会性矛盾则涉及生产要素与生产过程中的社会关系的矛盾，本质上是生产力与生产关系之间的辩证作用的体现，该矛盾解决的实践形式被称为"范式转换"。④

（一）重新域定：主客观矛盾与生产资料内部矛盾的解决

重新域定在此处指的是将生产要素组合依据新发展理念的思想指引与高质量发展的目标导向进行创新性再结构。⑤

一方面，就生产要素组合的主客观矛盾的解决而言，重新域定指向的是如下两种实践。其一，当生产活动的技术要求超出劳动者的能力范围时，劳动者通过自主学习、组织协作及人机协同等方式，全面提升自身的知识水平与技能水平。其二，当生产资料无法满足劳动者的生产需求时，劳动者通过劳动改造或者外部引进对生产资料进行改造，由此推动主客观要素实现整体协同的和谐

---

① 马昀、卫兴华：《用唯物史观科学把握生产力的历史作用》，《中国社会科学》2013年第11期。
② 孟捷、韩文龙：《新质生产力论：一个历史唯物主义的阐释》，《经济研究》2024年第3期。
③ 布莱恩·阿瑟：《技术的本质：技术是什么，它是如何进化的》，曹东溟、王健译，浙江人民出版社2018年版，第98页。
④ 托马斯·库恩：《科学结构的革命》，张卜天译，北京大学出版社2003年版，第85页。
⑤ 孟捷：《生产力一元决定论和有机生产方式的变迁——对历史唯物主义核心思想的再解释》，《政治经济学报》2016年第1期。

发展，甚至建立起基于新的要素组合的技术集群。

另一方面，对于生产资料内部矛盾的解决，重新域定旨在设计具有内在一致性和时空稳健性的劳动资料与劳动对象以服务于新质生产力的发展。从内在一致性来看，功能各异、性能参差的劳动资料需要结合与之相匹配的劳动对象进入生产活动，如此方能形成要素合力推动生产力发展。一个经典的案例是卷积神经网络（Convolutional Neural Network）与 ImageNet 数据库的相互成就。深度学习技术早在 20 世纪 90 年代就已经初具雏形，但常常由于数据的匮乏难以得到理想的训练结果。直至 2012 年，神经网络被应用至刚刚建成的拥有 1500 万张标注图片的 ImageNet 数据库时，它的识别准确率大幅刷新了计算机视觉领域的世界纪录，人工智能的"深度学习"革命就此兴起。而从时空稳健性来看，劳动资料与劳动对象可能随着时间的流逝或者空间的变化而出现折旧损耗或者不再适用的情况，因此需要因时因地进行校准调整，确保既定要素组合具有强大韧性以实现生产目标。例如，当矿藏资源走向衰竭时，需要合理利用合成物质进行替代；当具有高性能和高稳定性的无机材料兴起时，部分劳动资料中的有机材料都应进行适时改造。

（二）范式转换：要素组合内蕴的社会性矛盾的解决

要素组合的社会性矛盾解决指向的是生产力与生产关系之间的矛盾运动，而其具体的实践形式在一定程度上被库恩的"范式转换"所捕捉。为清楚阐释这一点，需要引入约瑟夫·熊彼特（Joseph Alois Schumpeter）的"创造性破坏"与卡萝塔·佩蕾斯（Carlota Perez）的"制度的创造性毁灭"这两个概念进行说明。[1]

---

[1] 孟捷、韩文龙：《新质生产力论：一个历史唯物主义的阐释》，《经济研究》2024 年第 3 期。

向新而行：发展新质生产力

按照熊彼特的研究，技术革命会破坏旧的经济结构并铸造出新的结构，进而自动派生出增长性的经济长波。佩蕾斯则揭示了截然相反的另一种路径，即每一次技术发展的浪潮都立足于旧有的惰性制度的先验性毁灭。由此观之，熊彼特与佩蕾斯分别揭示了生产力与生产关系矛盾运动的两种实践形式，即生产力的跃升推动生产关系发生裂解与质变，以及生产关系的先发变化对生产力发展产生能动的促进作用。然而，无论是"创造性破坏"还是"制度的创造性毁灭"，在要素组合意义上都指向了社会共有知识结构的变迁以及（劳动）共同体秩序的变革，也即由"解谜"、"反常"、"危机"与"反思"促成的"范式转换"。①

基于此，传统生产力向新质生产力跃升过程中的要素组合的社会性矛盾解决蕴含着以下四个方面的变化。

第一，"常规科学"中的重大理论和实践难题急剧增加，"宇宙起源、物质结构、生命演化、意识本质等基本科学问题方面的新认知新发现将引发科学知识体系的系统性创新"。②

第二，"反常"或者说反预期的科研成果频繁出现，例如近期的生成式人工智能的蓬勃发展与以往科学界对于"具身智能"（Embodied AI）的期待相比走上了一条截然不同的发展道路，即从躯体解放转向智能替代。

第三，"理论危机"的弥散及各类新理论的迸发涌现，例如 Deepmind 公司开发的 AlphaFold 软件对于人类蛋白质结构的大规模测算近乎完全颠覆了该领域的研究方法，进而由传统的单纯的实验研究转向"实验 + 算法"模式。

第四，对于理论危机的"反思"推动着新的共有知识结构的形成及共同体秩序的变革。在人工智能所勾勒出的象征着"智能解决主义"的未来世界的"社

---

① 托马斯·库恩：《科学结构的革命》，张卜天译，北京大学出版社 2003 年版，第 89—100 页。
② 习近平：《论科技自立自强》，中央文献出版社 2023 年版，第 25 页。

会想象"中，各国纷纷制定实施人工智能战略，例如法国的"国家人工智能战略"[1]、日本的"社会5.0"[2]及美国的"国家人工智能发展与研究战略计划"[3]，等等。

第三节　新型生产关系的理论透视

马克思曾指出："人们的生活自古以来就建立在生产上面。"[4]也就是说，人类不同个体正是在生产实践活动中发生交往，进而产生了社会。因此，生产关系是社会生活中最基本的关系，同时也是理解社会发展特征的一把钥匙。习近平总书记在统筹布局做好发展新质生产力这篇大文章时明确指出："发展新质生产力，必须进一步全面深化改革，形成与之相适应的新型生产关系。"那么，我们应当如何准确理解和把握"新型生产关系"呢？

一、马克思主义理论视域下的内涵范畴

（一）生产关系的概念源起

"生产关系"这一概念由马克思、恩格斯在《德意志意识形态》中首次提出。

---

[1] 郑雅倩、田芬：《法国人工智能时代高等教育改革新趋势——基于马克龙政府"国家人工智能战略"系列文本的分析》，《比较教育研究》2023年第7期。
[2] 陈祥：《日本人工智能战略论析》，《大连理工大学学报（社会科学版）》2023年第5期。
[3] 何哲：《通向人工智能时代——兼论美国人工智能战略方向及对中国人工智能战略的借鉴》，《电子政务》2016年第12期。
[4] 《马克思恩格斯全集》第30卷，人民出版社1995年版，第481页。

向新而行：发展新质生产力

《德意志意识形态》是马克思、恩格斯在 1845 年秋天至 1846 年 5 月合著的一本著作，两人在书中系统地阐述并论证了他们所创立的新世界观与社会历史观，即历史唯物主义。这本书也被视为历史唯物主义形成的重要标志，是马克思主义发展史上的一部里程碑式的重要著作。

> **拓展阅读**
>
> **"生产关系"理论概念的形成与发展**
>
> 生产关系这一概念的形成事实上经历了一个长期的理论建构过程。在《黑格尔法哲学批判》和《神圣家族》等早期著作中，马克思主要讨论的是"市民社会"，可以视之为生产关系概念的思想源头。随后，马克思和恩格斯在《德意志意识形态》中正式提出了"生产关系"概念。再后来，在《哲学的贫困》中，"生产关系"的概念得到进一步明确，并且取代了"交往关系""交往形式"等其他概念。不仅如此，马克思还在《〈政治经济学批判〉导言》中明确了生产关系的四个环节，即生产、分配、交换和消费。

在《德意志意识形态》中，马克思、恩格斯总结了生产力和生产关系的四个方面的关系。[①]

其一，生产力决定生产关系。生产力发展状况决定了生产关系的本质和特性，生产关系受到生产力水平的制约。换言之，当生产力达到一定阶段时，必然要求与之相适应的生产关系的出现，以满足新的生产需求和条件。

其二，生产力只有通过一定的生产关系才能得以保存和发展。人类的生产活动本质上是社会性的，没有生产关系中人与人之间的交往，生产力就无法存

[①] 牛先锋、王虎学：《马列经典著作精选导读》，中共中央党校出版社 2021 年版，第 80—81 页。

在和发展。

其三，生产力和生产关系是否适配将会对人的活动产生深远影响。由于人在生产力系统中处于主体地位，如果生产关系不适应生产力的发展，那么生产关系将会在一定程度上束缚人的活动，阻碍生产力的进一步发展。相反，如果生产关系适应生产力的发展需求，就能充分释放人的生产潜力，大幅提升社会生产力。

其四，生产力与生产关系之间的矛盾是人类历史发展中的根本性矛盾，"一切历史冲突都根源于生产力和交往形式之间的矛盾"。[①] 正是在这种矛盾的推动下，人类社会不断向前发展，迈向更高阶段的文明。

（二）生产关系的内涵解析

生产关系具有狭义与广义的两重理论内涵。在狭义上，生产关系指的是人类在物质生产中形成的人与人之间的经济关系。[②] 马克思曾如此形容生产关系："建立在这种或那种社会生产上面，这种社会生产的关系，我们恰恰就称之为经济关系。"[③] 由此，生产关系在狭义上可以视为人们在生产、分配、交换和消费等环节中形成的相互之间的关系，包括生产资料的所有制形式、人们在生产中的地位和相互关系及产品的分配方式。在广义上，生产关系是人们在物质资料生产活动和过程中所结成的人与人之间的社会关系。[④] 作为个体的人类在人与自然的矛盾面前始终是较为无力的，人们必须联合起来进行必要的社会分工和共同劳动，用群体的力量弥补个体的不足。总体来看，生产关系作为一种社会关系，它具有如下特征（见图2-3）。

[①]《马克思恩格斯选集》第1卷，人民出版社1972年版，第81页。
[②] 牛先锋、王中汝：《马克思主义基本原理概论》，中共中央党校出版社2021年版，第96页。
[③]《马克思恩格斯全集》第30卷，人民出版社1995年版，第481页。
[④] 张雷声：《马克思主义基本原理概论》，中国人民大学出版社2018年版，第72页。

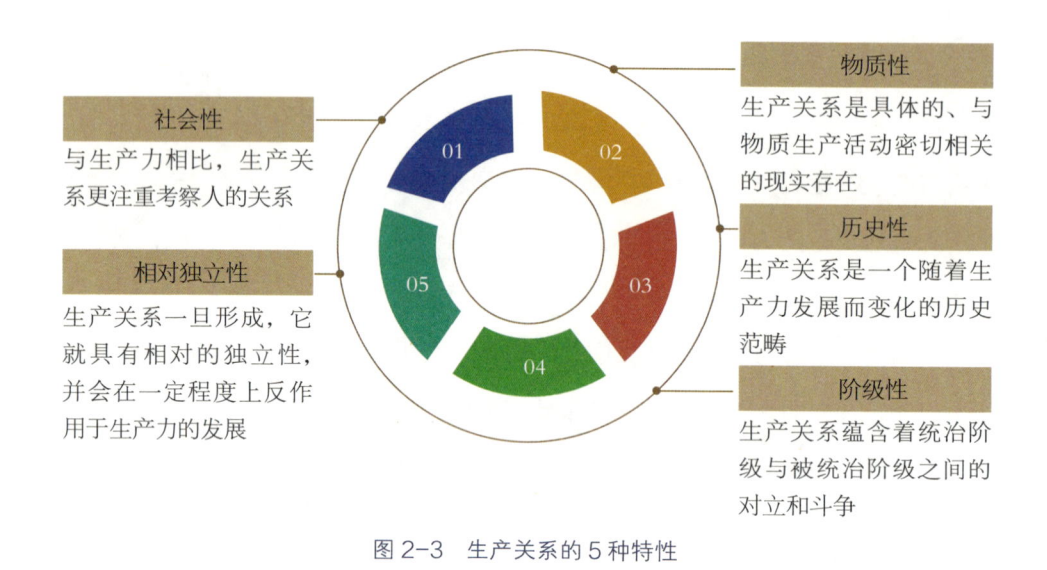

向新而行：发展新质生产力

社会性
与生产力相比，生产关系更注重考察人的关系

相对独立性
生产关系一旦形成，它就具有相对的独立性，并会在一定程度上反作用于生产力的发展

物质性
生产关系是具体的、与物质生产活动密切相关的现实存在

历史性
生产关系是一个随着生产力发展而变化的历史范畴

阶级性
生产关系蕴含着统治阶级与被统治阶级之间的对立和斗争

图 2-3　生产关系的 5 种特性

一是社会性，生产关系并不像生产力那样主要体现人与自然的关系，而是着重考察人与人之间的关系。

二是物质性，生产关系的物质性特征在于它是从物质生产过程中产生的。生产关系并不是抽象的理念，而是具体的、与物质生产活动密切相关的现实存在。

三是历史性，生产关系的历史性特征意味着它是一个随着生产力发展而变化的历史范畴。在不同的历史阶段，由于生产力的发展水平和社会条件的变化，生产关系也会发生相应的变化。生产关系的变化是历史进步的体现，它与生产力的发展密切相关。

四是阶级性，生产关系的阶级性特征指向了社会中不同阶级之间的关系，特别是生产资料的占有关系。生产资料的占有状况决定了不同阶级在生产过程中的地位和权力，从而影响整个社会的经济结构和政治关系。

五是相对独立性，生产关系一旦形成，它就具有相对的独立性，并会在一定程度上反作用于生产力的发展。例如，在某些情况下，落后的生产关系可能会成为生产力发展的障碍，反之，先进的生产关系则能够促进生产力的提升。

这种相对独立性使得生产关系不仅是生产力的被动反映，也具有一定的自主性和能动性。

二、新型生产关系的时代特征与实践表现

马克思和恩格斯认为："随着新生产力的获得，人们改变自己的生产方式，随着生产方式即谋生的方式的改变，人们也就会改变自己的一切社会关系。"在新质生产力蓬勃涌动的当下，必然需要构建新型生产关系来释放其潜能。习近平总书记明确指出，生产关系必须与生产力发展要求相适应。发展新质生产力，必须进一步全面深化改革，形成与之相适应的新型生产关系。[①]下文将从生产资料所有制、直接生产关系、分配关系、交换关系和消费关系来讨论与新质生产力发展相适配的新型生产关系的时代特征与实践表现。

（一）所有制改革面临复杂挑战

在现代法律语境中，生产资料所有制或者说"权属"通常与狭义的财产权，即财产所有权联系在一起。所谓财产所有权，指的是权利人享有的在法律规定的范围内对其财产予以全面支配的权利，具体包括占有、使用、收益和处分等。该权利特征具有完全性、排他性和持久性。[②]由此，生产资料的所有制建构或产权确权等行为在法律语境中便可以理解为围绕着财产所有权所开展的社会行动，也就是从法律视角来讨论生产资料是否可以产生可确认的产权和利益，以及这种利益应当归属于谁。

随着数字化转型浪潮席卷全球，数据已经成为新质生产力发展提升的必要

[①] 《习近平在中共中央政治局第十一次集体学习时强调 加快发展新质生产力 扎实推进高质量发展》，《人民日报》2024年2月2日。
[②] 参见郭明瑞《物权法通义》，商务印书馆2019年版，第15—17页。

生产资料。如此，建立健全数据所有制，加快推进"数据确权"，对于建设高质量的数据要素市场、进一步释放数据价值具有重要意义。

> **拓展阅读**
>
> **数据要素所有权的三重考量**
>
> 数据要素区别于传统生产要素，它的所有制建构牵涉多方面的考量。
>
> 第一，数据要素与传统生产要素的异质性使得它的确权路径十分复杂。这里的异质性包括几个方面：一是数据并非实体意义上的"物"，二是数据无法被排他地占有，三是数据具有公共性，四是数据是非消耗品。
>
> 第二，各类数据主体的数据利用能力不均衡。在技术上占据先发优势并经历市场淘洗的企业特别是平台企业拥有着惊人的数据处理能力。与之相比，国家权力机关在数据获取、处理、应用等方面的能力仍相对滞后，更不必说各类"数字鸿沟"下的数字弱势群体。
>
> 第三，数据要素的赋能效果将涉及新质生产力的建构与发展，这意味着需要综合考虑数据确权中的权力分配以及确权结果对解放发展新质生产力的影响作考量。

从最新政策动向来看，2022年12月印发的"数据二十条"[①]为种种疑问指明了基本方向，其中的关键举措是淡化数据所有权而强调数据使用权的"三权分置"，旨在赋予各类数据主体平等的使用权以便数据要素合法高效地流通应用。展望未来，需要在"三权分置"基本框架基础上对数据的具体权能作进一步细化，包括占有权、使用权、处置权、分配权和收益权等。进而为充分发挥

---

① "数据二十条"指2022年12月发布的《中共中央 国务院关于构建数据基础制度更好发挥数据要素作用的意见》。

数据要素在数字财富创造中的经济价值与社会价值、释放数据要素在新质生产力发展中的乘数效应夯实制度基础。

（二）直接生产关系呈现出创新驱动、系统协同的发展趋势

直接生产关系指的是一线劳动者与劳动资料、劳动对象的结合方式及融合协同程度，其在新一轮科技产业革命深度发展的过程中呈现出创新驱动和系统协同两种显著趋势。

一方面，直接生产关系中的创新驱动效应越发凸显，以大数据、人工智能、移动通信、云计算和区块链为代表的数智化技术正全面嵌入物质生产之中，由此衍生的自动化生产乃至智能化生产等能够辅助、替代劳动者脑力劳动的一系列生产方式降低了生产活动中的隐性知识门槛，劳动者能够高质量地完成大规模同质性劳动并提供具有更高智识水平的跨领域创造性服务。[1]

另一方面，劳动者之间的协作关系也更加紧密，即时连接的通信网络让扁平化、系统化的劳动分工网络成为可能，数字劳动的流动性和灵活性极大增强，并在总体上呈现为多层次的系统协作网络。

针对这种直接生产关系变化的新趋势，迈克尔·瓦伦丁将制造业模式的最新转型变化概括为"超级制造"（hyper manufacturing）。[2] 这种超级制造体系的创新之处主要体现在系统顶层、组织基础、流程支柱、结构支柱与运作核心等5个方面（见图2-4）。

---

[1] 翟云、潘云龙：《数字化转型视角下的新质生产力发展——基于"动力-要素-结构"框架的理论阐释》，《电子政务》2024年第4期。

[2] 参见迈克尔·瓦伦丁《超级制造：后精益生产时代，第四次工业革命的新模式》，陈明浩译，社会科学文献出版社2022年版，第10—13页。

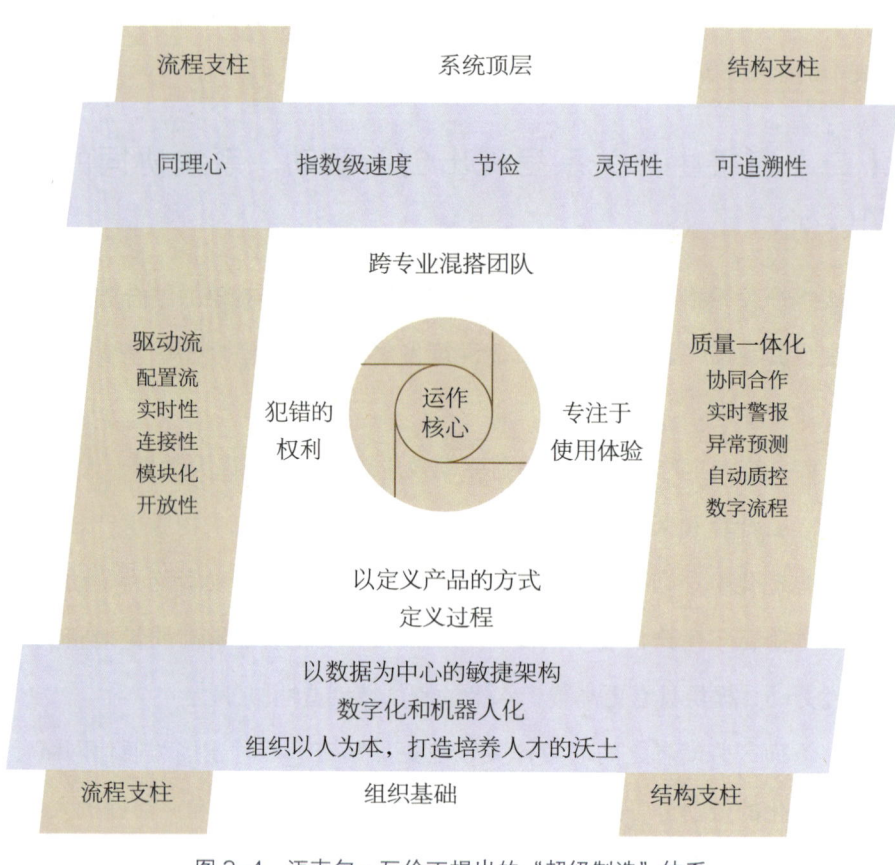

```
流程支柱          系统顶层          结构支柱

    同理心    指数级速度    节俭    灵活性    可追溯性

                  跨专业混搭团队

驱动流                                          质量一体化
配置流                                          协同合作
实时性      犯错的      运作      专注于        实时警报
连接性      权利       核心      使用体验        异常预测
模块化                                          自动质控
开放性                                          数字流程

               以定义产品的方式
                  定义过程

          以数据为中心的敏捷架构
            数字化和机器人化
        组织以人为本，打造培养人才的沃土

流程支柱          组织基础          结构支柱
```

图 2-4 迈克尔·瓦伦丁提出的"超级制造"体系

（三）多要素、共享性和普惠性的分配关系逐渐显现

分配关系主要体现在收入分配和公共服务资源分配上，前者包括资本的利润盈余与劳动者的工资收入，后者则涵盖了金融服务、教育服务与医疗服务等。[①]在马克思主义的理论视域中，生产力发展水平对分配关系具有显著影响。因此，随着新质生产力的不断发展和解放，一种新型的以多要素、共享性和普

---

① 周文、韩文龙：《数字财富的创造、分配与共同富裕》，《中国社会科学》2023 年第 10 期。

惠性为特征的分配关系正逐渐形成。

第一，从多要素来看，目前需要重点关注的是数据要素对于分配关系改革的影响。只有形成合理的分配制度及激励机制，才能促使数据要素发挥其经济价值，实现数据要素市场化配置。进一步言之，数据要素收益分配要兼顾效率和公平，既要遵循基本的要素市场分配原则，也要基于数据要素的特征更加合理分配。[①]首先，数据要素应遵循以市场化为主的一次分配原则，按照国家分配制度通过市场机制按贡献参与国民收入的一次分配。其次，应构建以数据税为基础的二次分配原则，通过税费、转移支付、完善基本公共服务等手段调节数据要素的收益分配。最后，应积极引导大型平台企业及微观个体等相关主体参与社会捐赠，提升三次分配规模。

第二，从共享性来看，主要体现在平台经济及知识社区等领域的茁壮发展对于就业结构或资源分配结构的改变。一是平台经济的兴起。平台企业通过大数据、智能算法等数智化技术将供需双方高效连接，减少信息不对称，提升交易效率。典型案例如共享单车、网约车、民宿出租等，它们把原本闲置的或者低效利用的资源进行重新配置，提高社会整体资源利用率。此外，平台经济模式还为社会民众提供了灵活就业机会，人们可以根据自己的时间和意愿参与其中，增加收入来源。可以说，大型平台往往是一个具有规模效应的数字生态系统，吸引各种服务提供者和消费者加入，形成互利共生的经济共同体。二是知识共享的普及。以 GitHub、GitLab 等平台为代表的开源社区会聚了全球的开发者，通过协作开发、共享代码推动技术创新。以知乎、Quora 为代表的知识分享社区，通过问答的形式分享专业知识和生活经验，推动知识的交流和传播。

---

① 戎珂、陆志鹏：《数据要素论》，人民出版社 2022 年版，第 192—194 页。

向新而行：发展新质生产力

> **拓展阅读**
>
> **平台经济的兴起与概念**[①]
>
> 平台经济起源于21世纪初新兴的互联网开源项目和社区自发的互助拼车行为，最初主要指基于闲置资源共享利用、协同生产和社区互助的社会经济活动。直到2010年后，以优步（Uber）和爱彼迎（Airbnb）为代表的硅谷新组织形式大量出现，平台经济才作为一种富有希望的商业模式进入国内外主流媒体和学界的视野当中。
>
> 概括而言，平台经济是一种运营和维护数字平台，并依赖数字平台参与社会经济运行的新型企业组织。这里的数字平台指的是可以收集、处理、传输经济活动信息的一般性数字化基础设施，它为数字化的人类生产与再生产活动提供基础性的算力、数据储存、工具和规则。

第三，从普惠性来看，数字金融、数字教育和数字医疗三个领域的快速发展正推动着公共服务资源分配关系发生新变化。首先，支付宝、微信支付等移动支付工具的普及，使得金融交易变得更加便捷。即使在偏远地区或经济欠发达地区，人们也可以通过手机进行支付、转账等金融操作。数字金融服务降低了金融服务的门槛，生活贫困的群众也能获得贷款和保险等金融支持，这无疑有利于推动经济发展并保持社会稳定。其次，以慕课（Mooc）为代表的在线教育平台提供了大量的涵盖从基础教育到高等教育的各个层次的免费课程。在线教育的成本相对较低，其出现有利于进一步推广优质教育，让更多家庭接触到一流的教育资源，缩小城乡教育差距。最后，远程医疗平台和远程监测设备的

[①] 谢富胜、吴越、王生升：《平台经济全球化的政治经济学分析》，《中国社会科学》2019年第12期。

普及使得医生可以实时监测患者的健康状况，及时提供医疗建议和必要干预。远程医疗技术使得医疗资源匮乏地区的居民也能获得专业的医疗服务，显著提升医疗服务的公平性。

（四）基于高水平社会主义市场经济体制的交换关系建设稳步推进

随着新质生产力不断发展，高标准市场体系的建设显得尤为重要，它为新质生产力的发展提供必要的制度保障和市场环境。2020年10月，党的十九届五中全会明确提出要"建设高标准市场体系"。2024年7月，党的二十届三中全会进一步强调要"构建高水平社会主义市场经济体制"。可以说，中国特色社会主义市场经济建设正随着新质生产力的蓬勃涌动呈现出新的动态。

一是产权保护制度更为完善。从非公有制经济财产权保护来看，新修订的《民法典》[1]通过第一百一十三条和第二百零七条确立了平等保护财产权的原则，明确规定了国家、集体、私人的物权和其他权利人的物权受法律平等保护，并规定了民事主体的财产权利受法律平等保护，把公、私财产置于平等保护的制度框架之下。从知识产权保护来看，截至2023年，全国知识产权协同保护机构总数达到112家，已运行的保护中心和快维中心共受理知识产权保护维权相关案件12万件，受理专利快速预审请求23.9万件，在世界知识产权组织发布的《2023年全球创新指数》报告中我国的排名居第12位。[2]

二是市场准入的隐性壁垒被逐渐破除。近年来，市场准入制度改革稳步推进，这里以完善市场准入制度的重要抓手——负面清单制度为例。所谓负面清单制度即非禁即入，清单以外的行业、领域、业务等，各类经营主体皆可依法

---

[1] 说明：本书涉及的法律名称，省略"中华人民共和国"。
[2] 王婧：《我国知识产权保护状况公布 五个方面看成效》，央视新闻网，https://baijiahao.baidu.com/s?id=1797761584502184870&wfr=spider&for=pc。

平等进入，政府不再审批。自 2013 年中国（上海）自由贸易试验区设立，我国第一份外资准入负面清单发布实施，2015 年向其他自贸试验区推广，2016 年在全国推行。后来，这一清单又被创造性地引入国内经济治理，2016 年在 4 省市先行试点，2017 年扩大到 15 省市，2018 年全国统一的市场准入负面清单上线。

三是要素市场化改革取得长足进展。党的十八届三中全会明确指出市场在资源配置中起决定性作用，党的二十大报告就要素市场化改革作出一系列部署。包括在 2020 年、2021 年中央分别出台了要素市场化配置体制机制的意见，以及要素市场化配置改革试点有关意见。2024 年 6 月 27 日，中央政治局会议强调，进一步全面深化改革的重点还是构建高水平社会主义市场经济体制。

四是营商环境持续优化。习近平总书记多次强调："要以高水平安全保障高质量发展，依法维护社会主义市场经济秩序，提升法治化营商环境建设水平。"2022 年 10 月，中共中央、国务院决定在全国范围内复制推广一批营商环境创新试点改革举措，"从点到面"扩大改革效果，推动全国营商环境整体改善。近年来，我国法治化营商环境日趋完善，全国统一大市场逐渐形成，跨区域跨部门的制度性交易成本逐渐降低，外资企业在华投资信心不断增强。

（五）绿色、智能和可持续的新型消费关系

消费关系同样是生产关系的重要方面，包含自然消费、社会消费及自然社会消费三种不同层次的消费。①

第一，自然消费关系主要涉及人类对自然资源的利用方式。传统的自然消费关系往往导致资源的无节制滥用，包括大规模的矿产开采、森林砍伐和渔业捕捞等。这种资源利用模式虽然在短期内能够带来经济效益，但长远来看却造成了严峻的生态破坏。因此，全面贯彻新发展理念的过程中，尤其是在绿色发

---

① 韩文龙：《新质生产力的政治经济学阐释》，《马克思主义研究》2024 年第 3 期。

展理念的指导下，自然消费关系必须从单纯的资源利用转变为保护、开发和替代并重的路径。

第二，社会消费关系涉及社会内部的资源分配和消费模式。这一关系不仅反映了人们在日常生活中的消费行为和习惯，还涉及社会各阶层之间的资源流动和分配。传统的消费模式多以线下交易为主，存在地域限制、信息不对称和资源分配不均等问题。然而，在新质生产力发展的过程中，消费模式的变革尤为重要。尤其是随着数智化技术的迅猛发展，电子商务逐渐成为人们消费的主要方式之一。

拓展阅读

电子商务如何改变人们的消费模式

电子商务（electronic commerce）指利用计算机技术、网络技术和远程通信技术，实现整个商务过程中的电子化、数字化和网络化。人们不再是面对面地看着实实在在的货物靠纸介质单据（包括现金）进行买卖交易。而是通过网络，通过网上无所不包的商品信息、完善的物流配送系统和方便安全的数字化资金结算系统进行买卖交易。

党的十八大以来，从《电子商务"十二五"发展规划》到《"十四五"电子商务发展规划》，再到《数字中国建设整体布局规划》，强调要"做强做优做大数字经济"，电子商务连续多年被写入重要政策文件中。根据商务部的数据，2023年全年网上零售额15.42万亿元，增长11%，我国连续11年成为全球第一大网络零售市场。实物商品网零占社零比重增至27.6%，创历史新高。

第三，自然社会消费关系是指社会消费与自然资源利用之间的关系。这一层次的消费关系不仅涉及人类对自然资源的消费，还涉及如何在社会经济活动中实现自然资源利用的可持续性。概括而言，可持续性的核心在于平衡人与自然的关系，确保资源的合理开发与保护。在这一过程中，新质生产力的发展为我们提供了新的机遇和挑战。一方面，数智技术的广泛应用显著提升了资源利用效率。例如，通过物联网技术，可以实现对环境的实时监测和管理，及时发现和处理环境污染问题。另一方面，数据作为新型生产要素，也为自然社会消费关系的调节带来了新的变化。例如，通过大数据分析，可以更准确地预测市场需求，优化供应链管理，减少资源浪费。

第三章
走进新质生产力

高质量发展需要新的生产力理论来指导,需要我们从理论上进行总结、概括,用以指导新的发展实践。

——摘自习近平总书记在二十届中央政治局第十一次集体学习时的讲话

第一节 "中南海"的理论课

2024年1月31日，习近平总书记在主持二十届中央政治局第十一次集体学习时强调，发展新质生产力是推动高质量发展的内在要求和重要着力点，必须继续做好创新这篇大文章，推动新质生产力加快发展。习近平总书记提出，高质量发展需要新的生产力理论来指导，而新质生产力已经在实践中形成并展示出对高质量发展的强劲推动力、支撑力，需要我们从理论上进行总结、概括，用以指导新的发展实践。"中南海"的这堂理论课，明确了发展新质生产力的重大理论意义和实践意义。

一、坚持一个主导：创新

（一）时代背景

理解创新对于新质生产力的主导作用，需要从现实视角、理论视角等两个方面解读。在现实视角，一是经济高速增长到经济高质量发展阶段需要创新。自改革开放至2012年，我国经历过一轮经济的高速增长，改革红利、人口红利和政策红利竞相释放，为我国带来了经济高速增长的数十年，在经济进入"新常态"以后，创新成为引领发展的第一动力。二是新一轮产业革命和科技变革需要创新。面对纷繁复杂的国际形势和我国科技创新领域的"卡脖子"问题，亟须创新突破，变革传统的生产模式、管理模式等，引领新质生产力的发展。

在理论视角，2023年9月，习近平总书记在黑龙江考察期间首次提出"新质生产力",而后又对该概念在多个重要场合进行了深入论述。梳理习近平总书记的重要论述可知,"创新"始终是新质生产力的主导力量。如表 3-1 所示。

表 3-1 习近平总书记关于新质生产力的论述

时间	论述	解读
2023 年 9 月 7 日	习近平总书记在新时代推动东北全面振兴座谈会上强调,要积极培育新能源、新材料、先进制造、电子信息等战略性新兴产业,积极培育未来产业,加快形成新质生产力,增强发展新动能	战略性新兴产业和未来产业对新质生产力的发展十分重要,创新为发展提供新动能
2023 年 9 月 8 日	习近平总书记在听取黑龙江省委和省政府工作汇报时强调,整合科技创新资源,引领发展战略性新兴产业和未来产业,加快形成新质生产力。产业是生产力变革的具体表现形式	创新是新质生产力的重要驱动,产业是新质生产力变革的主要形式
2023 年 12 月 11 日至 12 日	习近平总书记在中央经济工作会议上强调,深化供给侧结构性改革,核心是以科技创新推动产业创新,特别是以颠覆性技术和前沿技术催生新产业、新模式、新动能,发展新质生产力。新质生产力之"新",核心在于以科技创新推动产业创新	创新是第一动力,新质生产力要求科技创新、产业创新,深化供给侧结构性改革
2024 年 1 月 31 日	习近平总书记在主持二十届中央政治局第十一次集体学习时强调,发展新质生产力是推动高质量发展的内在要求和重要着力点,必须继续做好创新这篇大文章,推动新质生产力加快发展	创新是新质生产力的主导,是推动高质量发展的主导力量

(二)"三阶段"理念

为了更好理解创新在新质生产力中的主导地位,将中国近 10 年的经济划分为三个阶段更显直观。一是供给侧结构性改革阶段。这一阶段的主要任务是去库存、去杠杆、去产能,降成本、补短板,主要持续的时间是 2015—2020 年。

第二阶段是绿色发展阶段。这一阶段的主要任务是明确提出碳达峰、碳中和的"双碳"目标，持续的时间是 2020—2023 年。第三阶段是党的二十大至今，我国在这一阶段的主要任务是发展新质生产力，以创新驱动发展，创新成为发展新质生产力的重要底色。

二、摆脱"两个传统"

（一）摆脱传统经济增长方式

1. 传统经济增长方式

纵向来看，我国传统的经济增长方式已经难以为继；横向来看，我国传统的经济增长方式难以帮助我国在国际经济舞台中占据重要位置。我国传统的经济增长方式主要有以下几个特征。一是从生产要素的角度理解。我国传统的经济增长方式注重生产要素的投入而不是全要素生产率的提升，因此造成我国过去的集约型增长方式，片面追求 GDP 的提升，而忽略了民生、生态、社会等全方面的发展。虽然近年来随着我国高质量发展战略的实施，这种情况有所好转，但是仍然存在一些粗放型的增长。二是从 GDP 构成的角度理解。众所周知，拉动经济增长的"三驾马车"分别是消费、投资和出口。在过去，我国传统的经济增长方式出口依存度较高，消费带动内需不足，投资疲软，造成我国尤其是沿海地区的外向型经济特征。

2. 新质生产力的增长路径

理解新质生产力的增长路径，需要从"破"和"立"两个视角进行理解。对于新质生产力而言，需要"破""立"并举。新质生产力的发展不是一蹴而就的，需要经过一段时间的过渡期。在这一时期内，应注重以下两个路径：一是注重经济增长的质量而非速度。新质生产力对生产力的质量要求很高，同样，由此引发的经济增长也是较高质量的经济增长，衡量经济增长的维度除了经济增长的速度之外，还需要从绿色增长、民生发展、社会进步等多角度出发。二是注重经济增长动力转换。应深刻了解目前的国际形势，利用好国内国际两个市场、两种资源，注重全要素生产率的提升。

（二）摆脱传统生产力发展路径

1. 传统生产力的发展"困局"

传统生产力有以下特征：一是科技领域亟待创新。过去传统的经济增长模式注重在模仿的基础上实现创新，由于面临国内国外双重压力，我国科技创新领域出现"卡脖子"问题，也由此制约了经济增长，新质生产力需要摆脱传统的科技领域"卡脖子"问题，通过原始性创新发展质优的生产力。二是战略性新兴产业有待全面发展。[1] 国内国际两个市场都处于不断创新变换之中，无论是我国的双循环新发展格局，还是建设全国统一大市场的政策，都需要利用好我国 14 亿人口的市场红利，市场有需求，需要通过发展新质生产力，更好激发出我国 14 亿人口的大市场活力。[2]

2. 新质生产力的发展"破局"

发展新质生产力，需要从以下四个视角解读。一是产业视角。新质生产力的目的就是加快传统产业转型升级，壮大和发展战略性新型产业和未来产业，形成越来越多的主导产业，引导经济高质量发展。二是创新视角。新质生产力对于原始性创新和颠覆性突破提出了更高的要求。三是民生视角。新质生产力的发展，往大了说，关系劳动力的发展，往小了说，触及每一个居民生活的方方面面，因此新质生产力的民生角度不可或缺。四是生态视角。新质生产力注

---

[1] 洪银兴：《新质生产力及其培育和发展》，《经济学动态》2024 年第 1 期。
[2] 沈坤荣、金童谣、赵倩：《以新质生产力赋能高质量发展》，《南京社会科学》2024 年第 1 期。

重生产力发展的质量，也要注重生产对于环境的危害与保护力度，需要从绿色发展的角度解读新质生产力的发展。

三、具备三个特征

（一）高科技

一方面，科技创新是新质生产力的核心要素。[1]新质生产力与以往的生产力不同，科技创新推动了新质生产力的产生，为新质生产力提供了发展所必要的战略领军人才、高科技工业母机，推动生产力朝着更高级的全要素劳动生产率进步。另一方面，新质生产力也是科技创新的产物，只有不断进行科技创新，才能帮助新质生产力提质增效。创新是新质生产力的主导力量，科技就是新质生产力最为核心的要素。[2]因此需要不断进行科技创新，让新质生产力具备更加高科技的特征。

（二）高效能

新质生产力的另一重要特征是高效能。高效能需要从以下三个方面进行理解：一是与过去的注重要素投入的粗放型经济发展模式相比，采取新质生产力的全要素生产率更高，由此决定了经济发展的效能更高。二是与追求经济增长的效能相比，新质生产力不仅注重经济增长的速度，其高效能体现在经济、政治、社会、民生、生态等多方面各领域与全方位，因此新质生产力的效能处于一个更高的阶段。三是与国际上其他经济体相比，新质生产力要求淘汰落

---

[1] 刘洋：《深刻理解和把握发展新质生产力的内涵要义》，《红旗文稿》2023年第24期。
[2] 李政、廖晓东：《发展"新质生产力"的理论、历史和现实"三重"逻辑》，《政治经济学评论》2023年第6期。

后产能，发挥高产出生产要素的作用，以更高的生产要素配置比率推动经济增长。

（三）高质量

新质生产力的重大特征体现在高质量方面，新质生产力的内在要求是更高的质量，因此提质增效是新质生产力的重要方面。① 一方面，高质量的新质生产力是经济发展的成果。随着我国经济高质量发展战略的不断推进，我国各方面各领域的发展都取得了一定的成就，创新发展、经济发展等催生出一大批新质生产力，这种新质生产力具有高质量底色。另一方面，经济发展需要高质量的新质生产力。② 我国各领域生产链、供应链已经走在世界生产的前沿，过去依靠生产要素投入的生产模式已经难以为继，世界工厂的优势也不复存在，当下只有充分发展高质量的新质生产力，才能培育新功能，引领新潮流，开辟新赛道，塑造新优势。③

四、蕴含三层内涵

新质生产力包含三层内涵：第一层是劳动者层面，人民群众是社会历史的创造者，劳动者是社会的中流砥柱；第二层是劳动资料，劳动资料是生产要素的重要组成部分，高质量的劳动资料对经济发展具有重要意义；第三层是劳动对象及其优化组合的跃升。马克思政治经济学理论对劳动力的解释是：系统的

---

① 黄群慧、盛方富：《新质生产力系统：要素特质、结构承载与功能取向》，《改革》2024年第2期。

② 刘典：《论加快形成新质生产力需要统筹的三组重要关系》，《技术经济与管理研究》2024年第1期。

③ 姚树洁、张小倩：《新质生产力的时代内涵、战略价值与实现路径》，《重庆大学学报》（社会科学版）2024年第1期。

劳动生产力即人的劳动能力、集体的劳动生产力和全社会的劳动生产力。对于新质生产力的理解，劳动对象及其优化组合的跃升也是必不可少的。

（一）劳动者

广义的劳动者可以理解为全社会的劳动者，即每一个社会历史的主体，包括系统的生产力、集体生产力和全社会生产力。狭义的劳动者可以从以下两个方面理解：一是人才，包括战略领军人才、科技创新人才、高质量创业团队和专业人才；二是高素质劳动者，即我国正在大规模推广的职业教育所培育出的高水平、专业化的劳动者队伍。这两方面的劳动者对全社会新质生产力的发展都是不可或缺的，目前，在我国基础设施水平的提升和人才学成归国的家国情怀的感召下，一批又一批的人才投入到国家的建设中。我国在引才、育才、留才、用才等各方面取得了良好成效。在我国大规模推进职业教育的建设中，高素质劳动者的培育也取得了良好的成效，为社会输入了一批又一批的新鲜血液。

（二）劳动资料

与传统的劳动资料相比，新质生产力的劳动资料更加注重高科技投入、高精尖设备的投入。尤其是对于一些原创性的工业器件，新质生产力的劳动资料更加现代化。一是高端化。对于产出高要求，只有精益求精，才能推动社会总供给的质量更高，满足人民日益增长的物质需求和精神需求。二是精密化。对于一些富有匠心精神的工业原件，需要精密的仪器作为生产资料。三是高资本。对于传统的劳动资料如电脑、流水线、仪器等，需要正常的资本投入，新质生产力的劳动资料对资本提出了更高的要求，比如人工智能设备、无人工厂、熄灯工厂等。

（三）劳动对象及其优化组合的跃升

与传统生产力相匹配的劳动对象是自然物和简单加工的原材料，新质生产力的劳动对象则更加宽泛，比如数字要素成为新质生产力的劳动对象。新质生产力的劳动对象的需求更广，比如数据要素深入催生数字产业化和产业数字化等。新质生产力对劳动对象的要求更高，传统的劳动对象难以满足新质生产力的发展要求，新质生产力的产业链更长、附加值更高。

五、发力的四个关键

（一）完善现代产业体系

一是推进产业基础高级化、产业链现代化，依靠国家实验室和各地特色实验室的力量，帮助产业基础升级。二是加快发展战略性新兴产业和未来产业，战略性新兴产业需要高技术、高知识，推动更多产业走向战略性新兴产业，进而走向未来产业。三是加快发展现代服务业，现代服务业的发展尤其是金融领域的发展，对于经济发展具有重要的意义和作用。四是加快数字化转型，推动产业数字化和数字产业化，推动数据要素更好服务经济高质量发展。

（二）发展绿色生产力

以"双碳"目标倒逼工作安排，一是加快碳汇交易市场的建设，推动一批成熟的碳汇交易落地；二是培育一批绿色领军企业，大力发展绿色产业，推动新能源汽车、绿色建筑等产业的发展；三是完善绿色金融政策体系，创新绿色金融产品和服务；四是加快淘汰落后产能、污染工厂等，加强对于污染的监管力度，防范高污染企业对环境的危害。

（三）形成新型生产关系

新质生产力呼唤新型生产力，新型生产关系造就新型生产力。生产关系的形成需要从以下几个方面发力：一是产业基础设施的改造升级。新型生产关系不同于以往简单的生产关系，新型生产关系更加注重生产工具的运用，因此需要关注产业基础的改造升级。二是政策的支持完善。我国具有新型举国体制的重大优势，因此需要完善政策的支持，发挥我国举国体制的社会主义优势。[1]三是市场的力量。我国拥有14亿多人的超大规模市场，是一种良好的资源，新型生产关系应密切关注市场的需求，改善过去供给创造需求的思路，关注需求创造供给的路径。[2]更好地运用好国内国际两个市场、两种资源。

（四）畅通教育科技人才的良性循环

无论是党的二十大工作会议还是"十四五"规划、中央经济工作会议精神，都共同重视教育、科技与人才的关系。[3]一是引才，应大量实施人才计划，推动各类人才到更大的事业舞台建设国家；二是育才，需要大力发展高等教育和职业教育，推动人才培育引领生产力的发展；三是留才，留才需要良好的人居环境和事业环境；四是用才，需要打破人才使用机制，不拘一格降人才。[4]对于人才的使用也要结合新质生产力发展的要求，在科技创新领域可以创新性

---

[1] 洪银兴：《新质生产力及其培育和发展》，《经济学动态》2024年第1期。

[2] 沈坤荣、金童谣、赵倩：《以新质生产力赋能高质量发展》，《南京社会科学》2024年第1期。

[3] 刘洋：《深刻理解和把握发展新质生产力的内涵要义》，《红旗文稿》2023年第24期。

[4] 李政、廖晓东：《发展"新质生产力"的理论、历史和现实"三重"逻辑》，《政治经济学评论》2023年第6期。

采取揭榜挂帅制度、"赛马制"等，激发科技创新活力，减轻科研人员的精神压力。

六、遵循新发展理念

新发展理念不同于以往的发展观念。需要从创新、协调、绿色、开放和共享等五个视角进行理解。

1. 创新发展

需要关注我国科技创新的进展和战略性新兴产业的科技含量，创新是第一动力，通过创新引领社会发展。一方面，要优化基础学科建设布局；另一方面，要增加基础研究财政投入，为基础前沿方向重大原创成果的持续涌现提供资金支持。[①]

2. 协调发展

特别是城乡协调和区域协调，城乡协调需要关注县域经济的发展，缩小城乡差距；区域协调需要关注区域之间的虹吸效应和溢出效应。

3. 绿色发展

需要关注产业绿色化和绿色产业化，关注居民的低碳出行和"双碳"目标的实现，关注生态环境的保护以推动绿水青山向金山银山转化。

4. 开放发展

我国已经形成了全方位、各领域、多层次的开放格局，需要未来进一步推动高水平对外开放，更好地用好国际市场。

5. 共享发展

需要考虑民生发展，如教育、医疗、社会保障等的方方面面。在教育领域

---

① 张乐：《以新质生产力发展推进中国式现代化建设》，《人民论坛》2023 年第 21 期。

关注基础教育提质增效，高等教育扩大规模，职业教育提高社会匹配度；在医疗领域需要以技术生产力为基础，推动医疗事业创新发展，不断提升人民群众看病就医获得感，为新质生产力提供更高质量的社会基础。

第二节 这个生产力，到底有多"新"

一、新起点：信息文明下"瓦特×比特"的融合聚变

新质生产力诞生于新一轮科技革命和产业变革深入发展的时代背景。综观历史，能量和信息是驱动人类文明进步的两大主线，两者共同决定了文明发展的高度，每一代文明的跃迁都伴随着能量或信息对生产力的巨大变革。

1. 原始文明时代的特征

人类获取利用的能量只可基本满足自身的生存需要，语言、符号和文字的出现，使人类成为地球的主宰，是人类文明产生的最重要标志。农业文明时代，动植物驯化促进了农业的产生和发展，使人类获得了可满足日常衣食住行的各种能量，开始定居的生活，加速了文明的进程。此阶段，人类获取利用能量和生成运用信息的水平较低，两者融合创新对人类文明的影响较小。

2. 工业文明时代的特征

机械能、电能相继成为驱动经济社会跨越式发展的新能量，并促进了工业的产生和发展；电信号的出现催生了以电报、电话为代表的通信革命，更大范围、更深层次的信息交互推动了现代工商业发展和全球化进程。这一阶段，能量和信息均取得了质的飞跃，两者融合创新对人类文明的促进作用明显提升。

3. 信息文明时代的特征

新能源、新材料的发展推动人类获取利用能量的水平持续提升，信息技术的快速发展使人类生产、处理信息的水平大幅提升，加速了信息在个体、组织和社会中的产生、传播和交互。信息开始发挥主导作用，深度融入能量转化和运用的全过程，能量获取利用的过程被全面"比特化"，推动能量实现均衡高效配置，引发"瓦特 × 比特"的融合聚变。这一阶段，能量和信息的融合创新，具体体现为信息技术与经济社会民生的深度融合，成为决定人类文明发展高度的关键所在，将全面重塑经济增长模式，催生无人驾驶、脑机接口、元宇宙等新业态新模式，促进生产力跃上新的台阶，催生更加智能、高效、低碳、安全的新型生产工具，进一步拓展劳动对象、解放劳动者，深刻改变生活、生产、治理方式。

拓展阅读

能量和信息的融合——元宇宙

在信息文明时代下，元宇宙是物理世界通过数学代码的方式映射出的一个虚拟信息世界。元宇宙是以数字化知识和信息作为关键生产要素，通过算力加持，以现代信息网络为重要载体，应用数字孪生等技术，将经济产权等重新分配，使其价值能在网络中流通，资产能变成数字化的资产在网络中进行交易的全新物质形式。元宇宙未来将经历三个阶段。第一个阶段是数字孪生阶段，特点是利用物理世界已有的认知和知识结构，去解决虚拟数字世界里的问题；第二个阶段是数字原生阶段，特点是生产人类认知之外的新知识；第三个阶段是虚实共生阶段，其生产关系是虚实相生，绝大部分工作由 AI 完成，物理世界与虚拟世界深度融合，带来巨大经济系统、社会系统和社会生态的变革。如图 3-1 所示。

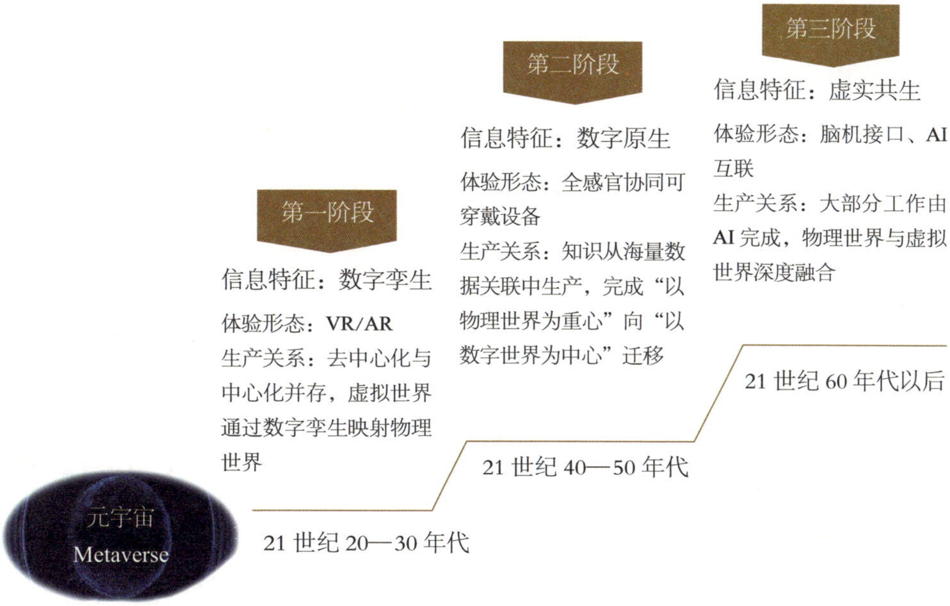

第三章 走进新质生产力

第一阶段
信息特征：数字孪生
体验形态：VR/AR
生产关系：去中心化与中心化并存，虚拟世界通过数字孪生映射物理世界

21 世纪 20—30 年代

第二阶段
信息特征：数字原生
体验形态：全感官协同可穿戴设备
生产关系：知识从海量数据关联中生产，完成"以物理世界为重心"向"以数字世界为中心"迁移

21 世纪 40—50 年代

第三阶段
信息特征：虚实共生
体验形态：脑机接口、AI 互联
生产关系：大部分工作由 AI 完成，物理世界与虚拟世界深度融合

21 世纪 60 年代以后

元宇宙 Metaverse

图 3-1　元宇宙未来发展的三个阶段

二、新引擎：以数据、算力、人工智能为核心驱动

当前，新一轮科技革命和产业变革深入发展，信息和能量融合创新纵深推进，数据、算力、人工智能共同构成新质生产力的重要驱动因素。

（一）数据成为新生产要素

数据呈现高质量供给、高效率流通、高水平利用、高可靠安全的发展趋势。随着移动互联网日益普及和 5G 商用范围的不断扩大，在人工智能、区块链、云计算、大数据等底层数字技术驱动下，全社会数智化进程进一步加速，社会经济发展呈现新的趋势。

1. 实体世界加速数字化

数字产业化与产业数字化相互促进、相互渗透，突破传统物理空间与产业

87

边界限制，多源智能感知体系加速建立，实体世界在数字空间的"镜像映射"以数据形式逐渐连点成线、交叉融合，推动数字化进程由过去的单点突破进入到协同推进、群体性演变的爆发期。

2. 原生数字世界加速自我演进

在现实世界数字化投射基础上，数字社交、数字游戏、仿真设计、区块链乃至元宇宙应用，源源不断地生成数据，形成人类数字化的生存形态，独立又作用于现实的数字世界正快速膨胀。数实融合共生发展驱动下，数据产生和流通的速度前所未有。作为信息的主要载体，数据快速融入生产、分配、流通、消费和社会服务管理各环节，数据规模呈指数级增长。根据国际数据公司（IDC）的数据，2025年全球数据将达到175ZB，是2020年的近4倍，呈现增强的"梅特卡夫定律"，产品服务价值随数据规模和质量的提升，呈指数级增长。数据要素价值的充分释放，需要深化数据的高质量供给，促进数据安全可信地流通交易和高水平开发利用，实现数据从资源向资产和资本的转化。数据流引领带动技术流、资金流、人才流、物资流，数据要素的乘数效应进一步激发，有利于促进全要素生产率的不断提升，赋能新质生产力的发展。

（二）算力成为新基础能源

算力呈现出多元泛在、智能敏捷、丰富易用、安全可信、绿色低碳的发展趋势。在人类发展进程中，煤炭、石油是从自然界直接获取的"一次能源"，电力是由一次能源加工转换而成"二次能源"，算力可视为信息能量一体化形成的"三次能源"。随着大型计算机、个人电脑、云计算及算力网络等技术的发展，算力也经历了多个阶段的演变，特别是在人工智能等新一代信息技术的推动下，算力需求呈爆发式增长，丰富多样、无所不在的算力正在成为高质量发展的重要基座。

1. 需求侧

随着AI等新一代信息技术快速发展，算力基础设施发生深层次、结构性变革，算力分布由就近部署向"东中西"泛在部署转变，算力层级由集中式向"云边端"立体式转变，算力架构由通算为主向"通智超量"异构形态转变。

2. 供给侧

摩尔定律揭示了近 30 年来单颗芯片处理能力的提升规律，是信息技术进步的直接体现。但随着近 30 年全球数据总量爆炸式增长，算力呈现增强的"摩尔定律"，并从单体芯片向广域的算力集群拓展，推动算力形态向算网一体化演进，实现单位能耗性能（FLOPS/Watt）的指数级增长。加快构建全国一体化算力网络，推动算力成为像水电一样，可"一点接入、即取即用、按需调度"的社会级服务，有助于新质生产力的培育发展。

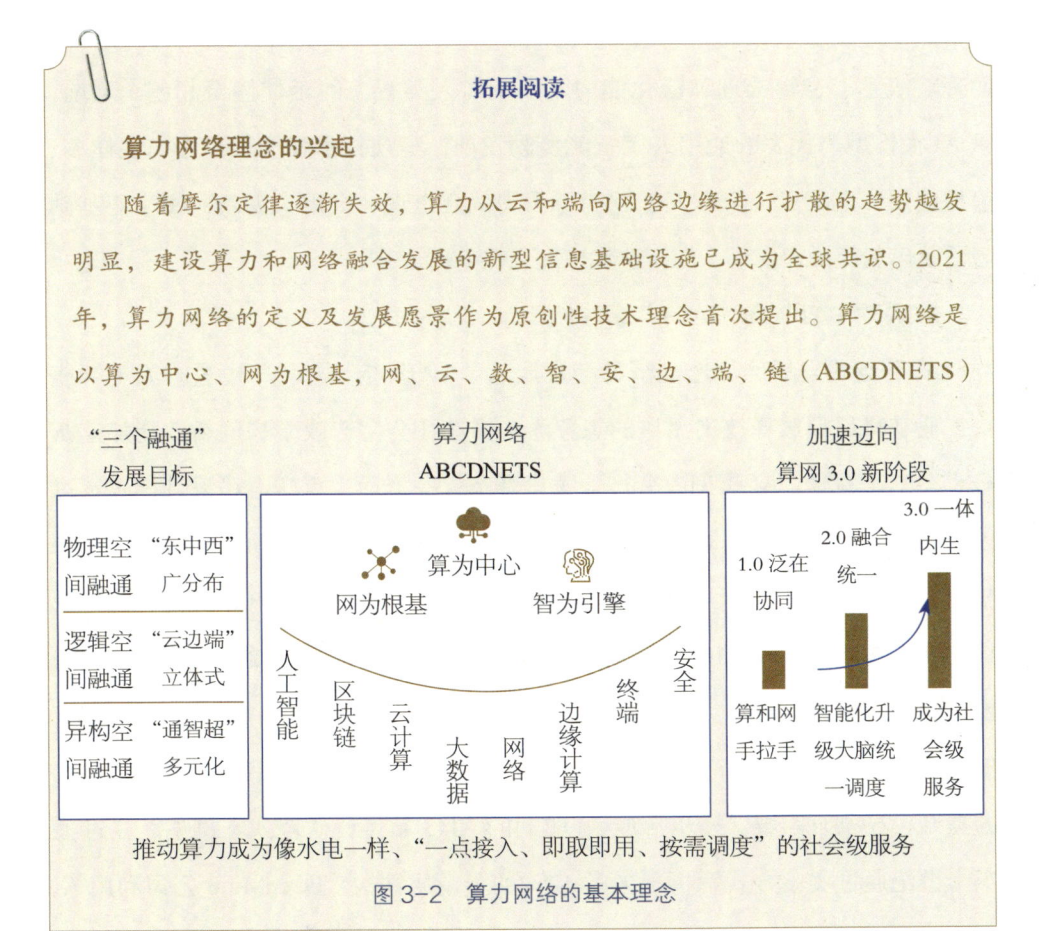

拓展阅读

算力网络理念的兴起

随着摩尔定律逐渐失效，算力从云和端向网络边缘进行扩散的趋势越发明显，建设算力和网络融合发展的新型信息基础设施已成为全球共识。2021年，算力网络的定义及发展愿景作为原创性技术理念首次提出。算力网络是以算为中心、网为根基，网、云、数、智、安、边、端、链（ABCDNETS）

"三个融通"发展目标	算力网络 ABCDNETS	加速迈向算网3.0新阶段
物理空间融通 "东中西"广分布	算为中心、网为根基、智为引擎；人工智能、区块链、云计算、大数据、网络、边缘计算、终端、安全	1.0 泛在协同；2.0 融合统一；3.0 一体内生
逻辑空间融通 "云边端"立体式		算和网手拉手；智能化升级大脑统一调度；成为社会级服务
异构空间融通 "通智超"多元化		

推动算力成为像水电一样、"一点接入、即取即用、按需调度"的社会级服务

图 3-2　算力网络的基本理念

> 深度融合的新型信息基础设施。算力网络的目标是实现算力泛在、算网共生、智能编排、一体服务，逐步推动算力成为与水电一样，可"一点接入、即取即用、按需调度"的社会级服务，达成算力无处不在、网络无所不达、智能无所不及的愿景。

（三）人工智能成为新生产工具

1. 体系化融合发展渐成新趋势

人工智能呈现出计算智能、感知智能、认知智能、运动智能体系化融合的发展趋势。AI通过对近乎全量知识的汇聚整合，形成了达到人类甚至超越人类的理解表达、逻辑推理和泛化能力，实现对人类智力的延伸甚至超越。当前，以AI大模型为代表的通用人工智能蓬勃发展，呈现技术发展快、参与主体多、落地应用广等特点，全球人工智能每两周就会出现一批重大创新，每半年基础理论就出现颠覆式变革，创新迭代速度之快前所未有。

2. 从"+AI"向"AI+"迈进

AI跨越式发展，加速经济社会发展从"+AI"向"AI+"迈进。人工智能在工业和科研领域释放出无尽的想象力，推动社会生产效率和创新效能加速跃升。在工业领域，AI深刻改变产业关键环节。一方面，重塑电路设计模式。过去电路设计主要用编程语言实现，如今全球最大电子设计自动化（EDA）服务公司Cadence运用AI大模型，可直接输入人类语言指令进行电路设计，使得设计周期压缩到原来的1/10。另一方面，提高工业质检效率。传统工业AI质检需要海量的数据进行训练，而高通机器人RB5平台在工业质检中运用AI大模型，仅利用小样本量的缺陷产品数据集进行训练，实现了检测准确率从90%至99%的提升。在科研领域，逐步形成AI驱动的AI4S新型科研范式。例如，在过去半个世纪通过实验方式解析了人类17%的蛋白质结构，DeepMind公司利用AI

技术将其提高至 98%，预测出了人类等生物超过 35 万个蛋白质结构。

> **拓展阅读**
>
> **千亿多模态大模型异军突起**
>
> 近年来，九天智能基座（中国移动）、豆包（字节云雀大模型）、通义千问（阿里通义大模型）、讯飞星火（星火认知大模型）、文心一言（百度文心大模型）、智谱清言（智谱 ChatGLM 2 大模型）在中国迅速涌现，在搜索能力、上下文理解能力、情感分析力、编程能力方面均实力不俗。
>
> 以九天智能基座为例，其包括万卡算力、千亿模型及百汇平台三部分。其中模型部分是九天自主研发的从算子到框架全栈国产训练的千亿参数大模型，能力达到 GPT-4 的 90% 水平，聚焦解决行业复杂系统智能化难题，实现行业定向增强、行业模态匹配、全栈国产化、安全可信等四大技术突破，让 AI 不仅会作诗更要会做事。

三、新载体：以两大方向带动创新增长

产业是经济之本，生产力变革最终要体现在产业发展上。新质生产力的产业承载主要包括两类，一是战略性新兴产业和未来产业，代表着经济发展的前沿方向。二是科技创新赋能下的传统产业，尤其是新型工业化，是产业升级的关键。

（一）战略性新兴产业及未来产业正在成为关键领域

2023 年 9 月，习近平总书记主持召开新时代推动东北全面振兴座谈会时指出，要积极培育新能源、新材料、先进制造、电子信息等战略性新兴产业，积极培育未来产业，加快形成新质生产力，增强发展新动能。战略性新兴产业及未来产业是由颠覆性技术和前沿技术创新催生的新产业、新业态，是构建现代

化产业体系的关键所在,对经济社会长远发展起到关键性的支撑与引领作用。

近年来,我国大力发展战略性新兴产业、前瞻谋划布局未来产业,战新和未来产业正逐渐成为经济增长新动能,不断夯实发展新质生产力的物质基础。一方面,战新产业整体规模不断壮大,我国战略性新兴产业增加值占比由2012年的5%提高到超过13%,战略性新兴产业企业已超200万家,央企战新产业投资约2.2万亿元,同比增长32%,[①]头部企业引领带动作用进一步凸显。另一方面,部分重点领域实现突破,我国"低空经济"市场规模超过5000亿元,无人机运营企业1.9万家,无人机超126万架;[②]电动载人汽车、锂离子蓄电池、太阳能电池"新三样"合计出口首次破万亿元、同比增长约30%。[③]

新一轮技术变革带来的创新驱动和融合发展,将不断催生新技术、新产品、新业态、新模式,为壮大战略性新兴产业注入源源不断的发展"活水",促进新质生产力进一步发展。

(二)新型工业化是形成新质生产力的主阵地

新型工业化是"数实融合"在工业领域的集中体现。马克思主义经济学认为,生产力与工业化存在广阔的交叉地带,工业化既能够带来新生产力,同时也能为新生产力提供发挥作用的舞台。新时代新征程,新型工业化有了新内涵新特征。新型工业化的核心是通过新一代信息技术赋能工业生产的数据贯通、柔性制造和智慧管理,推动传统工业生产方式实现根本性变革。例如,智能化生产线的应用大幅提高了生产效率,减少了人力成本,增强了产品质量的稳定性;大数据和人工智能技术的融合使得生产过程更加精准和高效,为企业带来了更高的经济效益。新型工业化的发展需要信息技术、新能源、新材料等领域

---

① 数据来源:国资委、工信部。
② 数据来源:中国民航局。
③ 数据来源:海关总署统计数据。

的多个产业的支持和配合，新型工业化的发展也将带动这些相关产业和相关技术的发展，从而形成新质生产力。

得益于工业化进程的推进，过去几十年我国经济发展实现了历史性飞跃。但我国在工业化的初期和中期主要依靠资源和资本投入所驱动，技术创新尤其是原创性技术创新的引领作用不强。当前，我国工业化已经进入了新的发展阶段，新型工业化强调科技创新和技术进步，将科技创新作为核心驱动力，积极推动科技成果的转化应用，通过培育新兴产业和高端制造业，引领生产方式的变革和升级，为新质生产力的培育和发展注入动力和支持。党的十八大以来，我国新型工业化发展取得历史性成就，工业体系全、品种多、规模大的独特优势更加突出，产业科技创新能力大幅提升，产业结构持续优化升级，企业实力和竞争力显著增强。根据工信部数据，2023年，我国布局了27家国家制造业创新中心和45个国家先进制造业集群，加速了新材料、机器人等新兴行业的发展。此外，加大智能制造推广力度，建成了62家"灯塔工厂"，占全球"灯塔工厂"总数的40%，培育了421家国家级智能制造示范工厂、万余个省级数字化车间和智能工厂，推动了绿色低碳转型和工业资源的综合利用。

四、新趋势：以"六化"引领经济社会跨越发展

新质生产力由技术革命性突破、生产要素创新性配置、产业深度转型升级催生，以数字化、网络化、智能化、高端化、绿色化、低碳化等"六个化"，推动经济社会走向数实融合、产业升级、高质量发展的新阶段。

（一）数字化、网络化、智能化是数实融合的重要基础

随着科技创新进入密集活跃时期，新一代信息、生物、能源、材料等领域颠覆性技术不断涌现，呈现深度交叉融合、高度复杂和多点突破发展态势。支

向新而行：发展新质生产力

撑社会发展的基础设施也在新技术的作用下进一步升级，形成数字化、网络化、智能化的新型基础设施，加速推动数字世界和实体世界融合。其中，数字化通过对数据的采集、存储、处理，推动实体产业各类生产资料、流程的全面数据化；网络化通过推动万物互联，为实体产业信息传输提供基础设施载体；智能化通过提升 AI 的应用层次与水平，助力实体产业资源的高效配置、流程的全局优化、决策的科学智能。

拓展阅读

南方电网打造全球首个 5G 智能电网

自 2018 年起，广州南沙和深圳龙岗开始建立"5G+数字电网"示范区。双方共同推动 5G 与数字电网的融合发展，打造全球首个 5G 智能电网，故障停电时长可缩短至秒级。具体来看，一是实现无人巡检作业，通过部署 5G 联网无人机、巡检机器人，实时回传超高清视频，实现基杆塔的无人自主巡视作业，大大降低高空作业安全隐患；二是实施故障远程诊断，通过 5G 网络切片、边缘计算等技术，依托 One Power 智慧电力平台，实现 5G 远程操控和诊断；三是打造智能应用场景，打造智慧电力"云－管－端"一体化行业解决方案，满足电力业务发、输、变、配、用各个环节的安全性、可靠性和灵活性需求。

（二）高端化、智能化、绿色化是产业升级的重要方向

新质生产力的发展以技术革命和生产要素创新为基础，立足新发展阶段、发展条件和发展格局变化，强调产业升级应向高端化、智能化、绿色化转型，这不仅代表了新质生产力发展的新趋势，而且对于提升产业竞争力、推动可持续发展具有重要意义。

高端化是产业升级的核心内容。通过加大研发投入，掌握核心技术，提升

产品和服务的技术含量和附加值,实现产业链价值链的优化升级。

智能化是产业升级的关键途径。随着人工智能、大数据、云计算等技术的发展和应用,产业由局部、刚性的自动化生产运营向全局、柔性的智能化生产运营转型升级。

绿色化是产业升级的必要条件。在全球资源环境约束日益加剧的背景下,推进产业绿色转型,发展循环经济,减少资源消耗和环境污染,保障产业可持续发展。

(三)绿色化、低碳化是实现高质量发展的关键环节

高质量发展是符合新发展理念的发展,是绿色发展成为普遍形态的发展。我国工业化正处于向纵深发展的阶段,产业结构和能源结构具有明显的高碳特征,推动绿色低碳发展是大势所趋。一方面,绿色化、低碳化正在深刻改变以要素低成本优势为特征的传统生产方式,新一代信息技术与绿色技术加速融合创新,形成高质量发展的新增长点,风电、光伏发电等可再生能源产业发展迅速。另一方面,低碳化采用低碳技术,发展节能降碳,推行清洁生产,助力降碳"赋能",实现可持续发展。例如,以"东数西算"为代表的算网建设积极探索绿色算力集约共享新模式,充分发挥算力基础设施的"阶乘降耗"效应,助力全社会实现"双碳"目标。

五、新生产关系:带来体制机制的深度变革

马克思认为,生产关系和社会制度既可成为新技术革命产生和生产力发展的"催化剂"和"加速器",也可能成为新技术革命产生和生产力发展的"桎梏"和"抑制器"。新质生产力的发展不仅依赖于生产关系的优化调整,以适应技术革命和产业升级的需求,同时也需要社会制度的有力支撑,为创新活动提

供稳定的环境和激励机制。新质生产力催生新型生产关系。新型生产关系是共同富裕目标追求下的生产关系重塑，是更好促进人的全面发展的新型生产关系，也是能够适应和促进新质生产力发展的生产关系。

（一）教育科技人才机制的一体改革

2023年5月29日，习近平总书记在主持中央政治局第五次集体学习时强调，建设教育强国、科技强国、人才强国具有内在一致性和相互支撑性，要把三者有机结合起来、一体统筹推进，形成推动高质量发展的倍增效应。立足世界新一轮科技革命和产业变革同我国转变发展方式的历史性交汇期，围绕科技制高点和高端人才的战略博弈空前激烈，在发展新质生产力的要求下，畅通教育、科技、人才的良性循环，人才培养、引进、使用、合理流动的工作机制不断完善。其一，高等学校学科设置、人才培养模式不断优化，各类人才素质不断提高，为发展新质生产力、推动高质量发展培养急需人才。其二，全要素参与收入分配机制不断健全，激发劳动、知识、技术、管理、资本和数据等生产要素活力，更好体现知识、技术、人才的市场价值，营造出鼓励创新、宽容失败的良好氛围。

（二）全国统一大市场的加速形成

新质生产力的形成，需要对生产要素进一步优化配置。在此过程中，既需要政府的前瞻性规划和科学政策的有力支持，也需要市场机制的自我调节和企业等微观主体的持续创新，是政府"有形之手"和市场"无形之手"共同培育和驱动形成的。在统一完善的全国大市场的支撑下，打破地方保护和市场分割，打通束缚新质生产力发展的堵点卡点，建立高标准市场体系，促进商品要素资源在更大区域范围内畅通流动，创新生产要素配置方式，为各类经营主体创造稳定、透明、规范、可预期的法治环境，让企业真正成为创新主体，促进劳动者、劳动资料和劳动对象在区域间的有序流动，培育壮大新质生产力。

（三）治理体系和治理能力的不断完善

在新质生产力的推动下，新一代信息技术加速融入政府治理，推动政府治理数智化转型升档提速，基于社会化大数据的应用创新和精细化管理决策贯穿于社会治理各环节，加速治理模式由人治向数治、智治转变。一方面，治理模式更加精细，新型信息基础设施打通基层治理的"末梢神经"，加速了政务资源和服务向社区网格的精准覆盖。大数据、人工智能等技术的应用，推动决策机构能更加精准、实时地感知到基层末梢单元甚至是个体的关键变化，政府决策从经验应对向数据驱动加速转变，实现行政、医疗、教育等各方面资源的精准配置，管理决策更加科学，从而将社会整体利益和个体利益贯通结合，有效破解超大规模社会的治理难题。另一方面，公共服务更加智能，"网上办、掌上办、一次办"等创新模式不断涌现，"一网通办""跨省通办""一件事"等一体化政务服务成效显著，人民生活更加智慧便捷。依托省、市、县、乡、村五级贯通的数字信息基础设施，汇聚来自跨部门、跨层级、跨区域的海量数据，行政管理部门能更有效掌握经济社会能量运行的全局状态，进而在更广区域、更多领域之间综合调度各类能量资源，拓展传统的治理边界。政府治理的数智化转型，正促进社会资本和人力资本在更大范围内实现资源整合与优化配置，有利于解决长久以来面临的超大规模治理问题，切实推动经济社会的高质量、可持续发展。

第三节　走向新质生产力的路径

打造新质生产力是一项系统性工程，既要充分发挥国家现有优势，又要直面问题破解难题，统筹处理好立与破、稳与进、量与质、供与需、近与远、内

向新而行：发展新质生产力

与外六组辩证关系。

一、立与破：立足实际，先立后破

习近平总书记强调，发展新质生产力要坚决从实际出发，先立后破。我们发展新质生产力不能一哄而上，必须谋而后定，尊重事物发展的客观规律，把握政策和改革的节奏，立足实际，循序渐进。

（一）加强前瞻性谋划，注重"立"的实效

坚持先立后破，关键在于"立"。新质生产力的发展涉及一些不确定性较大的新领域，需从原来选择特定技术路线并加以支持的跟随者，转向政府引导方向、市场提供支持，企业及研发机构等进行技术研发与应用试验的试错型的探索者。

1. 做好顶层规划

加强前瞻性思考、全局性谋划、整体性推进。要对未来的发展趋势进行深入的洞察和规划，研究全球科技发展趋势，识别可能对产业产生重大影响的新技术；分析消费者行为和市场动态，预测未来产品和服务的需求；综合考虑国家政策、国际规则等宏观环境对新质生产力发展的影响等。在此基础上，从国家层面站在全局视角统一规划新质生产力的发展蓝图，各地区围绕新质生产力因地制宜地制定发展"路线图"，突出地区特色、强化政策引导和工作协同，循序渐进、小步迭代地将"路线图"逐步细化为"施工图"。

2. 发挥市场作用

注重"立"的实效，使新质生产力的创新成果不仅要在实验室中诞生，更要在市场中得到验证和应用，能够转化为实际的产品和服务，切实满足市场需求，创造经济价值。确保新质生产力的发展既符合未来的发展趋势，又能够实现资源的最优配置和各项措施的有效实施。

> **拓展阅读**
>
> **从 2G 到 5G 中国通信业跻身领跑者方阵**
>
> 截至 2023 年底，我国 5G 基站总数达 337.7 万个，[①] 已经建设成为名副其实的 5G 网络大国，网络规模和质量均已达到全球领先，我国的移动通信技术也实现了从 1G 落后、2G 追随、3G 突破、4G 并跑到 5G 引领的重大突破。这得益于我国超前的战略布局及多年的厚积薄发。国家层面上，我国制定了一系列推动 5G 发展的中长期规划及详细的发展计划和目标，且在资金、频谱资源分配以及研发环境的营造上作出了巨大的努力。这种超前的战略布局为 5G 技术的研发和系统推进指明了方向，也为 5G 的应用提供了重要保障。企业层面上，华为、中兴等在通信技术领域深耕多年，积累了丰富的研发经验和技术专利，运营商积极开展 5G 系统的试验和商用，不仅加速了关键技术的突破，也为 5G 技术的商用化和产业化打下了坚实的基础。

（二）转变传统发展模式，实现"破"的革新

仅有"立"是不够的，我们还要充分认识到传统发展模式对资源的过度依赖、对环境的负面影响及对创新的抑制等问题，通过对现有技术和管理方式的根本性改变，实现传统发展模式的革新，适应新质生产力的发展需求。

其一，以技术创新为"破"的关键，鼓励和支持研发活动，加大基础研究的支持力度，不断探索新技术、新材料和新工艺，通过技术创新降本增效的同时减少对环境的影响。其二，以管理体制改革为"破"的重要保障。进一步完善社会主义市场经济体制，通过打造"特区""试验田"等方式，简化行政程

[①] 工信部 2023 年末数据。

向新而行：发展新质生产力

序、优化决策机制、提高透明度和效率，为新质生产力提供更加宽松的市场环境；全面深化科技创新体制机制改革，优化科技成果评价体系，有效监管科研经费，提升科研经费产出效率，充分激发科技创新活力；完善协调发展体制机制，加强区域间的交流与协作，促进各地区资源优势互补，推进产业链、供应链、创新链的深度融合，消除区域壁垒，破除构建全国统一大市场的堵点和障碍。

二、稳与进：守正创新，以稳促进

习近平总书记强调，要坚持守正和创新相统一。守正是创新的前提和基础，创新是守正的路径和发展，只有创新才能实现有活力地守正。守正与创新相辅相成，体现了变与不变、继承与发展、原则性与创造性的辩证统一。我们要稳住基础，进发动能。

（一）夯实传统产业，筑牢"稳"的基础

传统产业在制造业占比超80%，是现代化产业体系的基底，关系经济发展和国计民生，是我国保持全球第一制造业大国地位的基本盘。我国传统产业不仅拥有全球最完备的产业体系、最便利的软硬件基础设施网络，还能够快速响应各方面的标准化、定制化需求，具有明显的成本优势、品类优势和速度优势。比如新冠疫情期间，强大的制造业基础为我国快速战胜疫情发挥了至关重要的作用，也为全球疫情防控提供了强大支撑。因此，在发展新质生产力时，我们首先要持续发挥我国传统产业在规模、市场、成本、效率等方面的优势，通过技术改造和设备更新，推广先进适用技术，促进工艺现代化、产品高端化，实现产业结构的优化及产品质量和效率的提升，进一步夯实传统产业支撑能力，为经济的持续高质量发展提供"稳"的坚实基础。

第三章　走进新质生产力

> **拓展阅读**
>
> **唱响"全产业链"**
>
> 目前，我国拥有 41 个工业大类、207 个工业中类、666 个工业小类，是全世界唯一拥有联合国产业分类中全部工业门类、具有完整工业体系的全产业链国家。据工信部数据显示，2023 年，我国制造业增加值达到 33 万亿元，占世界的比重稳定在 30% 左右，规模连续 14 年居世界首位。值得一提的是，我国制造业的增加值已超越美国、德国、日本、英国、法国和巴西等国的总和，[①]已然成为全球制造业的中心，是当之无愧的全球制造业第一大国。2023 年，我国规模以上工业钢材、化学纤维产量分别达 13.6 亿吨、7127 万吨，汽车产量达 3011 万辆，智能手机、微型计算机设备产量分别达 11.4 亿台、3.3 亿台，均保持世界第一。同时，我国在重大科技设施、水利工程、交通枢纽、信息基础设施等方面取得了一批世界领先的成果，基础设施整体水平实现跨越式提升，有力支撑了经济社会的高质量发展。

（二）开辟新赛道新领域，激发"进"的动能

在稳固传统产业的基础上，还要敢于开辟新的赛道，积极培育战略性新兴产业和未来产业，有序培育新的经济增长点，平稳壮大新产业、新业态、新模式，提升产业链、供应链韧性和安全水平。

1. 发展壮大新兴产业

持续聚焦新一代信息技术、生物技术、新能源、新材料、高端装备、新能源汽车等代表着科技创新和产业发展方向的战略性新兴产业，补齐发展短板，

---

① 数据来源：毕马威中国，《中国制造业企业出海白皮书》。

掌握产业发展的独立性和主动权，不断培育壮大产业发展新动能，推动经济转型、提升国际竞争力；在类脑智能、量子信息、基因技术、未来网络、深海空天等前沿科技和产业变革领域，谋划布局一批未来产业，把握未来发展的制高点，引领经济社会的长远发展。

2. 推动战略性新兴产业和未来产业深度融合

围绕重点领域，对标国际领先水平，形成一批颠覆性技术和重大原创成果、培育一批行业领军企业，进而打造一批具有国际先进水平的战略性新兴产业及未来产业集群，增强产业发展的整体竞争力。与此同时，还要营造良好的产业发展环境，加大对知识产权的保护和监管力度，建立自主知识产权创新激励机制，激发市场主体创新活力，破除阻碍新兴产业发展壮大的体制机制。

三、量与质：保"量"增"质"，双向促进

发展新质生产力，推动经济高质量发展，必须科学把握"量"和"质"的辩证统一关系，加快实现以"量"的积累推动"质"的飞跃，以"质"的提升带动"量"的增长的双向循环与促进。

（一）发挥规模优势，持续增强"量"的积累

我国作为世界第二大经济体，在市场、产业、人才、资金、基础设施等方面具有显著的规模优势，这些规模优势是发展新质生产力的重要基础。市场方面，我国拥有庞大的国内市场，这是产业进行规模经济运作的重要基础。巨大的消费需求和市场潜力为新质生产力的发展提供了广阔的空间，使得新技术、新产品能够快速实现商业化和规模化生产。产业方面，我国在制造业等多个领域形成了完整的产业链和供应链体系，在这种规模优势下，不仅能降低生产成本，还能够提高生产效率，为新质生产力的发展和应用提供坚实基础。人才方

面，我国拥有世界上最大的劳动力市场，以及不断增长的高素质专业技术人才队伍。这为新质生产力的发展提供了丰富的人力资源，进而推动技术的创新与突破。资金方面，持续多年的经济高速增长为我国积累了大量资本，这些资本可以为研发投入、技术改造和新兴产业的培育提供充足的资金支持。基础设施方面，我国建成全球规模最大的信息通信网络，能够支撑各行各业的数字化转型，促进云计算、大数据、人工智能等新技术的应用和发展。我国算力规模位居全球第二，不仅为科研计算、人工智能训练、大数据分析等提供必要的计算资源，还能够有力支撑智能制造等产业的发展，加速产业智能化升级。我国铁路客运周转量、货物发送量、货运周转量、运输密度及高铁通车里程均居世界首位，尤其是高铁网络，大大缩短了城市间的距离，有效降低物流成本、提升运输效率，推动国民经济更大范围、更有效率、更高水平的循环畅通，为促进区域经济一体化，构建国内统一大市场提供基础保障。

由此可见，庞大的规模优势能够为新质生产力的发展提供方方面面的有力支撑，我们要持续发挥既有规模优势，不断增强经济体量，以更大"量"推动更高"质"的发展。

（二）构建现代化产业体系，推动"质"的升级

新质生产力形成的过程也是传统产业迭代升级的过程，而传统产业的转型升级又将不断巩固我国超大规模市场、应用场景丰富的优势。我们要以高质量发展为导向，构建现代化产业体系。从结构上看，现代化产业体系包括传统产业、战略性新兴产业和未来产业等，因此，在培育壮大战略性新兴产业、超前布局建设未来产业的同时，还要蓄势改造提升传统产业，让其发新芽、开新花，不断优化产业结构，推进新兴产业与传统产业相辅相成、相得益彰。

1. 夯实现代化产业体系基底

推动传统产业向高端化、智能化、绿色化发展，夯实现代化产业体系基底。

在高端化方面,要一手抓基础支撑,突破一批基础元器件、基础零部件、基础软件、基础材料和基础工艺;另一手抓产业高端装备引领,在大飞机、工业母机、医疗装备等重点领域突破一批标志性的重点产品,提升传统产业的技术密集程度,向价值链两端和产业链核心迈进。在智能化方面,要大力推进新一代信息技术、人工智能技术等在传统产业领域的融合及应用,以数字化手段感知、处理传统产业生产运行过程中产生的数据信息,并将人工智能技术与生产设备和控制系统进行融合,形成具有一定自治功能的智能生产运行系统,实现生产过程的自动化和智能化,提高生产效率、产品质量和生产灵活性。在绿色化方面,以绿色低碳技术推进传统产业制造工艺革新和设备改造,实施传统产业焕新工程,提升产业绿色化发展水平。

2. 以新兴产业带动传统产业升级改造

推进传统产业和新兴产业的良性互动。战略性新兴产业和未来产业的发展,不仅能为传统产业提供先进的技术支撑和创新解决方案,助力传统产业的深度改造和转型升级,还能带动传统产业的市场拓展和商业模式创新,开拓新的市场领域和业务增长点。例如,传统汽车制造业通过与新能源汽车产业的融合,实现了产品的转型升级,满足了市场对环保和高效能汽车的需求。而传统产业的转型升级又进一步为我国新兴产业的选择和培育提供了更为广阔的空间。传统产业与新兴产业的相互促进、融合发展,能够带动产业结构与形态梯次升级,进而推动现代化产业体系的构建。

四、供与需:实现更高水平的动态平衡

当下,供给侧"全而不强"、需求侧"外降内增"的趋势持续凸显,发展新质生产力、推进供给侧结构性改革与扩大内需三者之间构成了一个密不可分的整体。这三者相互促进、相互依存,共同推动着中国经济向更高质量、更有效

率、更加公平、更可持续的方向发展。新质生产力的发展，需要统筹好供需两端的协同发展。

（一）以"新"促变，加快"供"的改革

新质生产力的发展，正是供给侧结构性改革的生动实践。新质生产力的"新"，首先体现在对传统增长模式的突破上。它不再依赖于资源的大量消耗和低附加值的生产，而是通过提高全要素生产率，实现经济的高质量发展。新质生产力的"新"也体现在科技创新的引领作用上。它以原创性、颠覆性科技创新为驱动力，推动新技术、新产业、新业态、新模式的快速发展，为经济增长注入新动能。新质生产力的"新"更体现在现代化产业体系的构建上。它以提升产业链水平、优化产业布局、增强产业竞争力为核心，加快建设制造强国、质量强国、网络强国、数字中国，推动经济体系优化升级。

供给侧结构性改革的持续推进，也是新质生产力发展的有力保障。落后产能的淘汰与生产资源的优化，可促进企业成本降低、提高生产效率，为新质生产力的孕育和成长创造了有利条件。简政放权、减税降费等措施的落实，也将进一步推进营商环境优化，激发市场主体活力。

（二）以"新"为擎，加速"需"的升级

新质生产力正成为扩大内需的重要引擎，引导消费需求从"量"到"质"的深刻变化。持续创新的产品与服务不断满足消费端日益增长的个性化需求。随着科技的不断进步和创新能力的提升，一系列高质量、个性化的产品和服务加速诞生，例如智能家居、可穿戴设备、在线教育等新的消费热点，有效满足了消费者日益增长的需求，激发了消费热情，推动了消费升级。高质量的劳动就业机会供给带动消费水平的上涨。此外，新质生产力的发展为社会创造了更多高质量的就业机会，如算法工程师、产品设计师等，这些就业机会往往伴随

着更高的薪酬和福利，直接提高了居民的收入水平，增强了消费者的购买力。此外，新质生产力的绿色、环保特性，更是引领了健康、可持续的消费模式，为扩大内需注入了新的活力。

五、近与远：谋"近"也求"远"

身处百年未有之变局，发展新质生产力，既要解决"近"的难题，找到当下正确的发展道路，厘清关键的发展主线；也要思考"远"的发展，主动规划可持续发展路径，赢得更长远的未来。

（一）求变求立，突破"近"的难题

国际地缘政治冲突频发，全球产业链供应链不断调整重构，国际秩序处于调整、分化的变动期，更多的不确定性风险持续涌现。与此同时，全球技术民族主义日渐抬头，以美国为首的西方国家对我国的技术封锁不断加码，"卡脖子"技术瓶颈已经成为制约产业升级、科技发展的关键难题。新质生产力发展的当务之急，就是加快关键核心技术攻关，以技术突围实现创新发展，担当起推进国家在变乱交织的国际环境中稳步发展的关键力量。关键核心技术只有握在自己手中，才是国之重器；反之，则是国之命门。

推进关键核心技术是一项长期且复杂的工作，需要有坚持自主创新的勇气，也需要有"甘坐冷板凳"的毅力，更需要在深度把握技术发展规律前提下作出精密部署。相较于一般性技术，关键核心技术具有投入强度大、技术壁垒高、研发周期长、失败风险高的特点，要攻克这些痛点需要"尖端人才引领、跨域协同机制"的双重保障。一方面，具有战略眼光的科技尖端人才就如同灯塔之于航船，牵引着研发团队不断尝试新方法、新路径，不断加快推进面向未知领域的探索与尝试。另一方面，跨主体、跨学科的深度协同就如同桥梁之于河流，

连接不同领域和机构，促进资源共享、知识交流和创新合作。这种协同不仅能够汇聚多方智慧，形成强大的创新合力，还能够加速关键技术的突破和应用转化。"灯塔"与"桥梁"的双重作用，能够更有效地应对关键核心技术攻关中的挑战，更高效地解决"近"的难题，赢在当下。

> **拓展阅读**
>
> **勇挑"扁担"，引领产业自立自强**
>
> 移动通信是中国复杂巨系统技术赶超较为成功、已经确立全球领先技术地位的典型产业之一。中国移动作为通信运营商，在连接移动信息产业上下游过程中努力发挥"扁担效应"，践行现代产业链长责任，构建了"五个一"工作体系（以一套顶层规划为牵引、以一条创新链为核心、以一组创新协同体为机制、以一批创新载体为依托、以一套软硬基础为保障），推动成立全球首个5G联合创新中心，与清华、北邮、南大等10余所高校成立联合创新载体，开展"十百千万"计划，发布产业链合作图谱，牵引1300余家企业上链。聚焦国家重大关切和产业链关键问题，通过绘制产业卡点图、锻长图、攻关图等6大图谱，构建产业链基础数据库，明确工作范畴和边界，实施挂图作战，集中攻坚，牵引整体工作，带领产业实现群体性突破，打造高质量移动信息现代产业集群。

（二）绿色转型，追求"远"的永续

高速度发展的时代，经济的巨轮以前所未有的速度破浪前行，带来经济的快速发展和人口的不断增长，也引发了资源的过度消耗和环境破坏。涸泽而渔终不能持续，新质生产力的发展须转变观念，寻求一种与自然和谐共生的发展方式，走绿色低碳之路，以应对资源环境约束、实现经济社会可持续发展。

首先，要充分考虑资源的合理利用和环境的保护。加快转变传统的生产方式和消费模式，推动产业结构的优化升级，发展循环经济，实现经济、社会和环境的协调发展。

其次，要大力发展清洁能源，减少化石能源的消耗，降低温室气体的排放。持续加强绿色技术创新，推广应用节能环保技术和产品，提高能源利用效率，构建绿色低碳的产业体系。

最后，要号召政府、企业和公众共同努力。政府不断加强宏观调控和政策引导的作用，系统完善法律法规，为可持续发展提供良好的政策环境。企业积极履行社会责任，加大研发投入，推动技术创新和产品升级。公众提高环保意识，践行绿色生活方式，共同参与到可持续发展的实践中。

拓展阅读

从"贫瘠甲天下"到零碳低碳运行领跑者

中卫地处宁夏、内蒙古、甘肃三省区交会处，虽然是黄河流经地，但由于紧邻腾格里沙漠，自然条件恶劣，经济发展一直非常缓慢。"天上不见鸟，风吹石头跑""贫瘠甲天下"都曾是中卫的真实写照。

不过，如今这一切正在改变。中国戈壁荒漠变身云基地。近10年来，中国移动宁夏公司基础网络投资130亿元，行业占比超50%，加快算力网络布局，推动传统数据中心向智算中心拓展，提升算力供给能力。截至2024年6月底，中国移动（宁夏中卫）数据中心累计投产标准机柜1.9万架，整体上架率达97%。打造大规模智算集群，形成智算能力超3000P，已承接中国移动九天研究院视觉、自然语言等方面的大模型训练，促进智能客服、基层治理、智慧园区等场景应用落地，支撑宁夏传统产业升级、战略性新兴产业壮大和未来产业布局。

中国移动（宁夏中卫）数据中心是目前西北唯一的工信部双认证数据中心，也是宁夏规模最大的新型绿色数据中心。该数据中心采用创新型制冷技术，全年

> 电能利用效率（PUE）控制在 1.25 以内，互联网出口总带宽 12.6T，直连全国 26 个主要城市，占宁夏区域整体承载能力的 63%。重点打造了低时延、高品质、业界领先的 12580 传输时延圈，至北京时延 7.87 毫秒，至上海时延 14.09 毫秒，至韶关时延 15.73 毫秒。该中心荣获中国移动集团"能源资源高效利用"领跑者、"零碳低碳运行"领跑者两项称号，并被工业和信息化部评为国家新型绿色数据中心（绿色低碳），乘算力之势为北疆乃至全国提供以算力为引领的新质生产力。

六、内与外：强"内"拓"外"要协同

习近平总书记多次强调，中国开放的大门不会关闭，只会越开越大。科技自立自强是我们做好"自己的事业"的底气，坚持敞开大门是我们融入世界舞台的桥梁。培育和发展新质生产力，需要正确处理好自立自强和对外开放的关系，把握好内与外、中与西的联动协同发展。

（一）科技自立自强，锻造"内"的硬实力

高水平科技自立自强是打造新质生产力发展核心硬实力的关键所在。只有核心技术自主可控，才能摆脱"卡脖子"技术封锁，赢得产业升级与科技发展的战略主动权。

高水平科技自立自强，需建立研发、生态、机制三位一体的有机协同。研发层面，强"基"推"用"需兼顾。必须加强基础研究和应用研究，既要以国家战略需求为导向，鼓励自由探索，培育原创性科研成果；也要不断推进产业应用研发，打造出适配产业业务发展，提供实际应用价值的解决方案。生态层面，构建开放包容、协同高效的创新生态系统。持续加强政策引导，强化企业主体地位，推进产业平台建设，促进产学研深度融合，激发全社会创新创造活力。机制层面，抓好激励与转化两个关键。加强科技创新激励，构建科学的评

价机制，充分调动科技人员的积极性。加强知识产权保护，畅通成果转化通道，促进科技成果转化为现实生产力。

（二）扩大开放，拓展"外"的朋友圈

中国之于世界，世界之于中国，相互依存，相互促进。2023 年，中国国内生产总值超 126 万亿元，按不变价格计算，比上年增长 5.2%。相较于 2022 年，中国经济增量超 6 万亿元，相当于一个中等国家一年的经济总量。国际金融论坛（IFF）发布《2023 年全球金融与发展报告》提到，中国经济对全球经济增长的贡献率达到 32%，仍然是稳定世界经济增长的重要力量和最大引擎。未来之中国，必将以更加开放的姿态拥抱世界、以更有活力的文明成就贡献世界。

在发展新质生产力的过程中，中国需要世界，世界也需要中国，扩大高水平对外开放将成为促进国内外联动互促的关键着力点。首先，高水平对外开放需进一步畅通国内外资源的高效流动，引导国际人才和知识交流，吸引国外优秀人才落地中国，推进我国企业加快技术突破，培育创新动能。其次，高水平对外开放需加快引入国际先进技术和管理经验，推动国内产业结构优化升级，提升产品和服务的附加值，打造国际竞争力。最后，高水平对外开放还需进一步推进制度开放，稳步扩大规则、规制、管理、标准等开放程度，完善市场经济体制，为新质生产力的发展提供良好的制度环境。

第四章
走好科技创新先手棋

科技创新能够催生新产业、新模式、新动能,是发展新质生产力的核心要素。

——摘自习近平总书记在二十届中央政治局第十一次集体学习时的讲话

第一节　科技创新势在必行

随着全球化的深入发展和科技的不断进步，国家之间的竞争越来越体现在科技实力的较量上。无论是经济、社会还是文化的发展，都离不开科技创新的推动。科技创新已成为推动社会进步、增强国家竞争力的关键因素。因此，加快科技创新步伐，提高科技创新能力，已经成为当今世界各国面临的共同任务。

一、科技创新是人类文明发展的动力源

（一）人类历史就是一部科技创新史

从石器时代的简单工具到现代的高科技产品，从农业社会的耕作方式到工业社会的机械化生产，再到信息社会的智能化发展，每一次科技的重大突破都极大地推动了人类文明的进步。科技创新不仅提高了生产效率和生活质量，还拓展了人类的认识领域和生存空间，为人类文明的持续发展提供了源源不断的动力。

纵观人类科技史不难发现，历次科技突破都蕴含着颠覆性的科学发现。知识创新、科学创新拓展了人类认知边界，技术创新引领的产业革命推动了人类生产力的跃升。一方面，科技创新通过造就产业新业态，实现劳动者、劳动资料、劳动对象质态革新，推动生产力技术变革，促进产业组织形式的深度调整，增加传统生产要素的边际产出，实现传统产业数字化、智能化、绿色化转型升级；另一方面，科技创新带来的生产工具革新能推动现代产业体系的全面革新。

当前，日新月异的人工智能技术加快了新质生产要素的形成，新的要素介

向新而行：发展新质生产力

入让生产函数发生了新的变化，规模经济、范围经济、学习效应会产生新的交叉组合和融合裂变，为要素优化配置提供了新的解决方案。此外，场景驱动的科技创新模式，尤其是互联式创新能够消除创新端与生产端的信息壁垒，形成科技创新与产业发展的双向"正反馈"，数字孪生、产业互联网等技术革新则能帮助企业敏锐把握、引导、创造潜在需求，提升产业运营质量与效率，促进科技成果创新与转化。

（二）解放和发展生产力是社会主义的本质要求

中国共产党始终高度重视以科技创新推动生产力发展。新中国成立之初，毛泽东同志就阐明了科学技术在社会主义建设中的地位和作用，强调"不搞科学技术，生产力无法提高"。改革开放后，邓小平同志提出"科学技术是第一生产力"。江泽民同志强调"科技创新已越来越成为当今社会生产力的解放和发展的重要基础和标志"。胡锦涛同志指出"科技创新是提高社会生产力和综合国力的战略支撑"。新时代以来，习近平总书记提出"加快发展新质生产力"，并对新质生产力的特征、基本内涵、核心标志等进行了概括、总结，把我们党对生产力理论的认识提高到一个新高度，为我们在新征程上进一步解放和发展生产力、推动高质量发展提供了根本遵循。

习近平总书记基于对历史发展大势和我国实际国情的准确把握，创造性地提出发展新质生产力的重要理论，既遵循生产力发展的一般规律，又契合我国新发展阶段的新特征新要求，是马克思主义生产力理论与当代中国发展实践相结合的产物，源于中国共产党解放和发展生产力的探索实践，极大深化了我们党对生产力发展规律的认识。2023年7月，习近平总书记在江苏考察时指出，科技现代化是中国式现代化的关键。这一观点深刻阐释了科技现代化与中国式现代化的内在关联，抓住了中国式现代化的关键要素。习近平总书记鼓励加强科技创新与产业创新对接，加强以企业为主导的产学研深度融合，提高科技成果转化和产业化水平，不断以新技术培育新产业、引领产业升级，体现了对科技创新的高度重视。

（三）科技创新是新质生产力的原动力

当今世界正经历百年未有之大变局，我国发展面临的国内外环境发生深刻复杂变化，对加快科技创新提出了更为迫切的要求。从国内看，我国经济社会发展和民生改善比过去任何时候都更加需要科学技术解决方案，都更加需要增强创新这个第一动力。从国外看，在激烈的国际竞争面前，在单边主义、保护主义上升的大背景下，我们必须走出适合国情的创新路子，特别是要把原始创新能力摆在更加突出的位置，努力实现更多"从0到1"的突破。科技创新在推动高质量发展、实现人民高品质生活、构建新发展格局，以及全面建设社会主义现代化国家等方面都将发挥着更加重要的作用。

1. 推动高质量发展的需要

建设现代化经济体系，实现质量变革、效率变革和动力变革，这些都需要强大的科技支撑。科技创新能够带来生产技术的革新，提高生产效率，降低生产成本，同时提升产品质量，满足市场多样化需求，从而推动经济高质量发展。

2. 实现人民高品质生活的需要

当前，我国社会主要矛盾已经转化为人民日益增长的美好生活需要和不平衡不充分的发展之间的矛盾，为满足人民对美好生活的向往，必须推出更多涉及民生的科技创新成果。例如，在医疗、教育、交通等领域，科技创新可以带来更好的服务，提升人民生活质量，让人民享受到更加便捷、高效、舒适的生活。

3. 构建新发展格局的需要

推动国内大循环，必须坚持供给侧结构性改革这一主线，提高供给体系质量和水平，以新供给创造新需求，科技创新是关键。同时，畅通国内国际双循环，也需要科技实力，保障产业链供应链安全稳定。

4. 全面建设社会主义现代化国家的需要

从最初提出"四个现代化"到现在提出全面建设社会主义现代化国家、全面推进中华民族伟大复兴，科学技术现代化从来都是我国实现现代化的重要内容。科技创新是推动国家发展的核心动力，它能够提高国家整体科技水平，增强国际竞争力，为全面建设社会主义现代化国家提供有力支撑。

二、科技创新是发展新质生产力的核心要素

科技创新是发展新质生产力的重要支撑力量。新质生产力是以科技创新为主导的生产力质态，"新"体现在新业态、新技术、新要素、新范式，"质"则表现为生产方式的根本性转变，通过颠覆性技术突破引领生产力跃迁，提升全要素生产率。加快发展新质生产力，必须充分发挥科技创新的引领作用，让科技创新塑造发展新动能新优势，促进社会生产力实现新的跃升。科技创新不仅能够提高传统产业的附加值和竞争力，还能够催生出新的产业和业态，推动经济结构的优化和升级。

以数字化转型为例。埃森哲报告显示，数字化程度提升10%，人均GDP可以提升0.5%~0.62%。当前数字经济已经成为经济增长的重要引擎，而数据作为重要的生产要素，其对经济发展的贡献也逐步显现。根据国家工业信息安全发展研究中心测算，2021年，数据要素对当年GDP增长的贡献率和贡献度分别为14.7%和0.83个百分点。如图4-1所示。

图 4-1　2015-2021 年数据要素对 GDP 增长贡献

数据来源：《中国数据要素市场发展报告（2021—2022）》。

在数字经济时代，数据成为继土地、劳动力、资本、技术之后的第五生产要素，成为生产要素大家庭中的"新成员"。算力则是处理和传输数据的关键能力，拥有更强大的算力意味着在数字化竞争中更胜一筹。在人工智能领域，随着神经网络和大模型竞争对算力需求的持续攀升，算力已成为智能化转型的关键制约因素之一；在大数据领域，算力是存储和处理海量数据的物质保障。算力是高端技术应用和创新的核心驱动力，也是国家安全和战略决策的重要保障。当前，很多国家都在积极制定政策、加大投入，刺激和引导算力产业发展，算力已成为各国积极抢占的战略制高点。

拓展阅读

数据要素激活创新活力

2024 年 2 月，国家数据局联合中央网信办、工业和信息化部、公安部组织开展全国数据资源调查，国家工业信息安全发展研究中心承担调查实施工作。调查发现，我国数据资源"产－存－算"规模优势基本形成，数据"供给－

向新而行：发展新质生产力

> 流通－应用"主体逐渐丰富，海量数据和丰富场景优势潜力亟须释放，数据资源管理和利用整体处于起步阶段。根据国家工业信息安全发展研究中心成立的全国数据资源调查工作组在2024年5月24日发布的《全国数据资源调查报告（2023年）》来看，2023年，全国数据生产总量达到32.85泽字节（ZB），相当于1000多万个中国国家图书馆的数字资源总量。全国数据存储总量为1.73泽字节（ZB），存储空间利用率为59%。和2022年相比，我国数据年产量增长22.44%，其中，与智能网联汽车相关的出行数据，同比增幅达到49%；与工业机器人等智能生产设备相关的制造数据，同比增幅为20%。2024年全年，预计我国数据生产量增长将超过25%。

2023年《政府工作报告》指出，从2018年到2023年，科技进步贡献率提高到60%以上。60%背后有以下几方面的含义。一是中国科研投入的稳步攀升，2023年，我国全社会研发经费投入约3.38万亿元，是2012年的3倍，排名世界第二。二是科技成果产出更加丰硕，我国国际科技论文数量、高被引论文数量均位居世界第二，国内发明专利授权量连续多年居世界首位。三是基础研究和关键核心技术攻关取得新进展，载人航天、探月探火、深海深地探测、超级计算机、卫星导航、量子信息、核电技术、大飞机制造、人工智能等领域创新成果不断涌现。四是高质量发展具有澎湃动能，是深化科技体制改革挖掘出第一生产力所蕴藏的巨大潜能。

总之，科技创新是推动人类文明进步、增强国家竞争力的关键因素。我们要充分认识到科技创新的重要性，加强科技创新体系建设，提高科技创新能力，为实现中华民族伟大复兴的中国梦提供有力支撑。

第二节　发展新质生产力具备坚实的科技基础

党的十八大以来，我们党坚持把科技创新摆在国家发展全局的核心位置，在以习近平同志为核心的党中央坚强领导下，在全国科技界和社会各界的共同努力下，我国科技事业发生历史性、整体性、格局性重大变化，科技创新成果不断涌现，在智能芯片、量子加密、可控核聚变、常温超导、卫星导航、装备制造、航空航天、新材料等基础研发与应用创新领域持续突破，科技创新日益展现出支撑新质生产力发展的蓬勃动力。

一、集中力量办大事是中国的重大创新

（一）我国科技管理体制的形成和演化

中国科技管理体制的形成和演化经历了从初步确立、发展与调整、动荡与停滞、恢复与发展到深化改革的多个阶段（见图4-2）。每个阶段都有其特定的历史背景和政策导向，共同构成了中国科技管理体制的完整发展历程。当前，中国科技管理组织结构的多层次、多部门、多分工特点更为明显和完整，科技管理的职能在不同层级和不同部门间有所分工和差异，整个科技管理的组织结构和职能体系逐步完善。

向新而行：发展新质生产力

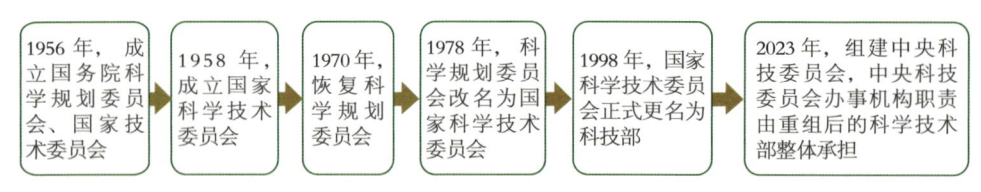

1956年，成立国务院科学规划委员会、国家技术委员会 → 1958年，成立国家科学技术委员会 → 1970年，恢复科学规划委员会 → 1978年，科学规划委员会改名为国家科学技术委员会 → 1998年，国家科学技术委员会正式更名为科技部 → 2023年，组建中央科技委员会，中央科技委员会办事机构职责由重组后的科学技术部整体承担

图 4-2　中国科技领导机构改革变迁

（二）我国科技创新举国体制的发展

社会主义集中力量办大事的制度优势，为科技强国战略提供了强大政治保证。正是依靠党的坚强领导和制度优势，我们一次次实现了从无到有的突破，破解核心技术瓶颈，在众多科技领域实现重点跨越，如载人航天、探月工程、高速铁路等都是成功范例。从发展历程来看，我国科技创新举国体制的攻关历程如表 4-1 所示。

表 4-1　我国科技创新举国体制的攻关历程[①]

年份	历史使命	呈现方式	科技成果
1949—1977	服务工业、农业和国防建设	政府主导、举全国之力、重点突破科技发展模式	"两弹一星"、第一台电子管计算机、人工合成牛胰岛素、第一艘核潜艇下水、培育杂交水稻
1978—1984	贯彻"面向、依靠"方针	"863"计划、火炬计划、星火计划、国家自然科学基金等重大科技计划	汉字激光照排系统、人工合成转移核糖核酸、第一台"银河"巨型机
1985—1997	实施"科教兴国"战略（1995年首次提出）	"973"计划、"八五纲要"攀登计划、"九五"全国技术创新纲要	第一台高能加速器、第一座核电站、正式接入因特网、百亿次巨型计算机、猪瘟兔化弱毒疫苗

---

① 部分内容参考刘戒骄、方莹莹、王文娜《科技创新新型举国体制：实践逻辑与关键要义》，《北京工业大学学报》（社会科学版）2021年第5期。

第四章　走好科技创新先手棋

续表

年份	历史使命	呈现方式	科技成果
1998—2005	建设国家创新体系	知识创新工程、"985"工程、国家自然科学基金杰出青年项目等国家重大科技计划	国产歼-10型飞机试飞成功、北斗导航试验卫星发射成功、首枚高性能通用微处理芯片、神舟五号飞船首次载人
2006—2011	全面推进中国特色国家创新体系建设（2006年提出）	部署以重大技术突破和重大需求为基础，培育发展战略性新兴产业等重点任务	嫦娥一号探月卫星发射、神舟七号载人飞船发射
2012—2019	构建社会主义市场经济条件下关键核心技术攻关新型举国体制（2019年提出）	发布《国家创新驱动发展战略纲要》部署战略任务，进行全方位顶层设计和系统谋划	第一艘航母交付、超级计算机、射电望远镜落成、首台量子计算机、国产大飞机C919首飞、港珠澳大桥、大兴国际机场运行
2020至今	把科技自立自强作为国家发展的战略支撑（"十四五"规划提出）	统筹推进教育、科技、人才一体改革（党的二十大报告提出）	北斗系统建设"三步走"战略完成、火星探测任务、嫦娥五号月球挖土、"奋斗者"号下海、天宫空间站在轨建造完成、嫦娥六号月球背面采样返回、量子计算机"本源悟空"上线运行、神舟十九号发射成功

为加强党中央对科技工作的集中统一领导，2023年组建中央科技委员会，重新组建科学技术部，对科技管理体制进行系统性重构，有利于发挥政府和市场"两只手"的作用，打通束缚新质生产力发展的堵点卡点，充分调动各方力量和积极性，让各类先进优质生产要素向发展新质生产力顺畅流动，对打赢关键核心技术攻坚战、健全新型举国体制、提升国家创新体系整体效能具有重大意义。

（三）集中力量办大事的显著优势

集中力量办大事是中国的重大创新，是具有资源集中使用、立足于独立自主、自力更生和调动各方面积极性特征的机制。这种机制旨在将有限的人力、物力和财力资源用于急需的领域和行业，以确保重大项目的突破。在新中国的发展历程中，这一制度优势发挥了独特作用，赢得了关键领域的高效率发展，补齐了发展短板，增强了国家核心竞争力，提升了中国的国际地位。

具体来说，集中力量办大事的机制包含以下三方面。

一是明确发展的重点、次序、路径和方法，在党中央的集中统一领导下，确保发展的系统性、整体性和协同性。集中力量办大事的机制既充分发挥市场在资源配置中的决定性作用，又发挥政府的调控作用。

二是把关系国计民生的重大项目作为大事来办，通过实施重大项目保障和实现人民利益。在国家重大攻关任务中，我国集中各方面力量，构建了政府、社会、市场协同推进的格局，形成了跨地区、跨部门、跨单位、全社会共同参与的多元主体协同攻关体系。

三是借助完备的组织架构实行政治动员，以统一思想、凝聚共识，集中各方面力量和资源来办大事。同时，能发挥共产党员的先锋模范作用，担负办大事过程中的急重险难任务，引导全社会参与办大事的过程。

此外，集中力量办大事也是我国科技创新管理的核心内容。在科技创新领域，我国通过集中资源和力量进行重大科技项目的攻关，取得了诸多显著成果，这也体现了我国社会主义制度能够集中力量办大事的制度优势。

总的来说，集中力量办大事的机制是一种高效的、有针对性的资源配置方式，它有助于我国在关键时刻迅速作出决策、调动各方资源、实现重大突破，是推动我国各项事业发展的重要保障。

第四章　走好科技创新先手棋

二、科技基础条件持续改善

（一）社会科技研发投入持续增长

近年来，高水平创新成果竞相涌现，不仅展示了我国科技实力的提升，也为发展新质生产力提供了丰富的创新资源，这根本上取决于我国对科技研发投入的高度重视。2000年以来中国研究与试验发展经费及增速情况，如图4-3所示。

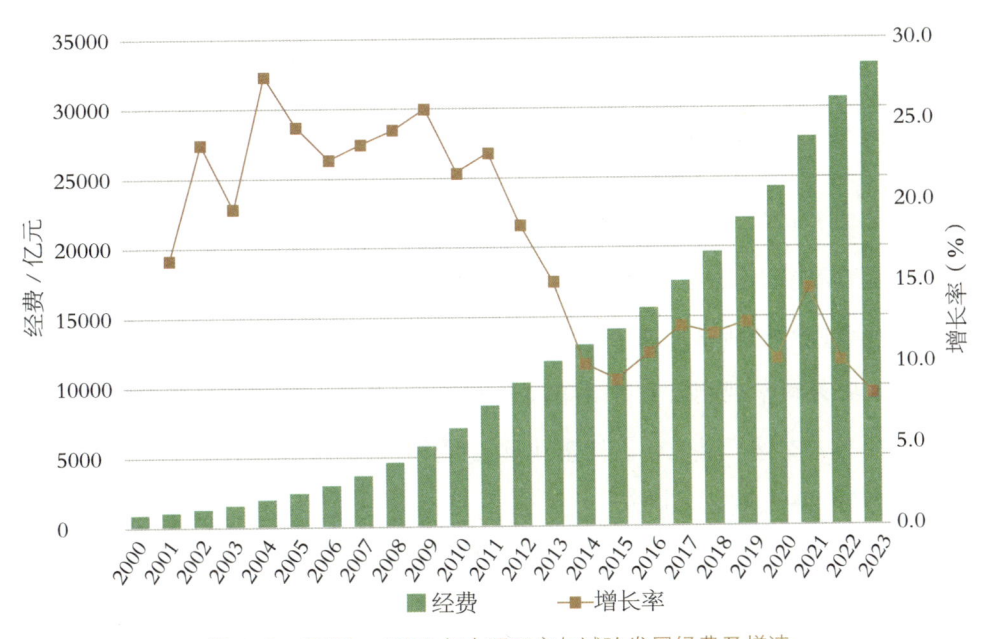

图4-3　2000—2023年中国研究与试验发展经费及增速
数据来源：各年全国科技经费投入统计公报。

2023年，全社会研发投入超过3.3万亿元，是2012年的3.2倍，居世界第二位。目前，我国人才资源总量达2.2亿人，较2012年增加了1亿人左右。

123

向新而行：发展新质生产力

2022年研发人员全时当量达635.4万人年，较2012年接近翻了一番，稳居世界第。[①] 得益于科技创新投入和人才资源的大幅增加，我国科技创新能力显著增强，进入创新型国家行列，在2024年全球创新指数排名中居第十一位（见图4-4），为加快培育和发展新质生产力奠定了坚实基础。

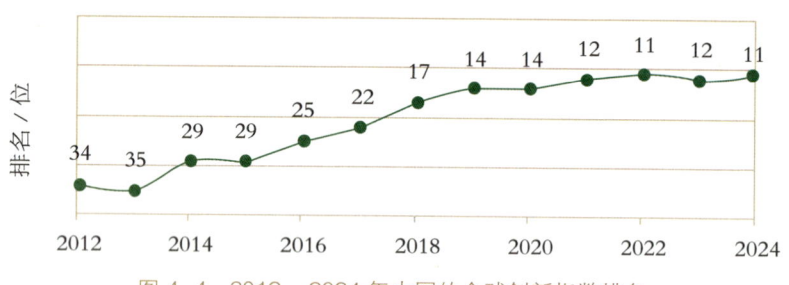

图 4-4　2012—2024 年中国的全球创新指数排名

数据来源：世界知识产权组织《全球创新指数报告》（GII）。

（二）基础研究经费逐年提升

近年来，国家重点研发计划、国家自然科学基金等持续支持原始创新，2023年基础研究经费达2212亿元，占全社会研发投入比重提高到6.65%。重大科技基础设施和创新基地加快布局，国家科学数据中心、生物种质和实验材料资源库、野外科学观测研究站等条件逐步完善，构建了相对完备的基础条件平台体系，有力支撑了科学前沿探索和重大科技攻关。21世纪以来，我国基础研究经费增长情况如图4-5所示。

---

① 参见中华人民共和国科学技术部编《中国科技人才发展报告（2022）》，科学技术文献出版社2023年版。

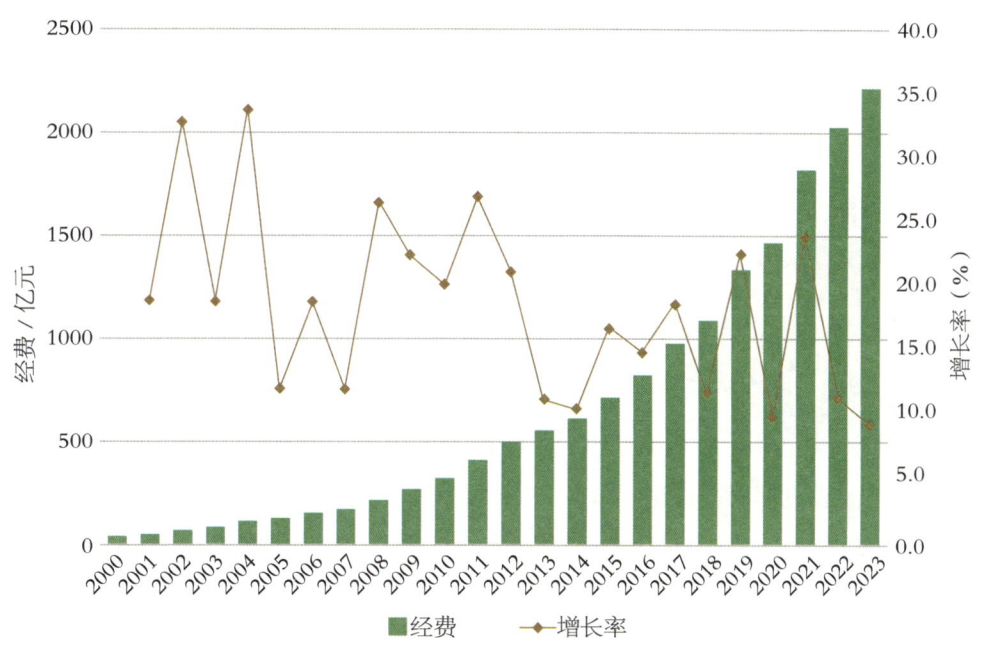

图 4-5　2000—2023 年中国基础研究经费

数据来源：各年全国科技经费投入统计公报。

三、科技前沿探索蓬勃发展

（一）科技探索向"新"而行

科技前沿探索向极宏观、极微观、极端条件不断深入，从深空、深海到深地、两极，人类改造和利用自然的能力更加强大，人工智能、量子信息、生物科技、元宇宙、脑机接口、先进材料、大数据等技术的出现，极大地丰富了劳动对象的种类和形态，拓展了生产新边界，创造了生产新空间。同时，新技术、新材料、新工艺的广泛应用，孕育出一大批具有更高科技属性的新型生产工具，5G 通信、智能网联、无人工厂、智慧港口等进一步解放了劳动者，削弱了自然条件对生产活动的限制。绿色发展是高质量发展的底色，新质生产力本身就是

向新而行：发展新质生产力

绿色生产力，在海陆风电、光伏发电等技术赋能下，构建了绿色能源产业新格局，加快了绿色转型的前进步伐。

（二）高水平创新成果竞相涌现

一方面，科技创新成果在量上持续积累。2023 年，我国授予发明专利权 92.1 万件，是 2012 年的 4.2 倍；有效发明专利 499.1 万件，是 2012 年的 5.7 倍；签订技术合同 95 万项，是 2012 年的 3.4 倍。另一方面，科技创新成果在质上不断突破，5G 网络、高速铁路等技术世界领先，"中国芯""智能造""未来车""数据港"等硬核技术加快发展，深海、深空、深地、深蓝等领域抢占了一批科技制高点。高速磁浮试验样车成功试跑、国产 C919 大飞机投入商业运营、5G 移动通信技术实现规模化应用、数字经济与实体经济深度融合等，成为我国科技创新成果产业化的生动体现，充分展现了我国加快形成新质生产力的生机和活力。

拓展阅读

嫦娥六号完成世界首次月背采样

2024 年 6 月 25 日 14 时 7 分，嫦娥六号返回器携带来自月背的月球样品，在人类历史上首次实现月球背面采样返回。月球和地球相距 38 万公里，到月球背面去"挖土"，可以说是前所未有，在月球表面"挖土"的难度也大大提升。

嫦娥六号任务发射至采样返回全过程约 53 天。相比 2020 年实现月球正面采样返回的嫦娥五号任务，嫦娥六号任务需在鹊桥二号中继星的支持下，实施首次月球背面自动采样返回，突破环月逆行轨道设计与控制、月背智能快速采样、月背起飞上升等关键技术。同时，嫦娥六号任务会开展月球背面着陆区的现场调查分析等科学探测，深化月球成因和演化历史的研究。

2024 年 6 月 2 日至 3 日，嫦娥六号顺利完成在月球背面南极——艾特肯盆地的智能快速采样，并按预定形式将珍贵的月球背面样品封装存放在上升器携带的储存装置中。智能采样是嫦娥六号任务的核心关键环节之一，探测器经受住了月背高温考验，通过钻具钻取和机械臂表取两种方式，分别采集了月球样品，实现了多点、多样化自动采样。

嫦娥六号任务的实施，不仅为中国探月工程创造了新的纪录，更将对全球航天领域产生深远的影响。嫦娥六号采集到的珍贵月球样品，将为人类提供更多关于月球的宝贵数据和信息，深化人类对月球成因和演化历史的研究。

四、科技产业体系和制造门类日益完备

（一）我国产业体系高端化建设迈上新台阶

在中央经济工作会议上，"以科技创新引领现代化产业体系建设"被明确列为 2024 年 9 项重点任务的首位，这标志着科技创新在我国经济发展中的核心地位得到了进一步提升。科技部等部门围绕"推动高水平科技自立自强"和"以科技创新引领现代化产业体系建设"等重点任务，通过健全新型举国体制，充分发挥国家战略科技力量的主力军作用，集聚强大合力突破关键核心技术。

人工智能作为科技创新的重要领域，在我国得到了快速发展。人工智能大模型的出现和应用，不仅推动了技术创新，还带动了相关产业的发展和升级。截至 2024 年 7 月，全球人工智能大模型有 1328 个，中国占比 36%。截至 2024 年第一季度，全球 AI 企业近 3 万家，中国占比 15%。[①]

随着科技创新的深入推进，一批新产业不断壮大，如新能源汽车、锂电池、光伏产品等。这些新产业不仅为我国经济增长提供了新动力，还推动了产业结构的优化升级。中国科学技术发展战略研究院发布的《国家创新指数报告

---

① 数据来源：中国信息通信研究院《全球数字经济白皮书（2024 年）》。

2022—2023》显示，2023年中国国家创新指数综合排名居世界第10位，较上期提升3位，是唯一进入前10位的发展中国家。

（二）产业制造门类日益完备

制造业是国民经济的主体，是立国之本、兴国之器、强国之基。我国制造业产业链涵盖了从原材料供应到最终产品生产与流通的一系列环节，形成了庞大而复杂的系统。我国拥有联合国产业分类中全部工业门类，体系全、品种多、规模大。数据显示，我国工业增加值和制造业增加值均居世界前列，体现了我国制造业的强大实力和竞争力。

我国制造业行业包括轻纺工业、资源加工工业、机械电子制造业等多个领域。这些行业不仅满足了国内市场需求，还积极参与国际竞争，推动了全球制造业市场的发展。近年来，随着新兴产业的崛起和传统产业的转型升级，我国制造业行业门类更加完备，涵盖了高端装备、新材料、新能源等多个前沿领域。

数字化转型是当前制造业发展的重要趋势。我国制造业正通过引入物联网、大数据、人工智能等技术，实现生产过程的自动化和智能化。这不仅提高了生产效率和产品质量，还推动了制造业向柔性化、定制化方向发展。据统计，我国重点工业企业数字化研发设计工具普及率和关键工序数控化率均达到较高水平，显示了我国制造业在数字化转型方面的显著成效。2023年底，全球"灯塔工厂"共153家，其中，中国共有62家，约占全部"灯塔工厂"的2/5。

日益完备的科技创新体系和产业制造门类，为发展新质生产力夯实了能力基础。经过改革开放以来40多年的发展，我国科技创新体系逐步健全，战略科技力量加快壮大，国家实验室建设稳步推进，中国特色国家实验室体系加快构建，高水平研究型大学、科研院所创新能力不断提升。我国科技型企业迅速壮大，企业研发投入占全社会研发投入的比重连续多年超过75%。从产业角度看，我国已具备全球最完整、规模最大的工业制造体系，覆盖联合国产业分类中的全部工业门类，共 41 个大类、666 个小类，制造业规模连续 14 年位居全球第一，发展新质生产力具有得天独厚的优势。[①]

总之，我国在科技创新体系和产业制造门类方面取得了显著进展。未来，随着科技创新的深入推进和产业结构的不断优化升级，我国将在全球制造业市场中发挥更加重要的作用。

五、国内市场规模超大、结构多元

（一）我国超大规模市场的概念

所谓超大规模的市场优势和内需潜力，是指规模庞大、供求多元、创新活跃、拉动力强的内需市场。我国是超大规模经济体，超大规模的市场优势和内需潜力是这一属性的重要特征。[②]2018 年 12 月，中共中央政治局会议首次提出"强大国内市场"。2019 年的《政府工作报告》进一步对"促进形成强大国内市场，持续释放内需潜力"作出工作部署。2024 年 7 月 18 日中国共产党第二十届中央委员会第三次全体会议通过的《中共中央关于进一步全面深化改革 推进中国式现代化的决定》，进一步提出"发挥我国超大规模市场引领作用"。超大规模且结构多元的国内市场，为发展新质生产力提供了海量应用场景和施展空间。

（二）超大规模市场为新质生产力提供了广阔发展空间

市场是最稀缺的资源，可以释放巨大而持久的动能。我国拥有 14 亿多人口、

---

① 阴和俊：《让科技创新为新质生产力发展注入强大动能》，《求是》2024 年第 4 期。
② 赵昌文、朱鸿鸣：《打好超大规模市场优势这张"王牌"》，《经济日报》2020 年 1 月 8 日。

向新而行：发展新质生产力

4亿多中等收入群体、超1.8亿户经营主体，人均GDP超过1.2万美元，是全球最大最有潜力的市场。随着社会经济发展水平的不断提升和人民财富积累的持续增加，规模效应和集聚效应将进一步增强，市场巨大潜力将加速释放，多层次、宽领域的市场结构为各类科技创新提供了不断尝试和完善的空间，促进产品迭代升级，为从创新链的低端向高端攀升提供了机会，对新质生产力具有强大的促进拉动作用。

六、人才资源红利进入加速释放期

人是生产力中最活跃、最具决定意义的因素，新质生产力必然要求人才层次进一步提升，用先进科学技术、知识和理念武装起来的新型劳动者将成为主要群体。

人才资源红利进入加速释放期，为发展新质生产力提供了丰沛的智力支持和人才保障。通过加强人才培养和引进，我们打造了一支高素质的科技人才队伍，为新质生产力的发展提供有力的人才支持。同时，随着人才红利的加速释放，我国在新质生产力领域的发展潜力将进一步增强。

我国高等教育规模不断扩大，拥有全球规模最大的理工科毕业生，有2.4亿多受过高等教育的人才，新增劳动力平均受教育年限达14年，全社会受教育程度明显提升。研发人员总量世界第一，研发人员全时当量从2012年的324.7万人年增长到2022年的635.4万人年，如图4-6所示。青年科技人才成为科研主力军，国家自然科学基金项目中的80%由45岁以下的青年人员承担，"北斗"组网、"嫦娥"探月、"中国天眼"等重大工程中，不少团队平均年龄刚过30岁。改革开放以来的留学热和近年来出现的归国潮，也为我国现代化建设人才队伍注入了澎湃活力。

综上所述，发展新质生产力具备了一系列有利条件和科技基础。我们应该充分利用这些优势和条件，加强科技创新和产业升级，推动新质生产力的快速发展，为实现经济高质量发展提供有力支撑。

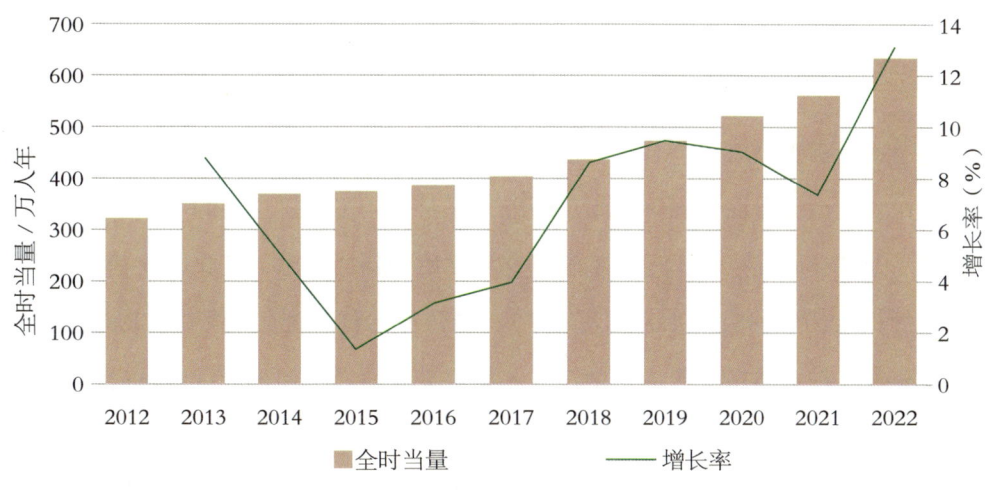

图 4-6　2012—2022 年中国研发人员全时当量

数据来源：国家统计局。

第三节　我国科技创新的发展困境

虽然我国发展新质生产力具备有利条件和科技基础，但科技创新能力还不能完全适应高质量发展的需要，基础研究仍然薄弱，原始创新能力不足，部分领域关键核心技术受制于人，对新质生产力的策源力不强；创新体系整体效能还不高，科技资源围绕重大任务统筹配置不够，战略科技力量作用有待进一步发挥，高水平科技领军企业不多，对新质生产力的体系化支撑不够；拔尖创新人才和团队不足，科技评价激励机制亟须完善，鼓励创新的政策措施和社会环境还需优化，支撑新质生产力的人才培养储备不足；等等。

向新而行：发展新质生产力

一、原始创新能力不足

（一）原始创新能力不足的诱因

原始创新能力是一个国家或地区在科技领域取得突破性进展的基础。当前，我国在科技创新方面仍面临原始创新能力不足的困境。这主要源于以下几个方面。一是基础研究投入不足。基础研究是原始创新的源泉，但我国在基础研究方面的投入仍然相对较少（见图4-7），导致原始创新能力受限。二是教育体系不完善。教育体系对于培养创新人才具有重要意义。如果教育体系过于注重应试教育。容易忽视对学生创新思维和实践能力的培养。三是科研环境不佳。部分科研环境存在学术不端、浮躁等不良现象，影响科研人员的积极性和创新能力。

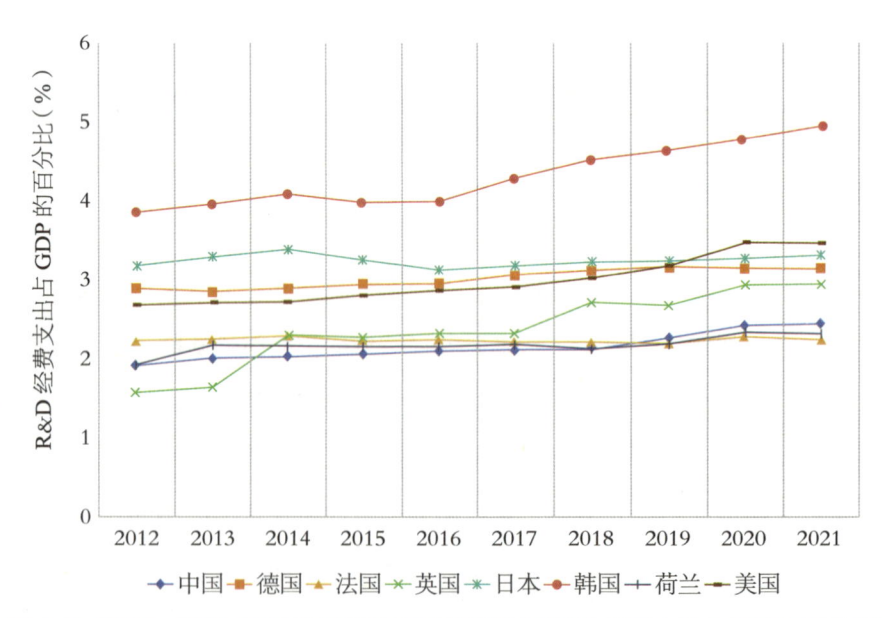

图 4-7　2012—2021 年不同国家研究与试验发展（R&D）经费支出占 GDP 百分比的对比

（二）原始创新不足危害重重

原始创新不足带来的问题涉及多个方面，包括科技发展、经济竞争力、产业转型、国家创新能力等。

1. 导致科技发展滞后

原始创新是科技发展的源泉，缺乏原始创新意味着在基础研究和前沿技术领域难以取得突破性进展，导致科技发展滞后于国际先进水平。长期依赖引进和模仿他人的技术，缺乏自主创新能力，导致对外国技术依赖性强，容易在技术封锁或贸易争端中陷入被动局面。如图 4-8 所示，2019—2024 年，中美独角兽企业数量差距在逐步扩大。

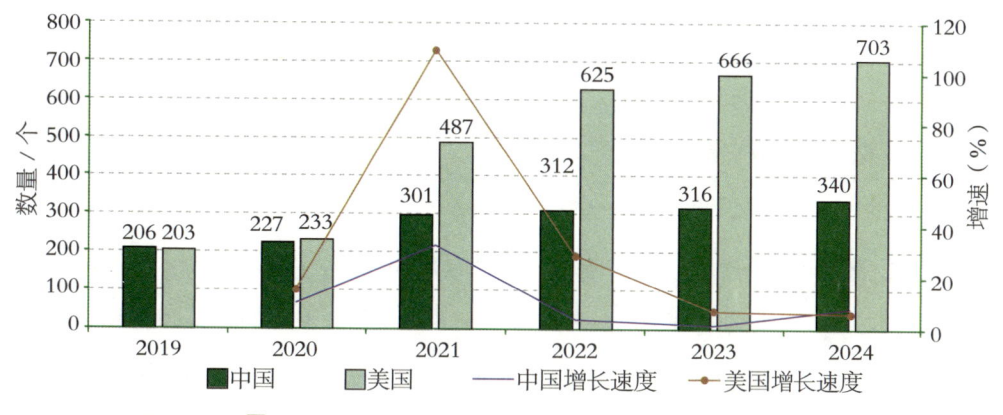

图 4-8　2019—2024 年中美独角兽企业差距对比

资料来源：胡润研究院《2024 全球独角兽榜》(*Global Vnicom Index* 2024)。

2. 导致经济竞争力下降

缺乏原始创新，难以形成具有自主知识产权的核心技术和产品，导致产业附加值低，难以在国际市场上占据有利地位。技术创新是推动经济增长的重要动力之一，原始创新不足导致经济增长动力不足，削弱经济增长的可持续性，影响国家经济的长远发展。

3. 导致产业转型困难

传统产业往往依赖于旧有的技术和生产模式，容易出现传统产业转型升级受阻，而且缺乏原始创新难以推动其向高端化、智能化、绿色化方向发展。新兴产业往往伴随着新技术的诞生和发展，原始创新不足将限制新兴产业的快速成长和壮大，影响经济结构的优化和升级。

4. 导致国家创新能力下降

原始创新不足会影响创新生态系统的构建和完善，影响整个国家的创新能力。缺乏原始创新的环境和土壤难以吸引和留住高水平的创新人才，导致人才流失和短缺问题加剧，进一步削弱国家的创新能力。原始创新不足将限制新技术在医疗、教育、环保等领域的应用和推广，影响民生的改善和提高。在关键技术领域缺乏自主创新能力，可能使国家面临外部威胁和挑战，影响国家安全和稳定。

拓展阅读

8亿件衬衫换一架飞机

2005年，"8亿件衬衫换一架飞机"的话不知让多少中国人黯然神伤。那时候，廉价的中国衬衫每件利润约2.4元人民币，而一架空客A380飞机却值2.4亿美元。这就是市场法则和科技含量的价格规律。衬衫的价格与飞机的价格不是某个人可以说了算的，一切要由市场来决定。衬衫卖贵了没人要，而空客A380飞机再贵也是"皇帝的女儿不愁嫁"，供给合同订到了几年以后。即便如此，我国还得在"自由贸易"环境下才能运作，一旦美国警告或欧洲反倾销，那么我国连以8亿件衬衫换一架飞机的机会都会被剥夺。

必须改变这一尴尬的现实，中国必须崛起。2023年5月28日，国产大飞机C919圆满完成商业首航，正式进入民航市场，这是我国首个具有自主知识产权的喷气式干线客机。这标志着我国逐渐告别了过去的"汗水经济"，开始向全球产业链中高端迈进。

二、资源统筹配置不够

（一）科技创新不能单打独斗

创新过程是复杂系统行为，涉及资金、人才、设备等科技资源的配置问题，需要系统思考资源配置机制、配置方向和配置结构。科技创新需要持续稳定的资金投入，但是由于体制机制障碍，长期以来我国科技资源配置存在部门分割的现象，部门之间合作协调机制不通畅，部门重复配置、项目主体"拼盘"现象显著，加重了我国科技资源配置的分散、重复和低效。

（二）科技资源配置是科技生命力

科研不等于创新，创新是基于市场需求的要素重新组合，是运用各类知识实现效益的市场行为。缺乏产业需求牵引的科研活动，解决不了实际问题；离开市场化创新力量的主导，科技资源配置效率也很难得到提高。与美国相比，中国最大的短板并不是技术，而是将技术和其他要素组合转化为持续竞争力的创新生态。如果说华为等中国科技企业能够令美国感到挑战和压力是市场化机制的结果，那么未来的希望之路必然是更加完善和健全的市场化机制。

（三）科技管理体制"九龙治水"

多年来，我国科技体制条块分割现象严重，"政产学研金服用"之间相互脱节，科技与经济结合问题长期得不到有效解决。比如，产学研结合的前提是要有明确的结构差异与合理分工，但现实情况是相互平行的，甚至是竞争性的，很难形成有效互动与协同。军民结合是各国推进科技进步与创新的国家路径，美国尤其如此，但我国军民之间长期存在着无法逾越的体制性鸿沟，不少民营科技企业更是"报国无门"。

（四）科技体制改革箭在弦上

尽管国家科技计划于 2015 年进行了重新整合优化，但科技资源配置较为分散、重复和低效的根本性问题仍没有解决，很难与时俱进，如面向战略目标的创新链中资源配置的统筹机制亟待完善。国家重大科技任务很难实现部门之间的协作沟通，缺乏创新链上创新主体的实质性合作，创新链上创新资源很难统筹配置，往往会影响系统性科技成果的有效产出，制约了需要依赖于协同攻关的关键核心技术的突破。顶层设计和统筹机制的缺失，使本就先天不足的我国科技充满内卷，丧失了许多追赶机遇。

三、创新政策环境不优

创新政策环境对于科技创新具有重要影响。当前，我国创新政策环境存在不足，主要表现在以下几方面。

一是政策制定滞后，政策制定滞后于科技发展趋势和市场需求，导致政策效果不佳。科技发展日新月异，政策制定需要紧跟科技发展趋势和市场需求。政策滞后可能会导致错失发展机遇，影响创新活力，因此需要加强政策制定过程中的前瞻性和灵活性，及时响应科技和市场的变化。

二是政策执行不力，导致政策无法得到有效落实。即使政策制定得当，如果执行不力，也难以达到预期效果。执行不力可能源于资源分配不足、监管不到位或执行机制不健全。需要加强政策执行力度，确保政策得到有效实施。另外，建立健全的监管和评估机制也亟待提上日程。

三是政策协调不够，政策之间存在冲突和重叠现象，导致政策效果相互抵消。政策之间可能存在目标不一致、措施重复或相互矛盾的情况，这会影响整体政策效果。需要加强不同部门和层级间的沟通协调，确保政策的一致性和协同性，避免资源浪费和政策冲突。

四是外部环境不利。近年来，西方国家对华关键核心技术"卡脖子"日益严重。2018年4月16日，美国商务部发布公告称，美国政府在未来7年内禁止中兴通讯向美国企业购买敏感产品。2019年5月，美国总统特朗普一纸禁令，以"科技网络安全"为由，将华为公司及其70家附属公司列入出口管制的"实体清单"。

拓展阅读

近年西方对华关键技术"卡脖子"

◎ 软件断供：关键领域的"无妄之灾"

2018年，美国对中兴通讯实施全面制裁，禁止美国企业向中兴通讯提供任何软硬件产品，导致中兴通讯的运营几乎陷入停滞。这一事件揭示了中国企业在技术自给自足方面的巨大风险。此后，中国科技公司加快了自研操作系统和软件的步伐，华为推出了鸿蒙系统，推动了国内操作系统和应用软件的自主发展。

◎ 芯片断供：数字世界的"卡脖子"武器

2019年，美国以"国家安全"为由，禁止向华为等中国公司提供芯片，导致中国的科技公司在芯片供应链上面临严重危机。高端芯片的封锁让中国在高科技领域遭遇了前所未有的挑战。面对美国的芯片封锁，中国政府和企业加大了对半导体行业的投入，中芯国际、华为海思等企业迅速崛起，逐步实现了芯片的自主研发和生产，显示了强大的应变能力和创新精神。

◎ 高端材料封锁：制造业的"隐形壁垒"

美国对中国实施了高端材料的封锁，禁止出口一些关键的半导体材料和高性能金属，严重影响了中国高科技产品的制造。高端材料的封锁让中国高科技制造业面临巨大挑战，但中国加强了对高端材料的研发和生产，逐步打破了对国外材料的依赖，推动了国内材料科学的发展和突破。

◎ 航空技术限制：空中霸权的"垄断"

美国对中国实施了长达几十年的航空技术限制，禁止出口先进的航空发动机和航天器技术，使得中国的航空航天产业发展受到了严重制约。然而，中国并未因此止步，反而自主研发了C919大飞机和涡扇-10发动机，逐步打破了对外国技术的依赖，展示了中国航空工业的强大潜力。

◎ 半导体制造设备禁运：制造业的"咽喉"之痛

美国对中国实行了半导体制造设备的禁运政策，禁止出口先进的芯片制造设备，严重影响了中国半导体产业的技术升级。半导体制造设备禁运让中国芯片制造业面临严重的技术障碍，但中国加大了对半导体制造设备的研发投入，逐步实现了部分设备的国产化，推动了国内半导体产业的发展。

◎ 军事技术封锁：国防领域的"紧箍咒"

美国对中国实施了长期的军事技术封锁，禁止出口先进的军事装备和技术，使得中国的国防工业在很长一段时间内处于落后状态。军事技术的封锁让中国国防领域面临严峻挑战，然而，中国加强了国防科技自主研发，成功研制了歼-20隐形战斗机、东风-21D反舰导弹等先进装备，逐步实现了国防技术的自主创新和突破。

第四节　筑牢创新根基　问鼎科技前沿

建成科技强国，助力新质生产力发展，应加快形成研发目标明确、主体多元协同、组织效能卓越、机制日臻完善的大国科技创新竞争优势，充分发挥科技创新引领新质生产力发展的主引擎作用。要通过完善前瞻性、颠覆性、共识性全球科学研究项目遴选机制，在世界性基础研发领域实现更多"从0到1"的"点状"突破，抢占具备"一招鲜"优势的基础科学研究"高峰"。同时，构建"从1到N"的技术集群式突破，巩固技术优势以满足持续性创新优势现实需求，铸就既能"短道速滑"，又能"弯道超车"的接续创新实力。

一、迈向现代化的科技治理体系

无论是在创新强国的战略进程，还是在国家治理体系和治理能力现代化进程中，科技创新治理体系都举足轻重。没有科技创新治理体系的现代化，就没有国家治理能力的现代化，也不能顺利建成科技创新强国。

（一）科技治理体系是国家治理体系的重要组成部分

具有中国特色的举国体制充分发挥了党的全面领导和社会主义集中力量办大事的独特政治优势与制度优势。完善国家科技治理体系，不仅要提升科技自立自强水平，还要强化科技自立自强对国家发展的战略支撑。建立一个现代化的科技治理体系，需要优化科技创新政策，加强知识产权保护，推动产学研深度融合，以及建立一个高效、透明、公正的科研评价和激励机制，才能确保科技创新的持续性和高效性，为关键技术的突破提供有力保障。

（二）发挥新型举国体制优势，强化国家战略科技力量

新型举国体制是"社会主义市场经济条件下的新型举国体制"，既发挥市场经济的长处，又发挥社会主义制度的优越性，要加强科技创新和创新驱动发展的组织整合，消除科技创新及治理中存在的"孤岛现象"，避免科技资源配置和科技评价急功近利、过度行政化，科技力量分散和主业主责宽泛都难以集

中优势力量攻坚克难。围绕科技经济深度融合，紧紧扭住供给侧结构性改革主线，注重需求侧改革和管理，形成"需求牵引供给、供给创造需求"和"创新驱动发展、发展带动创新"的更高水平动态平衡，提升经济体系和创新体系整体效能。

（三）构建高水平市场经济体制，提升企业技术创新能力

构建高水平市场经济体制，以"深化要素市场化配置改革"为突破口，旨在促进要素自主有序流动，提高要素配置效率，激发全社会创造力和市场活力。

劳动力要素方面，继续优化调整人口政策，加快完善教育、医保、养老等方面的社会保障制度，加快农村转移人口市民化步伐，畅通劳动力和人才社会性流动渠道。

土地要素方面，核心是加快农村土地制度改革，建设城乡统一的建设用地市场。重点是农村集体经营性建设用地入市，进一步深化农民承包地和宅基地等的流转机制。

资本要素方面，加快金融供给侧结构性改革，重点是解决需求、供给不匹配的结构性失衡问题，以及进一步扩大直接融资的比例。鼓励和规范发展天使投资、风险投资、私募股权投资，更好发挥政府投资基金作用，大力发展耐心资本。

数据要素方面，数据超越资本、土地，与劳动结合成为最活跃要素，数字经济成为创新增长主要内容。推进政府数据开放共享，加强数据资源整合和安全保护。加快数据要素市场化改革，使数据成为新质生产力的新动能。

技术要素方面，加强知识产权保护工作，健全职务科技成果产权制度，培育发展技术转移机构和技术经理人，促进技术要素与资本要素融合发展，支持双向技术转移和国际科技创新合作。

二、勇当高水平科技自立自强排头兵

科技自立自强意味着我们要在关键核心技术上实现自主可控，摆脱对外部技术的依赖。为此，我们需要加大在基础研究、应用研究和产业化等方面的投入，培养一支高水平的科研人才队伍，同时加强国际先进水平的交流与合作，不断提升我国科技创新能力。

（一）构建国家战略科技力量，推动高水平科技自立自强

战略科技力量是国家安全和发展的关键支撑，包括国家实验室、科研机构、高水平研究型大学和科技领军企业。通过加强这些力量的建设，可以促进原创性、引领性科技攻关，增强国家在关键核心技术领域的自主创新能力，从而实现高水平的科技自立自强。

（二）深化改革激发创新活力，勇当科技自立自强先锋

科技改革涉及科研经费使用、成果评价、人才激励等多方面，目的是破除制约科技创新的体制机制障碍，建立更加开放、灵活、高效的科研环境。通过改革，可以培养和吸引更多高水平科技人才，推动科技成果的快速转化，加速科技进步和产业升级。

（三）不断加强基础科学研究，筑牢科技自立自强根基

基础研究是科技创新的源头，对于推动科学前沿的发展和解决关键技术问题具有重要意义。加强基础研究需要持续的财政投入、优化研究环境、培养基础研究人才。通过强化基础研究，可以为应用研究和技术开发提供坚实的理论基础和技术支持，促进科技领域的持续创新和领先。高度重视科技，关心科技

向新而行：发展新质生产力

工作者，大力弘扬科学家精神。

> **拓展阅读**
>
> **隐"功"埋名三十载，终生报国不言悔**
>
> 黄旭华，中国第一代核潜艇总设计师，中国核潜艇事业的奠基人与开拓者，被誉为"中国核潜艇之父"。他出生于广东省，早年求学于国立交通大学（今上海交通大学）造船工程系，毕业后投身于新中国的船舶工业建设，为国家利益隐姓埋名、默默工作，60多年来潜心技术攻关，为核潜艇研制和跨越式发展作出巨大贡献。1958年，面对国家海洋防御的紧迫需求，黄旭华毅然投身核潜艇的研制工作，远离家乡、荒岛求索，从此深藏功名三十载，从一穷二白中"头拱地、脚朝天"，带领团队从零开始，克服了技术封锁、资源匮乏等重重困难，用算盘和计算尺完成了大量复杂计算，最终成功研制出了我国第一代核潜艇。他先后担任我国核潜艇工程副总设计师、总设计师，主持了第一代核潜艇的研制。他一生致力于我国核潜艇事业的开拓与发展，为我国核潜艇的从无到有、从跨越发展到探索赶超作出了卓越贡献。他用自己的人生经历诠释了核潜艇精神，感召着一代又一代年轻人献身国防科技事业。

三、实现更多"从0到1"的突破

2020年，习近平总书记在科学家座谈会上强调，"要把原始创新能力提升摆在更加突出的位置，努力实现更多'从0到1'的突破"。同年，在中共中央政治局第二十四次集体学习时，习近平总书记强调，"当今世界正经历百年未有之大变局，科技创新是其中一个关键变量"。在科技创新中，"从0到1"的突破往往意味着颠覆性的创新，需要科研人员敢于挑战传统观念，勇于探索未知领域，还需要加强跨学科、跨领域的合作与交流，打破学科壁垒，促进不同领域之间的融合与创新。此外，还需要建立一种容错机制，允许失败和试错，为科研人员提供宽松的创新环境。

（一）健全从基础研究、应用研究到技术研发再到产业化的全链条布局

事实已经充分证明，当今的重大科技突破越来越依靠多学科交叉和各项关键技术的集成，缺失任何一个环节都可能导致被"卡脖子"风险。在发展新质生产力过程中，创新全链条涉及整个工业体系，一个单位、一个部门已经无法唱"独角戏"。聚焦事关国家长远竞争力的核心关键领域，进一步强化顶层设计，开展系统性的布局，前瞻性地储备技术。全链条布局，整合优化科技资源配置，开展高质量的协同攻关，逐渐形成整体发展优势。要从"源头和底层"为新质生产力形成和发展提供基础性支撑，加快组建一批国家实验室，逐渐形成我国实验室体系。国家实验室体现国家意志、实现国家使命、代表国家水平的战略科技力量，是面向国际科技竞争的创新基础平台，通过国家实验室统筹组织实施相关领域的国家重大科技项目，是发挥新型举国体制优势、集中力量实现重大突破的最有效途径。

> **拓展阅读**
>
> **国家实验室建设取得重大突破**
>
> ◎ 2003年11月25日，科技部批准北京凝聚态物理等5个国家实验室筹建。
>
> ◎ 2006年12月5日，科技部决定扩大国家实验室试点，启动海洋、航空航天、人口与健康、核能、新能源、先进制造、量子调控、蛋白质研究、农业和轨道交通等10个重要方向的国家实验室筹建工作。
>
> ◎ 2014年1月，2003年后试点的15个国家实验室中，青岛海洋科学与技术国家实验室正式获科技部批复组建。

向新而行：发展新质生产力

◎ 截至 2021 年 1 月，北京已成立挂牌成立中关村国家实验室、怀柔国家实验室、昌平国家实验室。

◎ 2022 年 9 月，张江实验室、临港实验室、浦江实验室 3 个国家实验室率先挂牌成立并加快建设运行。

（二）坚持国际合作交流

自主创新应当是开放环境下的创新，"不拒众流，方为江海"。一个健康的国际合作模式，不能片面依赖国外、"能买就买"，而应以"可控开源"的方式充分利用国际智力资源。"可控"即在若干环节具有非对称优势的"长板"，他人就难以在其他环节对我们"卡脖子"；"开源"即在此基础上互通有无、博采众长，推动我们不断取得国际领先的创新成果。

（三）创新"科技 + 金融"体系

企业和社会资本的投入方式灵活，对高端人才具有较大吸引力，可以和国家科研经费互为补充，最大限度地激发创新活力。目前，我国企业对短期内无法获利的前沿研究和存在不确定性的未来技术的投入热情还普遍不足。鼓励企业和社会资本投入原始创新的积极性，需要借鉴发达国家经验，形成促进创新的"科技 + 金融"体系，特别是资本市场可适度放宽对科技创新企业的盈利要求，强化市场的自我调节功能以实现优胜劣汰。大力发展耐心资本。

（四）激活人才活力

科技创新依靠广大科技工作者以良好的工作状态和饱满的精神面貌来实现。面向"十四五"时期，乃至更长发展时期，科技工作者应不负党和人民的信任，具备成为领跑者和开拓者的勇气和魄力，肩负起科技创新的历史使命，实现更多"从0到1"的突破,掌握更多核心关键技术,有力支撑世界科技强国建设。

> **拓展阅读**
>
> **一"码"当先:中国芯不再被"卡脖子"**
>
> 扫码已成为国人最熟悉的动作。走遍大江南北,无论在大型商超购物,还是在街边小店消费,只需亮出手机付款码,收银员或商家用扫描枪一扫,就能完成付款。这其中,二维码识读技术至关重要。
>
> 20世纪90年代末,二维码技术已在欧美国家应用,但国内还是一片空白。随着商品经济发展,各种假冒伪劣产品层出不穷,为破解商品溯源难题,位于福建省福州经济技术开发区的新大陆公司锚定二维码识读技术。
>
> 1999年,新大陆公司成立了子公司——福建中安电子技术有限公司,开始研究二维码解码技术。当时,新大陆公司二维码识读产品虽有市场,但因核心部件靠进口,特别是识读模组价格高昂,导致成本居高不下。于是,在国内尚没有一本教科书的情况下,新大陆公司决心攻克二维码核心技术。
>
> 2005年,攻关小组开发出具有自主知识产权的二维码识读模组。由此,新大陆公司成为全球4家掌握二维码核心解码技术的企业之一。
>
> 为了让识读设备在体积更小、功耗更低、使用更便捷的同时,提升识读的速度、精度,新大陆公司选定自研芯片来实现。
>
> 2010年,新大陆公司发布全球首颗二维码解码芯片,不仅占据了产业发展制高点,也为中国赢得了全球市场的话语权。该芯片通过硬件解码方式,使系统在解码速度上较软件解码提高了10倍以上,综合识读率大大提高。
>
> 2011年,美国霍尼韦尔公司向新大陆公司提出,新大陆公司产品涉嫌侵犯了霍尼韦尔公司旗下码捷公司的"具有全局电子快门控制的条形码读取装置"发明专利权,要求赔付巨额专利许可费。

> 事实上，霍尼韦尔公司先是向新大陆公司提出收购，想兼并新大陆公司相关技术和产品。新大陆公司坚持走自主创新之路，断然拒绝了收购。遭拒后，霍尼韦尔公司意图利用码捷子公司，打知识产权诉讼官司拖垮新大陆公司。自此，新大陆公司踏上了漫长而艰辛的知识产权维权之路。
>
> 2019年12月9日，最高人民法院作出裁定，驳回码捷公司关于发明专利无效权无效行政纠纷案的再审申请。新大陆公司与霍尼韦尔公司历时8年的条码技术核心专利之争，以新大陆公司胜出画上句号。
>
> 目前，新大陆公司已完成二维码芯片专利全面布局，获得了120多项授权专利，其中包括5项欧美专利。拥有国家有效专利700项、软件著作权1000多项，另有500多项专利正在申请中。多次主持或者参与各类标准制定，包括国家标准35项、行业标准7项、地方标准7项、团体标准5项。

四、现代化产业体系向新而行

习近平总书记指出，为实现科技强国目标，要扎实推动科技创新和产业创新深度融合，助力发展新质生产力。

（一）基础：增加高质量科技供给

聚焦现代化产业体系建设的重点领域和薄弱环节，针对集成电路、工业母机、基础软件、先进材料、科研仪器、核心种源等瓶颈制约，加大技术研发力度，为确保重要产业链供应链自主安全可控提供科技支撑。要瞄准未来科技和产业发展制高点，加快新一代信息技术、人工智能、量子科技、生物科技、新能源、新材料等领域科技创新，培育发展新兴产业和未来产业。要积极运用新技术改造提升传统产业，推动产业高端化、智能化和绿色化转型。此外，我们还需要加强产业链、供应链和价值链的整合与优化，提高整个产业体系的竞争力和创新能力。

（二）关键：强化企业科技创新主体地位

充分发挥科技领军企业龙头作用，鼓励中小企业和民营企业科技创新，支持企业牵头或参与国家重大科技项目。要引导企业与高校、科研机构密切合作，面向产业需求共同聚焦科技问题、联合开展科研攻关、协同培养科技人才，推动企业主导的产学研融通创新。

（三）途径：促进科技成果转化应用

依托我国产业基础优势和超大规模市场优势，加强国家技术转移体系建设，完善政策支持和市场服务，促进自主攻关产品推广应用和迭代升级，使更多科技成果从样品变成产品、形成产业。要做好科技金融这篇文章，引导金融资本投早、投小、投长期、投硬科技。科技成果的产业转化过程被业界称为"死亡之谷"（见图4-9），统计数据显示，我国90%以上的科技成果无法真正实现产业转化，对科技创新造成了重大阻碍。技术要素的本质属性有别于其他常见的

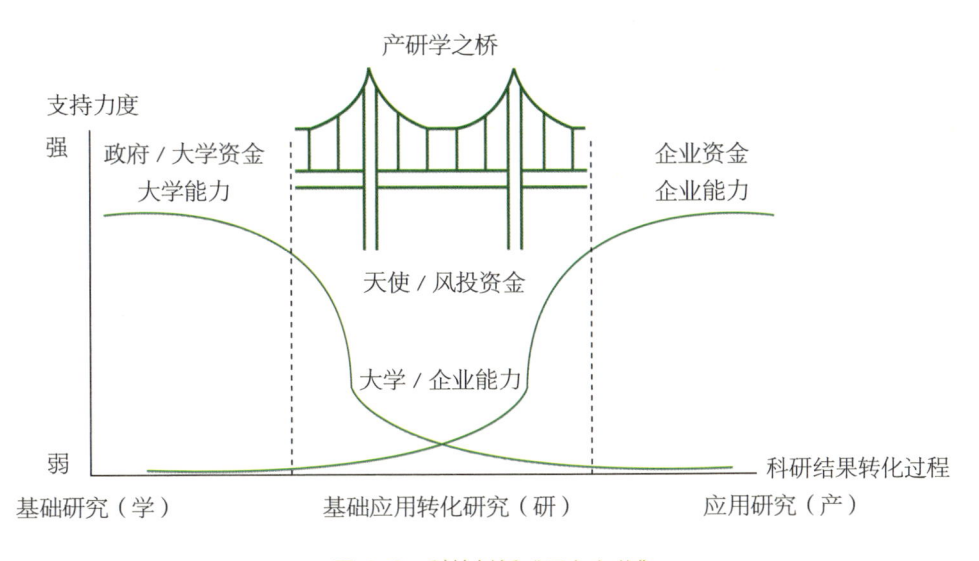

图 4-9 科技创新"死亡之谷"

资料来源：未来迹。

生产要素，它具有非标性和依附性，链条长、风险大、不确定性高，大多需要依附于特定研发载体和科技人才，这决定了技术是一种生产难、确权难、交易难的特殊商品，也决定了技术要素市场是一种建立难、定价难、监管难的特殊市场。

（四）深化：推动科技创新和产业创新深度融合

充分利用新一代信息技术，促进数字技术和实体经济深度融合，立足实体经济这个根基，做强做大先进制造业，积极推进新型工业化，改造提升传统产业，培育壮大新兴产业，超前布局建设未来产业，加快构建以先进制造业为支撑的现代化产业体系，如元宇宙、脑机接口、量子信息、人形机器人、生成式人工智能、生物制造、未来显示、未来网络、新型储能等。强化企业创新主体地位，构建上下游紧密合作的创新联合体，促进产学研融通创新，加快科技成果向现实生产力转化。

（五）探索：孵化科技应用场景创新

场景创新是以新技术的创造性应用为导向，以供需联动为路径，实现新技术迭代升级和产业快速增长的过程。场景创新通过构建真实的应用场景，促进新技术与产业深度融合，推动技术创新和产业升级。场景创新的典型案例包括：智能网联汽车——通过构建智能交通场景，推动自动驾驶、汽车联网等技术的研发和应用；智慧城市——通过构建智慧交通、智慧安防、智慧环保等场景，推动城市治理的智能化和精细化；工业互联网——通过构建工业大数据、工业云等场景，推动制造业的数字化转型和智能化升级；等等。

第四章　走好科技创新先手棋

> **拓展阅读**
>
> **低空经济**
>
> 低空经济是以各种有人驾驶和无人驾驶航空器的各类低空飞行活动为牵引，辐射带动相关领域融合发展的综合性经济形态。其相关产品主要包括无人机、电动垂直起降飞行器（eVTOL）、直升机、传统固定翼飞机等，涉及居民消费和工业应用两大场景。
>
> 国际上，美国在低空经济产业的发展上处于领先地位。拜登总统签署的《AAM协调与领导》法案提升了对城市空中交通（eVTOL/UAM）的重视程度。美国航空航天局（NASA）开展了大量eVTOL/UAM关键性技术研究，并拨款资助了多所大学和科研机构。加州硅谷湾区成为全球eVTOL产业的创新中心，汇集了众多顶尖eVTOL制造商。欧盟通过"地平线2020"和"欧洲地平线"计划，积极推进低空经济的发展。

在中国，2024年低空经济首次被写入《政府工作报告》，显示出国家对这一领域的高度重视。工信部、科技部、财政部、中国民航局联合印发了《通用航空装备创新应用实施方案（2024—2030年）》，提出到2030年，推动低空经济形成万亿级市场规模。2023年，中国低空经济规模达到5059.5亿元，增速高达33.8%。深圳、广州、北京等地在低空经济领域表现突出，深圳低空经济企业数量居全国首位，同时广东省、江苏省、湖南省、浙江省、山东省等地的低空经济企业也较为集中。低空经济在农林植保、电力巡检、空中游览、航空运动、医疗救护等传统通航作业中保持稳步增长，无人机物流已实现规模化应用。

低空经济作为一种新兴的经济形态，正在全球范围内快速发展。中国在政策支持（见表4-2）、市场规模和技术进步方面表现出色，有望在未来几年内实现产业的快速发展。同时，国际市场，特别是美国和欧盟，也在积极推进低空经济的发展，展现出强大的科研创新能力和市场潜力。随着技术的进步和市场的成熟，低空经济有望实现更广泛的商业运营和市场应用。

表 4-2 全国低空经济行业相关政策汇总

发布时间	发布单位	政策名称
2024 年 3 月	工信部、科技部、财政部、中国民航局	《通用航空装备创新应用实施方案（2024—2030 年）》
2024 年 3 月	国务院	《政府工作报告》
2024 年 1 月	交通运输部	《民用无人驾驶航空器运行安全管理规则》
2023 年 12 月	国家发展改革委、商务部	《关于支持横琴粤澳深度合作区放宽市场准入特别措施的意见》
2023 年 12 月	中国民航局	《国家空域基础分类方法》
2023 年 12 月	工信部	《民用无人驾驶航空器生产管理若干规定》
2023 年 11 月	国家空管委	《中华人民共和国空域管理条例（征求意见稿）》
2023 年 10 月	工信部、科技部、财政部、中国民航局	《绿色航空制造业发展纲要（2023—2035 年）》
2023 年 6 月	国务院、中央军委	《无人驾驶航空器飞行管理暂行条例》
2023 年 5 月	国家市场监管总局	《民用无人驾驶航空器系统安全要求》
2022 年 12 月	中共中央、国务院	《扩大内需战略规划纲要（2022—2035 年）》
2022 年 2 月	中国民航局	《"十四五"通用航空发展专项规划》
2021 年 12 月	国务院	《"十四五"现代综合交通运输体系发展规划》
2021 年 12 月	国务院	《"十四五"旅游业发展规划》

续表

发布时间	发布单位	政策名称
2021年12月	中国民航局、国家发展改革委、交通运输部	《"十四五"民用航空发展规划》
2021年2月	中共中央、国务院	《国家综合立体交通网规划纲要》
2019年5月	中国民航局	《关于促进民用无人驾驶航空发展的指导意见（征求意见稿）》
2016年5月	国务院办公厅	《关于促进通用航空业发展的指导意见》
2010年8月	国务院、中央军委	《关于深化我国低空空域管理改革的意见》

五、将科技体制改革进行到底

（一）科技体制改革是科技创新的关键环节

为了实现关键技术的突破和问鼎科技前沿的目标，我们需要将科技体制改革进行到底。深化科技体制改革，有利于破除阻碍新质生产力发展的体制机制障碍，充分调动各主体各要素的积极性，最大限度激发科技作为第一生产力所蕴藏的巨大潜能。统筹推进教育科技人才一体改革，能够激发科研人员的创新活力，提高科技创新的质量和效率。同时，我们还需要加强与国际先进水平的接轨和融合，推动科技创新的国际化发展。

（二）深化科技项目管理模式

要深化科技领域改革，不断创新有利于激发科技人员创造力的科研管理机制和模式。深化科技项目立项和组织管理方式改革，大力推行创新攻关"揭榜挂帅""赛马制"等机制。深化科技创新人才评价制度改革，营造有利于创新人才潜心研究的良好氛围。深化科研项目和经费管理改革，优化科研评价和激励

向新而行：发展新质生产力

机制，加强科研诚信建设。

> **拓展阅读**
>
> **科技人才评价"破四唯"**
>
> "破四唯"是我国在科技人才评价改革中的一项重要举措，主要目的是打破"唯论文、唯职称、唯学历、唯奖项"的传统僵化、单一且唯数量不重质量的科技评价体系。这一改革旨在建立更加科学、合理、公正的评价机制，以激发科技人才的创新活力，推动科技创新和科技进步。
>
> 通过"破四唯"，可以推动科技人才评价体系的根本性变革，使评价更加注重科研人员的实际贡献、创新能力和发展潜力。这有助于激发科技人才的创新热情，促进科技成果的转化和应用，为我国科技创新和现代化建设提供有力的人才保障。
>
> 通过"破四唯"改革，我国科技人才评价体系逐步向更加科学、合理、公正的方向发展。科研人员的创新活力和创新能力得到激发，科技成果的转化和应用情况得到改善，为我国科技创新和现代化建设提供了有力的人才保障。
>
> 未来，我国将继续深化科技人才评价改革，不断完善评价机制和方法。同时，加强与国际科技界的交流与合作，借鉴国际先进经验，推动我国科技人才评价体系的国际化进程。通过持续努力，我国将建立起更加科学、合理、公正的科技人才评价体系，为实现科技强国目标提供有力支撑。

（三）健全科技创新机制，为新质生产力发展"筑基强魂"

建立新质生产力产业创新协调机制，聚焦量子通信、生物基因、人工智能等前沿科技领域，开展跨行业共性技术研发规划与跨领域研发政策协调，在提升"揭榜挂帅"等科研管理机制支撑作用的基础上，鼓励多元创新主体聚焦科技前沿开展自由探索。在科技创新相关支持政策保障方面，则要依托资本市场、产业金融、产业基金等新型金融工具，扩大科技创新的金融支持，提升长期投资资本助力科技创新的支撑作用。同时，完善科技创新成果评价激励制度，赋予科研人员研发成果所有、转让、分配和收益权，激发科技人才的创新活力。

第五章
厚植新质生产力人才根基

要按照发展新质生产力要求，畅通教育、科技、人才的良性循环，完善人才培养、引进、使用、合理流动的工作机制。

——摘自习近平总书记在二十届中央政治局第十一次集体学习时的讲话

第一节 发展新质生产力，关键靠人

一、人才的三重维度

深入探寻中国悠久的历史长河，我们不难发现，古代用人之道博大精深，历久弥新。这些智慧源于无数政治家、思想家、教育家及军事家的深思熟虑与实践探索，虽带有时代的烙印，但其中蕴含的积极、科学的元素仍熠熠生辉。我国古代名人关于选人、用人的经典表述能够为我国当前研究人才问题，制定人才政策，提供人才选、用、育、留的解决方案提供思想启发和理论渊源。这些古老的智慧，如同璀璨的明珠，为现代人才战略的发展注入了新的活力。

纵观中国古代智者的用人之道，不难发现他们普遍将人才视为国家繁荣的基石。这些智者不仅将人才视为立国之本，更将选拔和培养人才作为治国理政的核心。

> **拓展阅读**
>
> **古代贤者的人才观**
>
> 管仲，这位春秋时期的杰出政治家曾言："治国之道，在于得人。"他强调，无论是短期还是长期，人才的培养和选拔都是至关重要的。孔子则提出了"才难"的观点，强调人才与国家兴衰的紧密联系，并倡导"依贤固不困"的治国理念。孟子曾言："尊贤使能，俊杰在位，则天下之士悦，而愿立于其朝矣"，进一步强调了尊重人才的重要性，认为只有尊重人才，有能力的人才就会主动在国家需要的时候听从国家的召唤，国家才能繁荣昌盛。

向新而行：发展新质生产力

（一）选人：唯才是举

在选拔人才方面，中国古代智者提出了许多独到的见解。他们强调"任人唯贤""德才兼备"的选人标准，并倡导不拘一格选拔人才。儒家学者提出了"知人"的选拔方法，通过观察人的言行举止、询问众人意见、试用其才能等方式，全面了解人才的素质和能力。刘劭在《人物志》中更是详细阐述了知人识才的九个方面，包括脾气、智慧、胆量等，为选拔人才提供了宝贵的参考。

针对当时人才选拔的种种问题，韩愈提出了"唯才是举"的选拔准则。他批评了当时通过科举、荐举等方式选拔人才的弊端，认为这些方式往往导致人才良莠不齐。他主张打破门第限制，不问亲疏贵贱，只选拔有真才实学的人才。这一观点在当时引起了广泛的共鸣，也为后世选拔人才提供了重要的启示。

综上所述，中国古代智者的人才观和选拔标准为我们提供了宝贵的借鉴。在今天这个竞争激烈的时代，我们更应该重视人才的培养和选拔，为国家的发展注入源源不断的动力。

（二）用人：知人善任

在选拔出杰出人才之后，如何智慧地运用这些人才，确保他们的才能得以充分发挥，是每位领导者追求的目标。我国古代的智者们对此有着独到的见解，他们的观点至今仍然闪耀着智慧的光芒。

拓展阅读

古代贤者的用才观

以宋代改革家王安石为例，他提出了"富之以财，规之以礼，治之以法"的理念。这意味着在运用人才时，应给予他们足够的物质支持，确保他们的生活无忧；同时，要以礼仪规范他们的行为，以法律约束他们的权力。在王安石

第五章　厚植新质生产力人才根基

> 看来，优厚的待遇能让官员们全心全意地投入政务，远离贪婪与卑鄙；而严格的制度和法律则能防止官员滥用职权，确保政治清明。
>
> 而南宋理学家朱熹则主张"知人善任，量才而用"。他强调，用人的前提是对人才有足够的、充分的了解，在"知人"的基础上才能作出"善任"的用才决策；其次，要将人才与平台恰当地、适宜地配合起来，根据人才的属性和特征进行"量才"，并在此基础上进一步"而用"才能发挥出人才的预期效能。这样的用人策略能够激发人才的积极性和创造力，为组织带来更大的价值。
>
> 清朝的康熙皇帝在用人方面也有着独特的见解。他敢于使用那些在实践中犯过错误的人，认为只要能够改正错误并作出贡献，就应该给予他们机会。同时，他用人不拘一格，唯才是用，不论出身和背景。此外，他还强调要根据人才的特长和性格来安排合适的职位，让每个人都能在最适合自己的位置上发光发热。

这些古代智者的用人策略为我们提供了宝贵的启示。在发展新质生产力过程中，我们同样需要运用这些智慧来科学合理地使用人才，让每个人的才能都得到充分的发挥。

（三）育人：因材施教

自古以来，人才的精心培育与自我成长是国家昌盛的基石。中国古代先哲们提出了诸多独到的见解，强调实践、教育、环境在人才塑造中的关键作用。

人才的锻造离不开实践的锤炼。正如古人所言："大任将至，必先历经风雨。"这意味着，只有在风雨中砥砺前行，才能磨砺出坚韧不拔的品质，为国家的未来奠定坚实的基础。同时，智者亦强调，人才在成长过程中难免犯错，但正是这些错误，成为他们成长的阶梯，促使他们不断反思、不断进步。

向新而行：发展新质生产力

> **拓展阅读**
>
> **古代贤者的育才观**
>
> 荀子，这位古代智者深知教育对于国民素质提升的重要性。他提出："富而教之，民性方理。"除了重视物质文明，确保人民群众能够过上物质富足的生活之外，还需要重视关于精神文明方面的建设，提升人民群众在精神、文化、思想方面的水平，有步骤、分阶段地提升国民的素质。
>
> 另一位智者墨子，则强调了环境在人才形成中的重要作用。他提出了著名的"素丝论"，将人才比作素丝，认为人才的形成如同素丝染色，环境如何，人才便如何。这一观点深刻揭示了环境对人才成长的重要性，并警示我们，在人才培养过程中，必须谨慎选择环境，为人才成长提供良好的土壤。

综上所述，育才之道在于实践、教育、环境的共同作用。只有在这三者的共同作用下，我们才能为国家培养出更多优秀的人才，为发展新质生产力提供不竭的动力。

二、人才是第一资源、富国之本、兴邦大计

党的十八大以来，以习近平同志为核心的党中央站在新时代的潮头，对人才理论进行了全面而深入的阐述。习近平总书记明确指出："在综合国力竞争中，人才竞争是核心。"习近平总书记围绕人才工作发表的一系列重要论述，立意高远，内涵丰富，思想深刻，深刻回答了什么是人才强国、为什么建设人才强国、怎样建设人才强国的重大理论和实践问题，对于全面贯彻新时代人才工作新理念新战略新举措，深入实施人才强国战略，加快建设世界重要人才中心和创新高地，为以中国式现代化全面推进强国建设、民族复兴伟业提供人才支撑、打

好人才基础，具有十分重要的意义。①

（一）识才

在识才方面，习近平总书记对各行各业、各个领域的人才提出了一系列要求，为各行各业选拔优秀人才提供了基本遵循与重要标准。例如，2016年5月，习近平总书记在哲学社会科学工作座谈会上发表重要讲话，提出："自古以来，我国知识分子就有'为天地立心，为生民立命，为往圣继绝学，为万世开太平'的志向和传统。一切有理想、有抱负的哲学社会科学工作者都应该立时代之潮头、通古今之变化、发思想之先声，积极为党和人民述学立论、建言献策，担负起历史赋予的光荣使命。"同月，习近平总书记在全国科技创新大会、两院院士大会、中国科协第九次全国代表大会上发表重要讲话，对我国科技工作者在科学研究和成果应用方面提出了要求："'穷理以致其知，反躬以践其实。'科学研究既要追求知识和真理，也要服务于经济社会发展和广大人民群众。广大科技工作者要把论文写在祖国的大地上，把科技成果应用在实现现代化的伟大事业中。"

（二）爱才

习近平总书记高度重视人才工作，在爱才方面主要体现在不同场合多次强调人才的重要性。例如，2021年9月，习近平总书记在中央人才工作会议上提出："综合国力竞争说到底是人才竞争。人才是衡量一个国家综合国力的重要指标。国家发展靠人才，民族振兴靠人才。我们必须增强忧患意识，更加重视人才自主培养，加快建立人才资源竞争优势。"再如，2014年6月9日，习近平总书记在中国科学院第十七次院士大会、中国工程院第十二次院士大会上指出：

---

① 《〈习近平关于人才工作论述摘编〉出版发行》，新华网，http://www.xinhuanet.com/politics/20240421/e3a36fa3cc194da58af23d09d7e44e73/c.html。

"'盖有非常之功，必待非常之人。'人是科技创新最关键的因素。创新的事业呼唤创新的人才。尊重人才，是中华民族的悠久传统。"

（三）敬才

习近平总书记的敬才主要体现在对各行各业，尤其是关乎国家战略和国家安全领域的人才的重视上。例如，2014年6月9日，习近平总书记在中国科学院第十七次院士大会、中国工程院第十二次院士大会上的讲话中提出"'思皇多士，生此王国。王国克生，维周之桢；济济多士，文王以宁。'这是《诗经·大雅·文王》中的话，说的是周文王尊贤礼士，贤才济济，所以国势强盛。千秋基业，人才为先。实现中华民族伟大复兴，人才越多越好，本事越大越好。"再如，2014年5月22日，习近平总书记在上海主持召开外国专家座谈会时指出："现在，我们比历史上任何时期都更需要广开进贤之路、广纳天下英才。要实行更加开放的人才政策，不唯地域引进人才，不求所有开发人才，不拘一格用好人才，在大力培养国内创新人才的同时，更加积极主动地引进国外人才特别是高层次人才，热忱欢迎外国专家和优秀人才以各种方式参与中国现代化建设。"

（四）用才

在用才方面，习近平总书记强调要为人才任用创造良好的条件。例如，2016年5月，习近平总书记就深化人才发展体制机制改革作出重要指示："要着力破除体制机制障碍，向用人主体放权，为人才松绑，让人才创新创造活力充分迸发，使各方面人才各得其所、尽展其长。"再如，2019年9月，习近平总书记对我国技能选手在第45届世界技能大赛上取得佳绩作出重要指示："要健全技能人才培养、使用、评价、激励制度，大力发展技工教育，大规模开展职业技能培训，加快培养大批高素质劳动者和技术技能人才。"

习近平总书记的人才战略思想深刻揭示了人才对于国家发展、民族振兴的重要意义，不仅为新时代的人才工作指明了方向，也为全面推进人才强国战略提供了强大的思想武器。在发展新质生产力这一新的历史起点上，我们必将迎来人才事业的新发展、新局面。

第二节 念好"人才经"需突破"三重困境"

一、人才供需结构不平衡

我国在促进新质生产力发展，尤其是在数字经济、智能制造等前沿领域中，在人才方面主要面临的困境是人才供需结构的不平衡，主要体现在现有人才体系掌握的技能结构与发展新质生产力要求的技能结构不匹配、当前培养体系培养出的人才与未来产业发展的需求不匹配等方面。

（一）人才结构不匹配

现有人才体系掌握的技能结构与发展新质生产力要求的技能结构不匹配，主要受到人工智能等新一代信息技术带来的生产自动化、服务智能化影响，自动化、智能化的生产组织方式产生了新型技能需求，主要体现在生产制造、专业服务等领域的数字素养方面，但是现有的人才体系在适应产业数字化转型产生的新型技能需求与素养需求方面存在较大的差距。

1. 新技术提出新挑战

综观全球的相关领域，人工智能等新一代信息技术的发展对于制造业和服务业而言，主要产生的影响在于制造业的自动化发展和服务业的智能化转型，

向新而行：发展新质生产力

在生产过程和业务运作模式上，主要体现为：一方面，将传统上高度标准化、劳动重复化的生产流程及业务运作过程进行自动化替代，大幅度减少低水平重复工作岗位，使用人工智能技术将其取而代之；另一方面，由于生产自动化和服务智能化的新型模式产生了新的岗位需求，例如，生产自动化技术体系中需要大量的数据收集、数据标注等工作岗位，服务智能化技术体系中需要大量人机协同服务交付工作岗位。

> **拓展阅读**
>
> **全球面临人才荒**[①]
>
> 国际咨询公司麦肯锡于2024年发布的行业研究报告《工作的新未来：在欧洲和其他地区部署人工智能和提高技能的竞赛》中提出：展望未来至2030年，欧洲或将迎来一场前所未有的职业重塑浪潮，预计需要高达1200万人才进行职业转型，这一数字几乎是危机前速度的2倍。与此同时，美国也面临着类似的挑战，预计将有近1200万人需要适应职业变迁，这一规模与新冠疫情前的预测相符。在全球新冠疫情的高峰期，欧洲和美国这两个地区都经历了前所未有的劳动力市场变革，这一经历为它们应对未来更大规模的就业转变提供了宝贵的经验。尽管欧洲各国之间的职业变化速度大致相当，但具体的转型组合却反映了它们各自独特的经济差异。

如今，随着技术的不断发展和全球化的深入，职业变革已成为全球趋势。对于个人而言，持续学习和适应新技能变得至关重要；对于政府和企业而言，制定有效的政策和培训计划，以支持人才转型和就业市场的稳定，同样刻不容缓。

[①] 参考 Naqshbandi M.M. et al., "The Future of Work: Work Engagement and Job Performance in the Hybrid Workplace," *The Learning Organization*, No.1(2024).

2. 新旧动能转换中的人才转型阵痛

传统产业升级和新兴产业崛起并存，导致人才结构性失衡。一方面，传统行业人才面临转型压力；另一方面，新兴产业人才供给不足。例如，《中国集成电路产业人才发展报告》显示，2023 年全行业人才需求达到 76.65 万人左右，其中人才缺口达到 20 万人。然而，目前国内高校培养的集成电路专业人才每年却不到 3 万人。在集成电路等涉及数字经济、新兴产业领域的高端人才培养方面，我国尚存在较大差距。

拓展阅读

低薪工人何去何从？

随着欧洲与北美市场对高薪职业的重新重视，低薪工人正面临着重新定位的难题。低薪职业的需求可能会逐步减少，工人们需要掌握新技能，才能跻身薪资更高的工作领域。若未能实现这一转变，劳动力市场恐将面临更为严重的两极分化，高薪职位供不应求，而低薪工人则过剩。以欧洲为例，通过积极调整员工配置，加速技术的采纳与应用，欧洲有望在 2030 年实现高达 3% 的年度生产率增长。然而，若技术采纳与人员调整的步伐迟缓，这一增长比例恐将降至 0.3%，接近当前西欧的生产率增长水平。

（二）人才供给与未来产业不适应

1. 未来产业对人才要求更苛刻

结合我国制造业领域的发展现状来看，当前我国人才供给与产业需求的结构性矛盾，成为制约行业发展的瓶颈。近年来，我国制造业正经历着从数量到质量的转型。这种转型不仅体现在产品质量的提升上，更体现在对人才需求的转变上。随着制造业的升级和转型，对高技能人才和高素质产业工人的需求不断增大。我国正处于以质量换数量的工程师红利期，这一时期的特征就是对人才的渴求更加迫切，对人才的要求也更加严格。根据第四次全国经济普查数据，截至2018年末，制造业法人单位从业人员达10471.3万人，占比高达27.3%，居行业首位。这一数据充分说明了制造业在我国经济中的重要地位。然而，与此同时，我们也必须看到，制造业人才供需结构矛盾依然存在。

2. 人才培育体系有脱节

在新质生产力迅猛发展的时代背景下，人才培养与产业需求的脱节问题日益凸显，成为制约我国创新发展的关键瓶颈。这一问题的根源深植于我国教育体系与新质生产力发展需求之间的结构性矛盾，其表现既有历史延续性，又呈现出新的时代特征。

从历史维度看，我国高等教育长期以来形成的学科本位、理论导向的人才培养模式，与新质生产力时代对复合型、创新型人才的迫切需求之间存在着明显的张力。这种张力在人工智能、量子信息、生物科技等新质生产力的前沿领域表现得尤为突出。新兴产业对人才的需求往往是跨学科、高度专业化的，而传统的人才培养模式难以快速响应这些需求。

在学科设置方面，尽管近年来我国高等教育不断推进学科调整，但仍难以跟上新质生产力发展的步伐。从专业设置到人才培养的全周期往往需要数年时间，这与新质生产力领域技术快速迭代的特性形成鲜明对比。这种时间差异导致了毕业生知识结构与新质生产力企业需求之间的错位。

课程内容的更新滞后性更加凸显了这一矛盾。新质生产力领域的技术发展日新月异，而高校课程内容的更新往往滞后于产业发展。特别是在人工智能、大数据、区块链等新质生产力的核心技术领域，课程内容的滞后性更为明显。这不仅影响了人才的职业适应性，也在一定程度上制约了新质生产力的创新速度和质量。

实践教学与新质生产力企业需求的脱节进一步加剧了这一问题。虽然产学研合作日益受到重视，但其深度和广度仍远未满足新质生产力发展的需要。在新质生产力相关专业中，实践教育质量与实际需求之间存在显著差距。这种差距不仅体现在技能层面，更体现在创新思维、跨界整合能力等新质生产力所需的核心软实力培养上。

此外，新质生产力时代对跨学科融合型人才的需求进一步凸显了现有人才培养模式的局限性。人工智能、生物科技、新材料等新质生产力的前沿领域往往需要多学科知识的交叉融合，而我国现有的学科划分过于僵化，难以培养出真正的跨界创新人才。

（三）人才集聚与区域协调发展的双重挑战

创新资源和高端人才过度向一线城市集中，加剧了区域发展不平衡；中西部地区面临人才流失，影响当地新质生产力的培育，总体上创新资源和高端人才在我国的空间分布呈现出较强的马太效应，即具有吸引力的城市随着人才的涌入不断提升吸引力，而吸引力不足的城市在既有人才流失之后吸引力在不断下降。

结合中智咨询、智联招聘等人力资源服务专业机构在2020年至2023年发布的"中国城市人才吸引力"系列报告，对我国高端人才的空间流动情况进行分析。根据前期相关研究，"城市人才吸引力"主要依靠"人才流入占比、人才净流入占比、应届生人才流入占比、海归人才流入占比的加权结果"来衡量，结合历年报告的数据进行纵向分析。

从2017年到2023年，上海、深圳、北京是各类人才流入排名前三位的城市，其中，上海从2017年开始直到2023年是我国人才吸引力最强的城市，相较于长三角的人才吸引力，京津冀的人才吸引力近几年来逐渐下降。

从一线、二线、三线城市角度来看（见图5-1），一线、二线、三线、四线城市的人才净流入占比，在2018年分别为–0.9%、4.9%、–0.3%、–2.3%，在2019年分别为–2.7%、1.1%、1.8%、–0.3%，在2020年分别为3.5%、3.4%、–1.0%、–0.3%，2021年分别为5.4%、0.4%、–1.0%、–4.8%，2022年分别为5.3%、

向新而行：发展新质生产力

图 5-1 2019—2022年不同类型的城市人口流动情况

−0.5%、−0.5%、−4.3%，结合近4年数据观察，一线因京沪控制人口总量导致人口持续流出，二线人才持续集聚，三线较为平衡，四线持续流出。

分城市群看，超六成人才流向五大城市群，2019年，长三角、珠三角、京津冀、成渝、长江中游城市群人才流入占比分别为23%、14%、13%、7%、7%，净流入占比分别为5.0%、2.8%、−4.0%、0.0%、−0.5%，长三角、珠三角人才集聚，京津冀受北京控制人口总量政策影响人才净流出，成渝和长江中游基本平衡。

分地区看，从人才流入流出占比来分析各个地区的人才流动性，从2018年至2022年，东部地区人才流入占比从60.8%降至59.3%，人才流出占比从55.1%降至45.2%，东部地区人才流动性较2021年有小幅回升，全国有近六成人才向东部流入；中部和西部地区人才流入占比和流出占比均呈上升趋势，人才流动性提升；东北地区人才流入占比从 5.3% 降至 4.3%，人才流出占比从 8.3% 降至 7.7%，人才流动性下降。

从人才净流入占比来分析各个地区和东北地区的人才流入程度，从 2018 年至 2022 年，东部地区人才净流入占比从 5.8% 增至 14.0%，人才持续向东部集聚，得益于雄厚的经济基础和较高的战略定位；东北、中部、西部地区人才持续净流出，且 2022 年净流出占比加大。

简言之，近年来中部、西部地区和东北地区的城市，尤其是中部地区和东北地区对人才的吸引力较弱，而东部地区，尤其是东部地区的一线城市，各行各业各类人才均主动流向东部地区。

二、人才创新能力不充足

（一）高校创新能力短板明显

《美国新闻与世界报道》大学排名、英国教育组织（QS）世界大学排名、《泰晤士报》高等教育世界大学排名、上海交通大学的学术排名是高校综合实力的"风向标"。通过 2023 年上述四个主流大学排行榜中前 100 名院校上榜统计数据（见图 5-2），美国、英国、澳大利亚和德国平均分别有 34 所、11 所、8 所和 6 所。而中国（含香港地区）仅有 10 所高校进入前 100 名。

结合上述数据来看，近年来，我国高校创新能力整体水平得到大幅提升，但横向比较来看，与发达国家相比，仍有非常明显的差距。

（二）拔尖创新人才差距较大

优秀科研人才是科技创新的关键，拔尖创新人才是科技创新的核心力量。当前，我国面临着拔尖创新人才不足的问题，主要体现在研究与开发领域，拔

向新而行：发展新质生产力

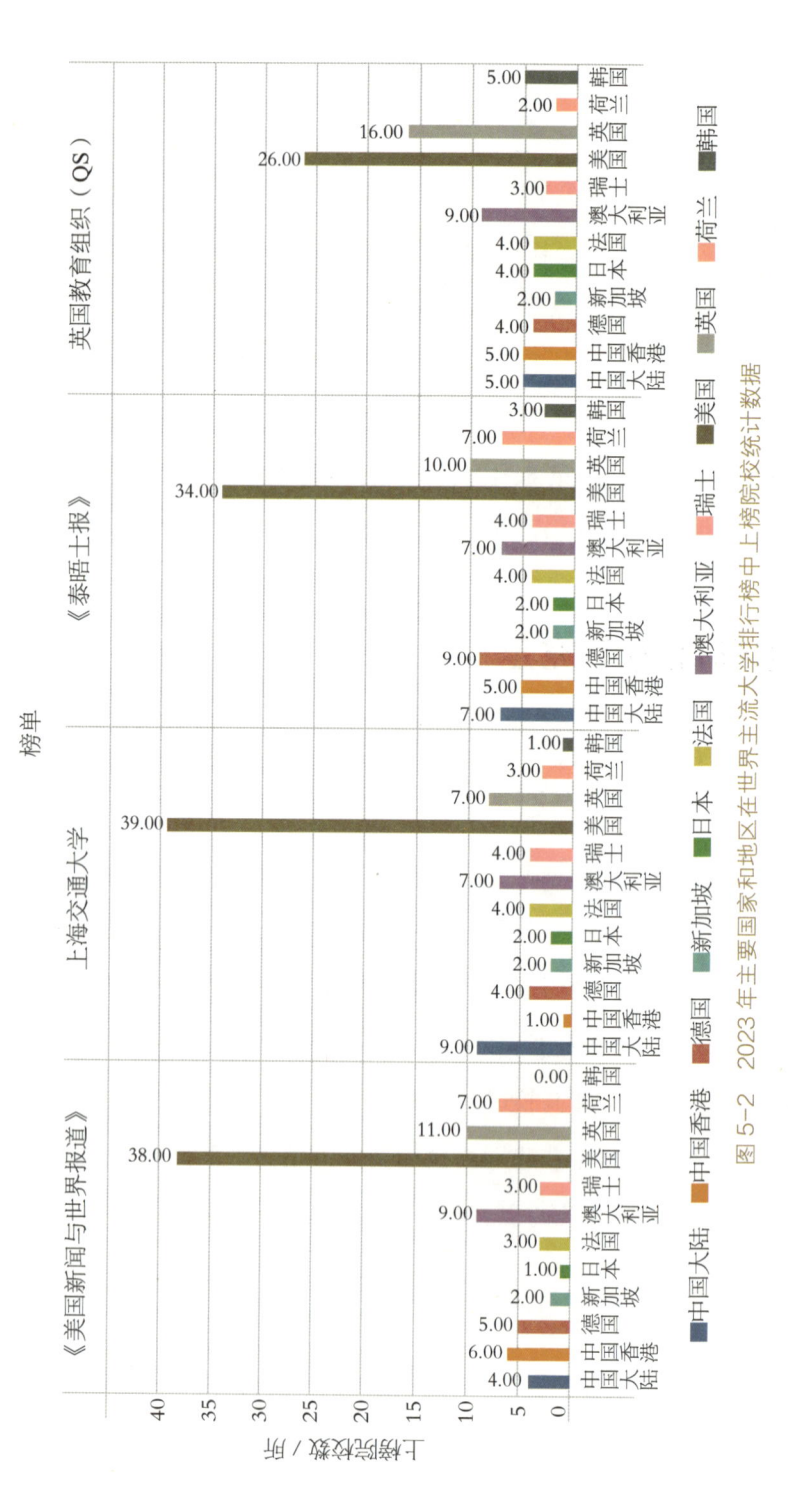

图 5-2 2023年主要国家和地区在世界主流大学排行榜中上榜院校统计数据

尖创新的研究与开发人员数量和质量与世界前沿水平差距较大；在制造业等转化与应用领域，人才配置结构不充分、不合理。

在研究开发与科技创新领域，主要通过科技部发布的《中国科技人才发展报告》，以及人才蓝皮书《中国创新人才发展报告（2023）》等行业报告中的数据，分析我国的创新人才发展情况。

在研究与开发领域，中国科技人才总量快速增长，2019年全国研究与试验发展（R&D）人员总量为713万人，是2015年的1.3倍。但横向比较，中国在科技人才力量储备方面与发达国家还有不小差距。2021年，中国每百万人中研究人员数为539人，低于美国（3496人）、日本（5078人）、德国（3168人）、法国（2916人）等发达国家，与高收入国家平均水平（3036人）差距也十分明显。2024年，中国全球创新指数排名已从2012年的第34位上升到第11位。近十年来，中国R&D人员全时当量也不断提升。但是，全国R&D人员在R&D人员全时当量中的占比仅为43.9%，低于世界主要经济体（50%）。其中，基础研究人员全时当量占比还有下降趋势。在R&D人员投入强度、基础研究人员在R&D人员中的占比上，中国与世界主要发达国家相比仍有不小差距。

在科技创新领域，中国创新人才发展指数在2014年至2023年呈增长趋势，年均增长率为41.92%。早期创新人才指数增长速度较快，2016年以后增长速度逐步减缓，增长率维持在20%~35%。中国创新人才投入、创新人才转化、创新人才效能指数在2014年至2023年均呈增长趋势，年均增长率分别为50.48%、36.74%、40.89%；创新人才投入指数总体呈增长趋势，说明创新人才结构趋于优化，2016—2023年，年均增长率为35.83%；创新人才转化指数增长速度略有放缓，2016—2023年，年均增长率为21.18%。[①]

---

① 参见徐芳、何勤、陈书洁《中国创新人才发展报告（2023）》，社会科学文献出版社2016年版。

向新而行：发展新质生产力

在转化与应用领域，以工业制造业为例，在工业领域，正常的人才结构为 1 位科学家、10 位工程师、100 位技能人才。在日本，整个产业工人队伍中的高级技工占比为 40%，德国高达 50%，而我国这一比例仅为 5% 左右。千万级别的技能人才缺口，成为制约中国制造升级的另一个瓶颈。

拓展阅读

诺贝尔奖背后的人才之争

诺贝尔奖是世界科学、文学和和平领域最高荣誉的奖项，体现了各国在人才培养、科学研究和技术创新方面的实力。美国和日本在诺贝尔奖获得者的数量上占据领先地位，这与它们在教育、科研投入和创新文化上的重视密切相关。主要国家诺贝尔奖获奖情况如图 5-3 所示。

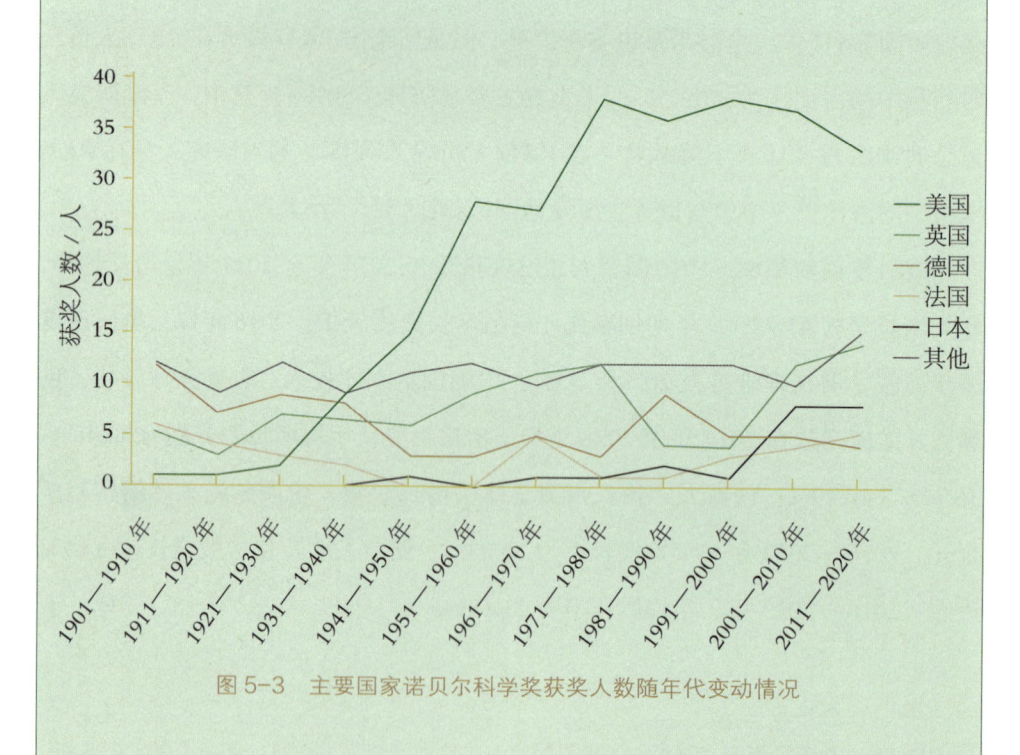

图 5-3 主要国家诺贝尔科学奖获奖人数随年代变动情况

美国有世界最多的诺奖得主，据统计，从 20 世纪初到 2014 年，美国自然

> 科学诺奖获得者有 308 人，占世界诺贝尔奖获得者的比例为 47.5%。日本虽然在人口规模上不及美国，但其在科学研究和技术创新方面同样表现出色。21 世纪以来，18 年间日本有 18 人获得诺贝尔奖，平均每年 1 人，21 世纪获奖人数仅次于美国，世界排名第二。

三、人才发展体制机制不适应

科技创新是新质生产力发展的核心驱动因素。综观国际经验，构建完整的、系统的、有效的科技创新体系，需要搭建"三位一体"的格局，即一大批能够开展基础研究的大学和科研机构，一大批能够进行规范化科技成果转化和应用的企业或机构，一个开放的金融支持系统。下面分别探讨当前的人才发展体制机制存在的问题。

（一）人才培养体系不健全

当前，关于基础研究的人才发展来源、人才评价机制与当前的培养需求难以相适应。具体而言，大幅度推进科学研究与技术创新领域的基础研究，需要有大量的具备原创性科研兴趣和科学探索精神的人才资源，这种科研兴趣与探索精神需要从基础教育时期开始就有针对性、有意识地进行培养。在人才评价机制方面，当前除在破除"唯论文""唯帽子"等片面的评价机制之外，还需要关注是否将基础研究过度歪曲为应用研究，单纯强调实用价值而不强调知识创造价值的问题。

（二）成果转化体系不完善

受技术、市场和制度因素的制约，在科技与经济社会发展需求之间能否出现正反馈和报酬递增效应，是不确定的；尤其在受市场和制度约束创新主体的创新行为存在高度不确定性条件下，科技与经济社会的融合会出现所谓的"隔绝机制"，即科技与经济的"两张皮"现象。自主创新动力不足、科技成果转化率低和有效科技供给不足，是"隔绝机制"存在的重要表现。中国科协发布的《2021—2022学科发展报告综合卷》指出，2022年我国有效发明专利产业化率为34.7%，其中企业为44.9%，科研单位为11.3%，高校为3.8%，[①]而据相关研究推算，美国高校成果转化率目前约为50%。从人才发展角度来看，当前我国尚未建立关于应用转化方向的学科和专业，缺乏专门的培养体系和培养标准，导致我国在智力成果转化方面困难重重。

（三）科研成果转化"最后一公里"难题

1. 科研成果落地应用的相关政策法规体系尚待健全

尽管我国在科技成果转化方面已出台了一系列政策法规，但相较于快速发展的科技创新实践，这些政策法规的完善程度仍有待提升。部分领域存在政策空白，导致科技成果转化过程中缺乏明确的指导与规范。此外，政策执行力度不一，也在一定程度上制约了科技成果的有效转化。因此，建立健全科技成果转化政策法规体系，明确各方权责，强化政策执行与监督，是推动科技成果转化工作深入开展的关键所在。

2. 科研成果商业化应用的专业服务力量亟待加强

科技成果转化是一项复杂而系统的工程，需要专业的服务机构与人才提供全方位的支持与服务。然而，目前我国在科技成果转化专业服务领域仍存在明显的短板。一方面，专业服务机构数量不足，服务范围有限，难以满足日益增长的科技成果转化需求；另一方面，专业人才短缺，尤其是具备跨学科背景、

---

① 参见中国科学技术协会主编《2021—2022学科发展报告综合卷》，中国科学技术出版社2022年版。

熟悉市场运作的复合型人才更是凤毛麟角。因此，加强专业服务机构建设，培养引进专业人才，提升服务能力与水平，是推动科技成果转化工作取得实效的重要保障。

3. 科研成果转化是否成功的评价体系构建任重道远

有效的评价体系是引导科技成果转化的重要手段。然而，目前我国尚未建立起一套科学、合理、全面的科技成果转化评价体系。现有评价体系往往侧重于科技成果的学术价值或技术先进性，而忽视了其市场潜力与经济效益。这种"重学术、轻市场"的评价导向，在一定程度上制约了科技成果的转化与应用。因此，构建以市场需求为导向、以经济效益为核心、兼顾学术价值的科技成果转化评价体系，是激发科研人员转化积极性、提升科技成果转化效率的关键举措。

（四）人才自由流动制度藩篱

1. 体制内外的人才流动壁垒

体制内外人才流动壁垒较深的根源在于不同系统间政策环境、激励机制及文化氛围的差异。一方面，体制内单位往往拥有较为稳定的职业路径和福利待遇，但也可能伴随着创新动力不足、晋升渠道有限等问题。另一方面，体制外企业以其灵活的市场机制、快速的决策流程和丰富的创新资源吸引着大量人才，但职业稳定性与保障相对较弱。要打破这一壁垒，需从以下几个方面着手：一是优化政策环境，制定更加开放、包容的人才政策，鼓励和支持人才在体制内外自由流动；二是完善激励机制，建立科学合理的薪酬体系与评价体系，确保人才无论身处何地都能获得与其贡献相匹配的回报；三是加强文化交流与融合，促进不同体制间文化的相互理解和尊重，形成共同的价值追求。

2. 产学研人才交流不畅

产学研人才交流不畅是制约我国创新体系效能发挥的另一大瓶颈。高校与科研机构拥有丰富的科研资源和人才储备，但往往缺乏将科研成果转化为实际生产力的有效途径；而企业则贴近市场需求，具备将技术转化为产品的能力，却常因缺乏核心技术或创新资源而陷入发展困境。促进产学研深度融合，关键在于搭建高效的信息交流平台与合作机制。一是可以建立产学研合作联盟或创新平台，通过定期举办交流会、研讨会等形式，促进各方之间的信息共享与资源对接；二是鼓励高校与科研机构设立技术转移中心或成果转化基金，为科研成果的商业化提供资金支持和专业服务；三是企业也应积极参与到科研活动中来，通过联合研发、委托开发等方式，提升自身技术创新能力。

第三节 让金字塔尖上的人才冒出来

一、坚持党管人才重要原则

（一）抓住党管人才"牛鼻子"

坚持党管人才的重要原则是强化人才管理是构建高素质人才队伍、激发人才潜能的关键所在。经过多年的发展与完善，党管人才已成为中国特色社会主义人才观的核心要素，指导着我们党在人才工作领域的实践。其核心在于，党在遵循人才成长和人才工作规律的基础上，发挥其在人才工作中的战略谋划、关键把控和宏观管理作用，涵盖政策制定、环境营造、协调合作、机制完善等方面。通过科学指导、有力保障和积极推动，实现人才资源的充分解放、有效发展和合理利用，为人才强国战略的实施提供坚实支撑。在当前经济转型升级、创新驱动发展的新时代背景下，人才作为第一资源的地位越发凸显。为加快发展新质生产力我们必须坚持党管人才原则，深化对人才工作的认识，完善党管人才的工作格局。目前，我国已形成了党委领导、组织部门统筹、各部门协同配合、用人单位发挥主体作用、社会各界广泛参与的人才工作体系。这一体系不仅是我们实施人才强国战略的重要保证，也是提高党的执政能力、推动人才工作取得新成效的关键所在。

（二）打造党管人才"工具箱"

2019年9月11日，习近平总书记在科学家座谈会上提出："坚持面向世界科技前沿、面向经济主战场、面向国家重大需求、面向人民生命健康，是做好人才工作的目标方向。"

1. 紧跟世界科技前沿步伐

在全球科技竞争日益激烈的背景下，我们必须具备前瞻性的眼光，紧跟世界科技前沿的步伐。因此，人才工作要紧密围绕国际科技发展趋势，加强与国际先进科技机构的交流合作，引进国际一流的创新人才和团队，同时加大本土创新人才的培养力度，培养出一批具有国际视野、创新精神和实践能力的高素质人才。在培养创新人才的过程中，我们要注重跨学科、跨领域的交叉融合，打破传统学科的界限，鼓励人才在多个领域进行探索和创新。同时，我们还要加强科研基础设施建设，提供先进的科研设备和良好的科研环境，为人才创新提供有力保障。

2. 人才链和产业链同频共振

经济发展是国家繁荣富强的基础，而人才是推动经济发展的关键因素。因此，人才工作要紧密围绕国家经济发展战略和产业结构调整的需求，打造与产业发展紧密结合的人才队伍。我们要加强产业人才需求分析，根据产业发展趋势和市场需求，制定人才培养计划和政策措施。同时，我们还要加强校企合作，推动产学研深度融合，鼓励企业参与人才培养过程，提高人才的实践能力和职业素养。

向新而行：发展新质生产力

拓展阅读

"四链融合"

党的十八大以来，习近平总书记多次就产业链、创新链、资金链和人才链发表重要论述，有力推动了创新驱动发展战略持续深化。在2013年9月举行的十八届中共中央政治局第九次集体学习和2014年6月召开的两院院士大会上，习近平总书记强调围绕产业链部署创新链，围绕创新链完善资金链，并对完善人才发展机制进行了全面部署。2019年5月，习近平总书记到江西考察，要求江西牵住创新这个"牛鼻子"，走出一条创新链、产业链、人才链、政策链、资金链深度融合的路子。2020年，习近平总书记在陕西、湖南等地调研，在深圳经济特区建立40周年庆祝大会上讲话时，反复强调围绕产业链部署创新链，围绕创新链布局产业链。在2021年5月召开的"科技三会"上，习近平总书记提出创新链产业链融合，并在2022年3月召开的中央全面深化改革委员会第二十四次会议上，强调促进产业链与创新链深度融合。2022年10月，习近平总书记在党的二十大报告中提出，推动创新链、产业链、资金链、人才链深度融合（简称"四链融合"）。

为积极响应总书记关于"四链融合"的号召，北京市政府颁布了《北京市促进未来产业创新发展实施方案》，深入贯彻实施创新驱动发展战略，抢抓新一轮科技和产业变革机遇，促进未来产业创新发展，推动北京教育、科技、人才优势转化为产业优势，更好服务新时代首都高质量发展，提出到2030年，形成一批颠覆性技术和重大原创成果，构建一批应用场景、中试平台和技术标准，培育一批行业领军企业、独角兽企业，建设一批创新中心和创新联盟，培养引进一批战略科学家、产业领军人才、产业经理人和卓越工程师。到2035年，集聚一批具有国际影响力和话语权的创新主体，不断开辟产业新领域新赛道，塑造发展新动能新优势，形成若干全球占先的未来产业集群，建成开拓世界科技产业前沿的人才高地，成为全球未来产业发展的引领者。

上海市政府颁布了《上海市高质量孵化器培育实施方案》，深入实施创新驱动发展战略，加快实现高水平科技自立自强，发挥孵化器在全过程创新、全要素集聚、全链条加速等方面的作用，持续优化本市科创生态体系，助力硬科技企业培育和未来产业高质量发展，全面支撑国际科创中心建设。提出到2025年培育不少于20家高质量孵化器，示范带动不少于200家孵化器实现专业化、品牌化、国际化转型升级；与高新技术开发区、特色产业园区等联动发展，孵化培育1万家科技型中小企业、2000家高新技术企业、300家瞪羚企业、100家科技小巨人企业和一批面向全球，拥有自主、前沿、颠覆性技术的硬科技企业；带动形成若干孵化集群，打造2~3个千亿级产值规模的"科创核爆点"，初步建成全球科技创新企业首选落户城市。

3. 健全人才"引、留、用、选"机制

在人才引进方面，我国正在实施更加精准、灵活的引才政策。未来应当建立更加开放和灵活的引才机制。可以考虑设立"国际人才特区"，在部分高新技术开发区或自由贸易试验区试点实施更加宽松的人才引进政策，如简化工作许可程序、提供税收优惠等。同时，应当加强"柔性引才"力度，通过项目合作、短期聘用等方式，吸引全球顶尖人才参与我国的科技创新活动。此外，还应当建立健全海外人才数据库和评估体系，提高引才的精准度和有效性。

留住人才的关键在于构建长效机制和优化发展环境。未来应当更加注重构建具有国际竞争力的薪酬体系和事业平台。可以探索建立与国际接轨的科研人员薪酬制度，允许科研机构根据人才的创新贡献确定薪酬水平。同时，应当进一步完善科技成果转化的收益分配机制，让科研人员能够更多地分享创新成果带来的经济收益。另外，还应当加大对科研基础设施的投入，为高层次人才提供世界一流的科研条件和创新环境。

在人才使用方面,重点是破除体制障碍,充分释放人才创新活力。为促进产学研深度融合,一些高校和企业联合建立了跨界协同创新平台,如北京大学和阿里巴巴共同成立了人工智能创新联合实验室。在完善科技成果转化机制方面,2022年1月1日开始实施的《科学技术进步法》进一步明确了科研人员的权益,这将有助于激励科研人员积极参与成果转化,推动新质生产力的实际应用。未来应当进一步破除体制机制障碍,最大限度地释放人才创新活力。可以考虑在重点领域和关键行业试点实施更加灵活的用人制度,如允许科研人员在职创业、兼职兼薪等。同时,应当建立跨部门、跨领域的人才流动机制,促进人才在不同行业、不同性质单位之间的自由流动。此外,还应当加强产学研深度融合,建立更多的协同创新平台,为人才提供跨界创新的机会。

人才选拔机制的创新是确保选贤任能的关键。2020年,中共中央、国务院印发的《深化新时代教育评价改革总体方案》强调要"坚决克服唯分数、唯升学、唯文凭、唯论文、唯帽子的顽瘴痼疾",这为人才评价机制改革指明了方向。未来应当构建更加多元化、科学化的评价体系。可以探索建立基于创新贡献的人才评价模型,将科技成果转化效果、产业影响力等因素纳入评价体系。同时,应当进一步完善同行评议机制,引入国际评估,提高人才评价的客观性和公正性。另外,还应当建立动态评价机制,定期对人才的创新表现进行评估,实现优胜劣汰。

总的来看,健全人才"引、留、用、选"机制是一个系统性工程,需要政府、企业、科研机构等多方协同努力。在全球人才竞争日益激烈的背景下,只有持续优化人才发展环境,不断完善人才工作机制,才能为新质生产力的创新突破提供源源不断的智力支持,推动我国在新一轮科技革命和产业变革中赢得主动。

二、统筹推进教育科技人才一体改革

2024年1月，习近平总书记在中共中央政治局第十一次集体学习时强调："要按照发展新质生产力要求，畅通教育、科技、人才的良性循环，完善人才培养、引进、使用、合理流动的工作机制。"在发展新质生产力过程中，科技是第一生产力，人才是第一资源，创新是第一动力，新质生产力发展取决于教育、科技、人才的支撑。

（一）深化教育改革，优化教育资源配置

首先，通过加大教育投入，改善教育基础设施，提高教育质量，为广大学生提供更加优质的教育资源。其次，我们还应注重培养学生的创新精神和实践能力，让他们在实践中学习，在学习中实践，为未来的科技发展打下坚实的基础。最后，我们要加强职业教育和技能培训。随着科技的快速发展，许多新兴行业对人才的需求越来越大。为了满足这些需求，我们应加强职业教育和技能培训，培养更多具有专业技能和实践经验的人才。这些人才将成为科技发展的中坚力量，推动社会经济的持续发展。

拓展阅读

新加坡的教育改革

布鲁金斯学会在2023年至2024年对美国、加拿大、爱尔兰、新加坡等多个国家的教育系统进行比较分析，分别阐释各国结合自身的国情如何改变教育系统，以适应国家发展的需要。在新加坡，政府将政策控制和基础设施集中起来，创建一个高效的体系，根据《新加坡2000年义务教育法》，国家向所有人提供高质量的公共教育，同时将体系分散，将学校发展成以最少政府干预、不

向新而行：发展新质生产力

断改进的学习组织。随着学校自主权的增加，由一个检查员团队组成的集中的外部评估系统转向了基于规则的、形成性的绩效衡量标准的学校自我评估。

新加坡的教育已经从注重满足经济需求和支持学生的学术发展，发展到越来越注重学生的整体发展，包括性格形成、社会参与和自我实现。其对整体教育的重点还在于将教育参数从认知能力和学术表现扩展到其他成长领域，如身体、社会情感和艺术成就。在1997年的《教育期望成果》中概述了学生期望的整体成果，并在2010年通过《21世纪能力和学生成果》框架进一步加强。

新加坡教育政策改革的五个阶段在四个关键方面逐渐发生了系统性转变：（1）从自上而下的政府控制转向为自下而上的举措，增加学校课程、教学和评估的自主权；（2）从集中转向日益生态的整个系统创新；（3）从仿照教师的教学策略转向越来越以学习者为中心的教学方法；（4）从创造学校准入转向注重教学质量。策略相互分层，以使系统向这些所需的方向移动。近期，对侧重于强调学术成就的改革和转型仍在继续，重点是让新加坡学生准备好联系、合作、创造和适应不断变化的环境，由此适应科技创新驱动发展和国际形势错综复杂的新时期。

（二）加强科技创新，推动科技成果转化

科技是推动社会进步的重要动力，也是引领教育和人才创新发展的关键。在一体化发展的战略中，科技应发挥驱动作用，引领教育和人才创新发展。

首先，通过加强科研投入，鼓励科研人员开展创新研究，推动科技成果的转化和应用。这些科技成果将为教育提供新的教学手段和方法，为人才提供新的发展空间和机会。其次，我们要加强科技与教育的融合。通过利用现代科技手段，改进教学方法和手段，提高教学效果和质量。最后，我们还应注重培养学生的科技素养和创新能力，让他们在实践中掌握科技知识，提高科技创新能力。

三、构建世界人才中心和创新高地

在加快建设世界重要人才中心和创新高地方面，主要包括顶层设计和因地制宜开展建设两个方面。

（一）绘好顶层设计"总蓝图"

在顶层设计方面，总体目标可以被分为以下3个阶段。第一阶段，到2025年，全社会研发经费投入大幅增加，科技创新主力军队伍建设取得重要进展，顶尖科学家集聚水平明显提高，人才自主培养能力不断增强，在关键核心技术领域拥有一大批战略科技人才、一流科技领军人才和创新团队。第二阶段，到2030年，适应高质量发展的人才制度体系基本形成，创新人才自主培养能力显著提升，对世界优秀人才的吸引力明显增强，在主要科技领域有一批领跑者，在新兴前沿交叉领域有一批开拓者。第三阶段，到2035年，形成我国在诸多领域的人才竞争比较优势，国家战略科技力量和高水平人才队伍位居世界前列。

（二）推动因地制宜"分步走"

1. 搭建人才中心与创新高地的基础设施

人才中心与创新高地的基础设施主要包括应用场景、数字基础设施和关键配套条件。以发展数字经济的人才中心与创新高地为例，主要包括典型场景、数据资源和配套标准等基础设施。例如，在应用场景方面，深圳于2024年6月发布《人工智能典型应用案例清单》，用于加大人工智能创新产品和应用场景的供需对接力度，宣传推广人工智能应用标杆案例，持续打造全域全时应用场景，包括对79个项目的详细描述；南京则通过征集人工智能、元宇宙等新一代信息技术的应用场景与案例，形成一系列数字经济应用场景，其中，人工智能类包括制造、能源、文旅、金融、交通物流、医疗卫生、政务服务和城市治理；元宇宙类包括工业元宇宙、文旅元宇宙、商贸元宇宙、会展元宇宙、体娱元宇宙、健康元宇宙、教育元宇宙、政务元宇宙和数字人应用。以发展人工智能人才中心与创新高地为例，主要需要配置算力、数据等基础设施，例如，陕西提出搭建人工智能创新高地的主要配置措施包括：强化算力供给，即整合省内算力资源，建设省级算力统筹调度平台，实现算力一网化、统筹一体化、调度一站式，到 2026 年建设运营智能算力达到 3000P 以上，可统筹的公共智能算力达到西部领先水平；扩大数据供给，即加强公共数据的整合开放，探索开展公共数据授权运营机制。加强制造业数据的采集、利用、开发，探索建立企业数据，"标注 + 训练"闭环机制，储备高质量数据集；布局大模型，即以应用场景为牵引、智算中心为承载，积极吸引落地人工智能通用大模型。在垂直行业领域主动布局，采用"通用大模型泛化能力 + 行业标注数据集"微调方式，加快行业大模型的持续突破和优化，不断提升适配性和精度。

2. 构建人才中心与创新高地的政策保障

构建人才中心与创新高地的政策保障，主要针对人才的引进、选拔、任用、发展、流动等各个环节的政策保障体系，提升人才引进的精准性，提高人才选拔的质量，增强人才任用的适宜性，保证人才发展的资源配置，促进人才流动的实效。

拓展阅读

上海构建人才中心与创新高地政策保障体系

上海将科技创新人才制度体系的完善贯穿人才干事创业的全流程，涉及"引、用、评、激、流"等人才发展体制机制改革的各个环节，通过打造人才制度体系的闭环，形成让各类人才既公平竞争又能努力可达的制度导向。

具体而言，一是实施更具吸引力的海外人才制度型开放举措。探索更加符合国际规则的引才机制与途径，优化外国人来华工作许可制度，为尚在创业孵化期的外国人才、STEM 领域的外籍青年人才、战略科技力量外籍团队成员、科技企业外籍骨干等提供高质量的工作准入和准市民服务。二是支持浦东新区建设国际人才发展引领区，争取开展外国人才"一证通用"改革，建立浦东新区外国人才永居推荐"直通车"制度，争取承接外国高端人才审核权，逐步放开专业领域境外人才从业限制，建立国际职业资格证书认可清单制度等。三是完善有利于人尽其才的使用和激励机制。实行"揭榜挂帅"征集技术攻关团队，拓宽项目经费使用"包干制"范围，为人才提供基础研究、应用基础研究与技术创新融通发展的支持机制。完善以增加知识价值为导向的分配机制，优化市属科研事业单位科研人员绩效工资增长机制，对全时全职承担重大战略任务的团队负责人及引进的高端人才实行清单式管理和年薪制。四是深入推进激发人才活力的评价机制改革。优化科技人才数据库等公共产品对用人主体引才育才的支持机制。深入推进多元化科技人才评价机制改革，推行基础研究代表作评价制度，深化细化自然科学系列人才分类评价机制，推动自然科学研究人员高级职称评审权下放到符合条件的科研机构，充分发挥科研单位在职称评审中的主导作用。

四、深化人才发展体制机制改革

我们党始终将人才视为推动事业发展的核心力量，不断优化人才选拔与任用机制。面对激烈的人才竞争，以习近平同志为核心的党中央，倡导建立更为灵活的人才管理机制，消除流动、使用、发挥作用的障碍；解放思想，打破束缚人才发展的传统观念，推动体制机制改革和政策创新；持续优化人才凝聚与发挥作用的机制，激发优秀人才的创新热情。聚焦人才的选拔、吸引与培养，力求快速构建一支规模庞大、富有创新精神、敢于担当的创新型人才队伍。同时，强调建立高效、实用的制度机制，为人才事业的蓬勃发展提供坚实的制度

向新而行：发展新质生产力

支撑。这些新举措，精准地抓住了制约人才发展的关键问题，为人才选用机制的高效运行奠定了坚实基础。

（一）向用人主体授权，充分发挥用人主体能动性

人才怎样用好，用人单位最有发言权，要根据需要和实际向用人主体充分授权，发挥用人主体在人才培养、引进、使用中的积极作用；用人主体要发挥主观能动性，增强服务意识和保障能力，建立有效的自我约束和外部监督机制，确保下放的权限接得住、用得好；用人单位要切实履行好主体责任，用不好授权、履责不到位的要问责。

拓展阅读

北京围绕"三城一区"科技创新主阵地搭建人才体系

北京确立中关村科学城、怀柔科学城、未来科学城和经济技术开发区"三城一区"为科技创新主阵地，聚焦人工智能、量子信息等领域和集成电路、关键新材料等方向，努力形成先发优势。前沿科技创新需要高端领军科技人才。北京制定引才专项行动方案，专家推荐、专班洽谈、部门承接相结合，实施以才引才、大师引大师，"一人一策"提出引进方案，"一事一议"确定引进事项。

北京率先组建人才工作局，成立人才发展战略研究院，构建统一高效的管理体制，做实做强人才支撑责任主体。同时优化人才政策供给，建立服务需求快速响应机制，按需给予人才一揽子支持。赋能65家用人主体重点人才项目自主认定权，出台联合引才支持政策，与81家部属高校、院所和企业合作引才。建立重点企业服务包制度，为755家企业解决用地、财税金融、租金减免及人才落户等需求。

（二）为创新人才松绑，赋予人才关键事项决定权

为人才松绑，才能让人才创新创造活力充分迸发，要积极为人才松绑，完善人才管理制度，做到人才为本、信任人才、尊重人才、善待人才、包容人才；要赋予科学家更大技术路线决定权、更大经费支配权、更大资源调度权，同时要建立健全责任制和军令状制度，确保科研项目取得成效；要深化科研经费管理改革，优化整合人才计划，让人才静心做学问、搞研究，多出成果、出好成果。

> **拓展阅读**
>
> **深圳积极为人才"松绑"和"做减法"**
>
> 为探索更多激发人才创新活力的有效举措，深圳遵循科研活动和人才成长规律，坚持人才管理"做减法"、人才支持"做加法"。放宽科研管理限制，让科研人员在项目申报上少耗费精力，科技项目材料全面精简，实行无纸化申报。让科研经费主要花在人才上，对劳务费占比不设上限，绩效支出占比可达50%；率先试点"包干制"，经费自主使用实现最大化。激发人才创新活力，立法确定市级科技资金投入基础研究不低于30%。
>
> 深圳还先行先试，充分发挥"试验田"作用，勇闯人才发展体制机制改革"无人区"。深圳充分发挥先行先试政策红利，在前海探索港澳居民工作免办就业证，实施了24年的台港澳人员在内地就业许可制度实现突破；通过合伙联营、项目试点、执业备案等特殊机制安排，实现香港税务师、注册建筑师等12类专业人士，仅需执业登记或备案就可直接执业。

（三）用好人才评价，创造有利于人才发展的生态

用好人才评价这个"指挥棒"，才能营造有利于激发人才创新的生态系统，

向新而行：发展新质生产力

要完善人才评价体系，加快建立以创新价值、能力、贡献为导向的人才评价体系，形成并实施有利于科技人才潜心研究和创新的评价体系。

拓展阅读

上海推进人才评价机制改革实施方案

为深入贯彻落实中共中央办公厅、国务院办公厅印发的《关于分类推进人才评价机制改革的指导意见》，创新人才评价机制，发挥人才评价"指挥棒"作用，上海提出了结合本地实际情况的人才评价机制改革实施方案。

上海推进人才评价机制改革遵循坚持党管人才、强化政治引领，坚持以用为本、服务发展大局，坚持遵循规律、彰显科学公正，坚持改革创新、优化管理服务的基本原则。实行分类评价，健全科学的人才分类评价体系。突出品德评价，健全诚信守诺、失信行为记录和惩戒制度。对标国际标准，加快建立接轨国际规则、体现上海特色的人才评价标准体系。科学设置评价标准，坚持凭能力、实绩、贡献评价人才，克服唯学历、唯资历、唯论文等倾向。创新多元评价方式，坚持用人主体评价为主，引入市场评价和社会评价。科学设置人才评价周期，遵循不同类型人才成长规律，克服考核过于频繁的倾向。畅通人才评价渠道，进一步打破户籍、地域、所有制、身份等限制，完善评价"直通车"和"绿色通道"制度。创新和丰富人才评价手段，科学灵活采用考试、评审、考评结合、考核认定、个人述职、面试答辩、实践操作、业绩展示等不同方式，提高评价的精准性。促进人才评价和项目评审、机构评估有机衔接，避免将各类人才计划头衔与人才评价、项目评审、机构评估简单挂钩，统筹建立全市统一的人才计划申报平台。

上海针对不同的人才群体，分别建立了针对科技人才、哲学社会科学与文化艺术人才、医疗卫生人才、教育人才、创新技术技能人才、金融人才、企业经营管理人才、一线青年人才的政策保障体系。

第五章　厚植新质生产力人才根基

在全球化竞争日益激烈的今天,新质生产力的培育发展已成为国家竞争力的核心要素。我国正站在新的历史起点上,坚持政府有为与市场有效相结合,以塑造适应新质生产力的生产关系为主线,深化人才发展体制机制改革,构建充满活力的创新生态,为加快发展新质生产力提供源源不断的人才支撑。

第六章
数据要素市场化配置新进路

加快建立数据产权归属认定、市场交易、权益分配、利益保护制度,提升数据安全治理监管能力,建立高效便利安全的数据跨境流动机制。

——摘自《中共中央关于进一步全面深化改革　推进中国式现代化的决定》

第一节　筑牢根基制度先行

随着大数据、物联网、人工智能、云计算等技术不断发展，数字经济成为世界科技革命和产业变革的重要竞争领域。作为数字经济的核心生产要素，数据在促进技术进步和优化资源配置方面的重要作用日益体现，已快速融入生产、分配、流通、消费、社会服务管理等各个环节，深刻改变着生产方式、生活方式和社会治理方式。

我国高度重视数据的基础资源作用和创新引擎作用，围绕构建适应于数据要素特征的新型生产关系及制度规则体系进行了一系列重大部署（见表6-1）。

表6-1　数据要素基础制度部分政策

时间	名称	内容摘要
2024年10月	《会计师事务所数据安全管理暂行办法》	对接数据安全法要求，构建注册会计师行业数据安全监管体系，明确数据管理要求
2023年12月	《数据知识产权市场化定价指南》（团体标准）	明确了数据知识产权市场化定价中的术语和定义、定价原则、定价标的、定价流程、评价和改进内容
2023年11月	《公共数据授权运营平台技术要求》（团体标准）	围绕数据登记、授权、流通全流程，从功能、性能、运维、安全和互联互通方面明确了技术要求
2022年6月	《国务院关于加强数字政府建设的指导意见》	创新数据管理机制，深化数据高效共享，促进数据有序开发利用，充分释放数据要素价值

续表

时间	名称	内容摘要
2022年4月	《中共中央 国务院关于加快建设全国统一大市场的意见》	加快培育数据要素市场，建立健全数据安全、权利保护、跨境传输管理、交易流通、开放共享、安全认证等基础制度和标准规范
2021年12月	《"十四五"国家信息化规划》	从数据治理、开发利用、立法规范等方面提出加快完善数据要素资源体系
2020年4月	《中共中央 国务院关于构建更加完善的要素市场化配置体制机制的意见》	首次提出土地、劳动力、资本、技术、数据五个要素领域的改革方向，将数据列为生产要素

一、数据基础制度是数据要素价值释放的基石

构建适应新时代要求的数据基础制度，关乎国家的长远发展和安全稳定，也是推进全面深化改革、培育新质生产力的必由之路，对维护国家安全和经济社会发展具有重大意义。

（一）有利于激活数据要素潜能

明确数据权属、规范数据流通、促进数据价值的高效转化，是充分释放数据要素潜能、加速数字经济发展的前提条件。一方面，清晰界定数据产权，能有效激发数据供给方的积极性，鼓励企业与个人参与到数据的创造、收集与分享中来，形成数据资源的良性循环。另一方面，通过建立健全数据市场规则，促进数据要素在不同行业、不同主体之间的自由流动与安全交易，可以极大提升资源配置效率，加速技术革新和产业升级，推动数字经济向更深层次、更高水平迈进。

（二）有利于统筹分配效率与公平

数据作为新型生产要素，对其价值的挖掘和分配直接关系到社会财富的再分配格局。构建数据基础制度，通过合理的制度设计，可以有效平衡数据价值创造与价值分配的关系，既促进效率提升，又确保分配公平，为实现共同富裕目标提供有力支撑。具体而言，建立数据价值评估与分享机制，确保数据产生的利益能够惠及数据的创造者、贡献者，以及整个社会，避免数据垄断造成的资源集中与贫富差距扩大。同时，通过公共数据开放共享、数据援助计划等方式，可以降低中小企业、偏远地区及弱势群体进入数字经济的门槛，促进数字红利的广泛覆盖与均衡分布，真正实现全民共享数字经济发展成果。

（三）有利于提升数据要素治理效能

数据治理能力成为衡量国家治理体系和治理能力现代化水平的重要标尺。构建科学的数据基础制度，不仅是对传统治理体系的补充和完善，更是推动治理体系创新的关键步骤。一方面，通过立法明确数据治理的基本原则与操作规范，为数据安全、隐私保护、跨境流动等问题提供法律依据，增强数据治理的权威性和可预见性。另一方面，强化数据监管与服务能力，运用先进的技术手段监测数据流动，能够及时提升政府数据治理效能和公共服务水平，让民众切实感受到数字化带来的便利。最后，积极参与国际数据治理规则的制定，能够有力推动全球数据治理体系建设，提升我国在国际数据规则制定中的话语权，维护国家数据主权和安全利益。

二、数据基础制度体系的"四梁八柱"

（一）数据产权：权责明晰，形成合规使用的"导航图"

数据产权目前在法律上并没有明确的界定，业界公认的概念一般是指数字设备所有者或使用者对基于数据行为而产生的网络数据，享有使自己或他人在财产性利益上收益或受损的权利，包括数据所有权、使用权、处置权等。数据确权是数据有序流通的前提条件。

国家层面，"数据二十条"提出探索数据产权结构性分置制度，推进数据分类分级确权授权使用和市场化流通交易，逐步形成中国特色的数据产权制度体系。财政部、中国资产评估协会也出台了《数据资产评估指导意见》《企业数据资源相关会计处理暂行规定》等文件，指导数据资产评估和企业数据资产入表工作的开展。地方层面，多地将数据产权制度建设纳入地方性政策文件，制定了数据产权登记管理办法等配套规范文件，北京、浙江、江苏等地已开展数据知识产权登记工作，数据产权制度的落地实践正在加速推进。

由于数据的非物质性、易复制性和无边界传播等特点，数据确权比较复杂，面临技术层面的挑战、法律框架的构建、经济利益的平衡，以及国家安全和隐私保护的多重困境。起步阶段，更强调持有权、使用权、经营权，让数据先动起来、用起来。在未来，数据产权制度需要不断适应发展变化，进一步细化相关规定，平衡数据产权归属和数据共享需求。

（二）数据流通：场内场外，共舞数据交易的"华尔兹"

数据要素市场价值的实现关键在于其流通与交易。要充分挖掘这一潜力，就需要对数据交易机制进行创新，确保市场路径的畅通无阻，并努力减少数据在流通中产生的交易成本。

交易场所划分为场内和场外，两者存在较大区别，需要对应不同的监管和服务体系。场内交易的特性是全方位服务、产品丰富多样、高度合规及明确的操作指引。作为中立第三方，数据交易场所通过提供新型交易技术、固定数据交易证据等方式增进买卖双方的信任，在撮合交易的同时便于追溯和监管。场外交易除了直接的数据交易，更多以内外部数据交互的方式，围绕特定业务场景创造新价值。其特点是交易灵活、形式多样，多为点对点合作。但在缺少标准和监督的情况下，场外数据交易极易产生不合规交易或者数据泄露等情况，潜在风险较大。

实际操作中，各地多数把数据交易所作为主要抓手，基础设施建设和交易规则建构先行，公共数据资源共享先试，推动产权登记、资产评估和特色产品供给等业务发展。长远目标是在场内探索数据资产融资，如数据质押贷款、数据资产担保和数据资产证券化等。跨境数据则由于其敏感性，对监管制度提出特殊要求，主要以逐单审核的方式审核"跨境流动的合规性"，并不涉及"跨境数据交易的合规性"。[1]

（三）收益分配：公平高效，编织数据价值的"共享网"

分配机制直接关系到经济活动中要素调动的积极性。数据要素收益分配制度既涉及数据产权的界定、保护、经济上的实现，又涉及数据要素价值贡献的市场评价，还涉及政府对数据要素收益再分配的调控和治理，处在整个数据基础制度建设的中心环节。[2] 对此，党的十九届四中全会明确要求，应当健全数据

---

[1] 江小涓：《数据交易与数据交互——理解数据要素市场特征的关键》，《中国网信》2024年第1期。

[2] 蔡继明：《解读"数据二十条"：构建公平与效率相统一的数据要素按贡献参与分配的制度》，国家发改委微信公众号，2023年3月22日。

等生产要素"按贡献参与分配"的机制。

贡献价值应坚持"由市场评价"导向，同时发挥政府在收益分配中的引导调节作用。即在初次分配阶段，按照"谁投入、谁贡献、谁受益"原则，推动数据要素收益向数据价值和使用价值创造者合理倾斜；在二次分配、三次分配阶段，重点关注公共利益和相对弱势群体，防止和依法规制资本在数据领域无序扩张形成市场垄断等各类风险挑战。

个人如何参与分配日益成为焦点。由于个人信息数据只有经过汇聚、清洗、标注、结构化等流程方才具备经济价值，更多体现的是企业的劳动成果，市场如何评价和衡量个人的贡献尚有难点。可通过分红、提成等多种收益共享方式，平衡兼顾数据内容采集、加工、流通、应用等不同环节相关主体之间的利益分配。

（四）数据治理：安全弹性，构筑数据王国的"护城墙"

数据治理是数据要素价值实现的基础，其制度建设包括法律法规、政府职责、管理体系等多个层级。

1. 法律法规体系逐步建立

我国始终坚持安全与发展并重，高度重视数据治理制度体系建设。法律规范方面，颁布了《民法典》《网络安全法》《数据安全法》《个人信息保护法》等法律，修订了《保守国家秘密法》《电子签名法》《档案法》等法律，进一步完善了数据治理法律规范体系。

2. 政府职责体系不断优化

国家明确要求充分发挥政府有序引导和规范发展的作用，由国家数据局统筹数字化发展和数据行业管理，通过加强组织保障形成了上下联动、横向协同的数据管理体系；地方层面积极探索数据治理创新实践，上海、广东、福建、山东等省市已经正式颁布相关数据条例，首席数据官、数据经济人等创新举措源源不断。

3. 管理体系日臻完善

管理体系方面,"数据二十条"强调构建政府、企业、社会多方协同的治理模式,增强企业社会责任与自律意识,积极发挥社会力量作用,持续优化治理格局,逐步建立数据要素市场信用体系,加快推进数据管理能力成熟度贯标行动。

拓展阅读

实践探索在行动

◎ 上海：立法先行,多种方式合理构建制度体系

以《上海市数据条例》为引领,形成了"1+3+N"数据基础制度体系。连同国家级数据交易所、数据要素产业、集中统一授权经营模式、产业数据枢纽、特色数据空间及"一链三平台"的数据流通交易体系,为上海的数据要素市场化配置打下了坚实的基石。

◎ 广东："1+2+3+X"数据要素市场化配置改革总体框架

2022年2月,《广东省数据要素市场化配置改革行动方案》正式印发,明确5个方面24项任务,从释放公共数据资源价值、激发社会数据资源活力、加强数据资源汇聚融合与创新应用、促进数据交易流通、强化数据安全保护等方面着力,大力加快培育数据要素市场,主要思路可以归纳为"1+2+3+X"。

◎ 德阳：首个地市级数据要素基础制度体系

从资源、制度、流通、价值、应用等5个领域破题,形成了以数据赋能为核心、数据价值实现为目标、基础制度和核心技术应用为保障的数据要素流通交易市场体系。率先构建"1+4+N"数据要素基础制度体系,搭建"1+6+1"数据要素组织管理运营体系。

向新而行：发展新质生产力

第二节　让数据流向最需要的地方

数据流通是指向其他机构/个人提供数据或许可其他机构/个人接触与利用数据从而实现数据价值创造的行为，包含原始数据的产生与采集，数据处理、组织成数据产品，数据产品登记、挂牌上市，数据产品试用与交易，数据产品交付与服务，以及数据产品使用等关键环节。数据流通和交易，让不同来源的优质数据在新的业务需求和场景中汇聚融合，实现双赢、多赢的价值利用，并通过数据要素市场引导数据要素在供需关系与价格机制的作用下实现最优配置，从而创造更大的经济效益。

一、数据要素流通和交易现状

（一）政策频出，数据流动迈入"快车道"

党的十八大以来，以习近平同志为核心的党中央高度重视数据要素发展。习近平总书记在 2017 年中共中央政治局第二次集体学习时强调"构建以数据为关键要素的数字经济"。党的十九届四中全会首次将数据列为新型生产要素。2022 年 12 月，中共中央、国务院发布《关于构建数据基础制度更好发挥数据要素作用的意见》，明确围绕数据产权、流通交易、收益分配、安全治理等方面加快构建数据基础制度体系，为推动数据流通利用打下制度基础；2023 年 12 月，国家数据局等 17 部门联合印发《"数据要素 ×"三年行动计划（2024—2026 年）》，明确重点围绕工业制造、金融服务、科技创新、绿色低碳等 12 个领域，积极探索数据开发利用的应用场景。此外，财政部等印发了《关于加强数据资产管理的指导意见》和《企业数据资源相关会计处理暂行规定》，肯定了数据资源的资产属性，稳妥推动数据资产开发利用。

受到政策红利的刺激，我国数据资源总量迅速增长，要素流通渠道日益畅通，交易市场规模持续扩大。根据上海数交所联合发布的《2023年中国数据交易市场研究分析报告》，2022年中国数据交易市场规模为876.8亿元，2025年有望达到2046.0亿元。同时，我国数据交易格局逐渐明晰，数据交易市场集聚效应逐渐显现。据不完全统计，截至2024年第一季度，全国数据交易机构有80多家，其中省级数据交易场所近30家，全国共有大数据企业6万余家，其中由国资主导的省级数字化科技平台公司27家，专业数据人才高达30余万人。

（二）百花齐放，多地试点迸发活力

公共数据规模庞大，内容涉及经济社会生活的方方面面，蕴藏着巨大潜能。充分挖掘公共数据价值，尤其是受公共财政支持或在履行公共管理或服务职能中产生的政务数据和公共事业数据价值，对于数据要素价值释放具有重要意义。

1. 政策保障

各地纷纷将公共数据授权运营写入地方法律法规文件。《上海市数据条例》《浙江省公共数据条例》提出了省级公共数据授权运营的原则性规定。《浙江省公共数据授权运营管理办法（试行）》《北京市公共数据专区授权运营管理办法》对公共数据授权运营的管理机制、职责分工、工作流程、安全监督等方面进行了详细规定。此外，成都、济南、青岛、长春、长沙、杭州等地也出台了公共数据授权运营办法或实施细则。

2. 实践探索

北京市在金融、医保、地理空间等领域建设公共数据专区，如北京市经济和信息化局授权给金控集团运营金融公共数据专区，授权给百度、航天宏图和帝测科技运营空间数据专区，加快打造以场景为牵引的公共数据运营生态圈。杭州按照"一场景一清单一审定"原则进行数据授权，加工使用主体按照应用场景申请公共数据，公益性用途无偿授权，市场化用途收益分配通过协议约定。此外，由国资龙头企业主导的行业性数据交易中心崭露头角，电力数据交易中心和港航物流数据交易中心的成立为数据流通交易实践开拓了方向。

（三）形态多元，数据产品日渐丰富

随着数据交易场所的出现，数商和第三方机构介入场内交易，数据价值链在权属界定、价值评估、数据分析等专业服务的加持下不断延长，数据产品也呈现数据衍生品、数据工具、数据服务等多种模式。

1. 数据衍生品

数据衍生品是指基于原始数据经过加工、处理、分析和挖掘后生成的终端产品，包括数据报告、数据可视化、数据趋势研判等。数据衍生品是数据价值释放的重要体现，可以帮助人们更好地理解数据、解决问题和作出决策。例如上海钢联面向产业链上下游各类企业、金融衍生品市场机构、政府等主体需求，开发了商品价格指数系列数据产品，累计形成了 900 多个大宗商品 10 万多条日度价格数据，服务 330 多万个用户。

2. 数据工具

数据工具是指用于处理、分析和管理数据的软件、硬件和系统工具。供应商通常以 SaaS 应用平台的方式，提供数据资源（一般不可见）、数据基础设施和基本算法模型，需求方结合自有数据、算法进行二次加工并获取结果。例如 Shopify 的一站式电商数据服务平台，面向开展电子商务的中小企业和品牌商提供全方位的电商解决方案。商家基于平台提供的 AI 算法、智能购物车等工具，构建自己的在线商店，并进行各种自定义设置，以实现更符合自身需求的运营。

3. 数据服务

数据服务是指供应商以数据价值开发与利用为核心，根据用户请求按条提供的特定数据服务。例如目前在数据交易所挂牌的核验服务产品，即为电信运营商基于用户数据和信令数据，通过 Web 界面或 API 接口，根据购买方输入的"查询请求"返回核验信息，在征信服务和精准营销中有广泛应用。

（四）山重水复，亟须破解四重困境

1. 合规尺度不明确

数据交易既要符合《数据安全法》下的数据合规要求，还要遵守《网络安全法》《个人信息保护法》等方面的要求。政府有关部门发布的文件在具体指导如何合规操作方面仍然缺乏明确的指引，导致企业在实际操作中难以判断自己的做法是否合规，存在较高的法律风险。

2. 价值评估缺手段

数据资产作为一种无形资产，与其他资产相比一个重要的差别是数据资产的价值难以评估。具体而言，应用成本法的问题在于数据生产涉及多元主体，成本不易区分，且贬值因素难以估算；应用收益法时，数据的时效性、使用期限评估又成为难点；应用市场法时，受制于数据要素市场尚不活跃，缺乏足够案例支持。

3. 资产确权难共识

数据确权是数据要素资产化中最基础、最复杂且受到最多关注的环节。"数据二十条"在指导数据资产归属时倾向考虑数据收集者、数据加工者等主体对数据资产的贡献，而复杂的加工方式使得数据价值的归属难以确定。此外，由于数据可复制性和非排他性，各环节主体对数据的控制力相对薄弱，难以参照传统的财产权益保护体系对其应享有的数据权益进行划分、确认和保护。

4. 安全流通多隐患

数据流通涉及多方主体、多个环节，更强调数据全生命周期的内生安全，突出数据流转过程中的持续安全,这种概念的扩充增加了数据安全保护的复杂性和实现难度。数据安全治理能力建设需要从决策到技术、从制度到工具、从组织架构到安全技术的通盘考虑,如何在保障隐私的同时促进数据流通是一个复杂而敏感的平衡问题。

二、数据要素流通和交易主要模式

数据要素流通交易按照交易场所区别可分为场内平台交易和场外企业间的自主交易。目前我国数据流通交易仍以场外交易为主。

(一)场内平台交易

1. 基本概念

场内平台交易主要指在数据交易所和交易中心等正式的交易平台上进行的数据交易活动。在平台上,数据供方可以发布数据产品,明确数据的描述、价格、使用限制等信息;数据需方则可以浏览并选择所需产品,通过平台进行交易撮合和结算。

2. 主要模式

根据平台在数据流通交易中起到的主体作用,场内平台交易可分为第三方撮合和混合交易两种模式(其异同分析见表6-2)。

表6-2 两种模式异同分析

模式名称	是否存储数据	商业化模式	活跃度	市场化程度
第三方撮合	否	单一	不高	不高
混合交易	是	多元化、成熟	高	高

第三方撮合模式是指平台以第三方身份撮合供需双方，允许买卖双方进行多对多的交易，平台本身不参与数据交易，数据定价、使用、转让等均由买卖双方共同约定。在此种模式下，大部分平台本身不存储和分析数据，仅对数据进行必要的脱敏、清洗、审核和安全测试，作为交易渠道，通过数据集、API接口等形式为各类用户提供出售、购买数据的使用权服务，实现交易流程管理。当前我国数据交易服务平台大多采用此种模式，如北京国际大数据交易所、上海数据交易所及深圳数据交易所。

混合交易模式是指平台既以中立身份为供需双方提供撮合平台，又以数据卖方或服务商角色参与数据交易。在此类模式下，平台可以利用自身的数据优势或者采取为客户定制数据的方式进行数据交易，也可以面向特定市场的需要，采集特定资源，根据业务需要组织成数据产品。当前大部分企业市场化运营数据交易服务平台及大部分国外数据交易服务平台主要采用此种模式，如国内数据商业平台数据堂、聚合数据等，国外亚马逊数据市场、Quandl 等。

（二）场外自主交易

1. 模式起源

我国企业间数据直接流通的历史远早于数据要素化概念的诞生。早在 20 世纪 90 年代，以精准营销为主要应用场景的数据流通交易就已经在制造商和渠道商之间产生，并逐渐形成了复杂的生态系统。在这一阶段，交易标的物主要为数据集，即把不同来源的数据进行必要的加工整合和处理，在物理上按照一定的逻辑归集以后，达到一定的规模，形成可重用、可应用、可获取的数据集合。

2. 模式特点

由于数据产品不论在内容上还是在形式上都很难实现标准化，不同需求方对于同一数据源也很可能存在各自的定制化需求，场内交易的标准化产品往往形式单一，交易流程也因合规需求过于烦琐。此外，一些企业作为数据供给方

向新而行：发展新质生产力

时提供的交易数据涉及自身核心业务，不愿在场内交易中留痕。场外交易很好地弥补了场内交易中由于流程过长消弭交易热情、交易双方不愿意留痕等问题。

3. 风险挑战

随着数据要素资产属性的广泛认可和监管体系的不断完善，以数据集为标的物的场外交易经常产生价值认定市场摩擦，同时存在较大的合规风险。近年来，由行业龙头企业组织，面向行业场景应用或供应链上下游的数据联盟模式备受关注。在联盟模式中，数据资源并非用来直接交易获利，核心作用在于通过企业间的数据共享合作，促进业务链条的畅通无阻并催生新的价值。在此过程中，业务链或产业链的所有参与者都能享受到由共同成长带来的收益，上海钢联就是典型案例。

第三节　公共数据授权运营迎来"春江水暖"

一、数据春潮：公共数据授权运营成为破冰石

公共数据如同沉睡的宝藏，蕴藏巨大的经济价值和社会价值，但往往因为缺乏有效的管理和利用而未能充分发挥其潜力。公共数据授权运营，如同一把精心打造的钥匙，能够解锁公共数据这座沉睡的宝藏。

（一）公共数据授权运营从何而来

1. 国家强力推动

2021年3月，"十四五"规划指出要针对公共数据建立健全国家公共数

据资源体系，提出"开展政府数据授权运营试点，鼓励第三方深化对公共数据的挖掘利用"，这是国家层面首次提出"授权运营"。随后，2021年12月《"十四五"推进国家政务信息化规划》《国务院办公厅关于印发要素市场化配置综合改革试点总体方案的通知》出台，提出"开展政务数据授权运营试点""探索开展政府数据授权运营"。2022年1月，《"十四五"数字经济发展规划》要求统筹公共数据资源开发利用，并针对公共数据提出"通过数据开放、特许开发、授权应用等方式，鼓励更多社会力量进行增值开发利用"，公共数据授权运营作为一种全新的公共数据开发利用模式被正式提出。2022年12月，《关于构建数据基础制度更好发挥数据要素作用的意见》提出"建立公共数据、企业数据、个人数据的分类分级确权授权制度"，指出"推进实施公共数据确权授权机制"，为公共数据授权运营提供了制度保障和指引。

2. 地方踊跃创新

各地纷纷将"公共数据授权运营"写入地方性法规制度文件，推进公共数据授权运营的探索与发展。目前已有50余个省（市）相继制定并发布了数据条例、管理办法、实施细则、实施方案等一系列地方政策法规，鼓励推进公共数据授权运营，如表6-3所示。

表6-3 2021—2024年各地出台的公共数据授权运营政策法规

时间	地区	名称
2021年3月	浙江省	《浙江省公共数据条例》
2021年6月	深圳市	《深圳经济特区数据条例》
2021年11月	上海市	《上海市数据条例》
2021年11月	广东省	《广东省公共数据管理办法》
2021年12月	江苏省	《江苏省公共数据管理办法》
2022年1月	山东省	《山东省大数据发展促进条例》

续表

时间	地区	名称
2022年7月	河北省	《河北省数字经济促进条例》
2022年7月	重庆市	《重庆市数据条例》
2022年7月	黑龙江省	《黑龙江省促进大数据发展应用条例》
2022年11月	贵州省	《贵州省政务数据资源管理办法》
2023年1月	四川省	《四川省数据条例》
2023年4月	青岛市	《青岛市公共数据运营试点管理暂行办法》
2023年7月	广州市	《广州市数据条例（征求意见稿）》
2023年7月	包头市	《包头市公共数据管理暂行办法》
2023年7月	长沙市	《长沙市政务数据运营暂行管理办法（征求意见稿）》
2023年8月	浙江省	《浙江省公共数据授权运营管理办法（试行）》
2023年8月	长春市	《长春市公共数据授权运营管理办法》
2023年8月	温州市	《温州市公共数据授权运营管理实施细则（试行）（征求意见稿）》
2023年8月	湖南省	《湖南省数字经济促进条例（草案送审稿）》
2023年9月	杭州市	《杭州市公共数据授权运营实施方案（试行）》
2023年9月	深圳市	《深圳市公共数据开放管理办法（征求意见稿）》
2023年10月	衢州市	《衢州市公共数据授权运营实施细则（试行）（征求意见稿）》
2023年10月	厦门市	《厦门市公共数据授权运营管理暂行办法（征求意见稿）》
2023年10月	大理白族自治州	《大理州公共数据授权运营管理办法》
2023年11月	烟台市	《烟台市公共数据授权运营管理暂行办法（征求意见稿）》
2023年11月	淮安市	《淮安市公共数据授权运营实施方案（试行）》
2023年11月	湖北省	《湖北省数据交易管理暂行办法（征求意见稿）》
2023年11月	德州市	《德州市公共数据授权运营管理暂行办法》

续表

时间	地区	名称
2023年11月	盐城市	《盐城市公共数据授权运营管理暂行办法（公开征求意见稿）》
2023年11月	舟山市	《舟山市公共数据授权运营实施方案（试行）（征求意见稿）》
2023年11月	绍兴市	《绍兴市公共数据授权运营管理实施细则（试行）（征求意见稿）》
2023年11月	宁波市	《宁波市公共数据授权运营管理实施细则（试行）》
2023年11月	天津市	《天津市公共数据质量的管理和评价指南（试行）》
2023年11月	云南省	《云南省公共数据管理办法（征求意见稿）》
2023年11月	太原市	《太原市政务数据资源共享实施办法》
2023年12月	济南市	《济南市公共数据授权运营办法》
2023年12月	北京市	《北京市公共数据授权运营管理办法》
2023年12月	北京市	《北京市公共数据专区授权运营管理办法（试行）》
2024年1月	苏州市	《苏州市公共数据授权运营管理办法（试行）（征求意见稿）》
2024年1月	深圳市福田区	《福田区公共数据授权运营暂行管理办法》
2024年1月	金华市	《金华市公共数据授权运营实施细则（试行）》
2024年1月	天津市	《天津市公共数据授权运营试点管理暂行办法》
2024年1月	银川市	《银川市公共数据授权运营试点实施方案（2024—2025年）（试行）》
2024年2月	无锡市	《无锡市公共数据授权运营管理办法（试行）》
2024年2月	丽水市云和县	《云和县人民政府办公室关于印发云和县公共数据授权运营管理实施细则（试行）》
2024年3月	吉林市	《吉林市公共数据授权运营管理办法（试行）（征求意见稿）》
2024年3月	菏泽市	《菏泽市公共数据授权运营管理暂行办法（征求意见稿）》

续表

时间	地区	名称
2024年3月	舟山市	《舟山市人民政府办公室关于印发舟山市公共数据授权运营实施方案（试行）的通知》
2024年4月	丽水市松阳县	《松阳县公共数据授权运营管理实施细则（试行）》
2024年4月	南京市	《南京市公共数据授权运营管理暂行办法》
2024年4月	龙泉市	《龙泉市公共数据授权运营管理实施细则（试行）（征求意见稿）》
2024年5月	河北省	《河北省公共数据授权运营管理办法（试行）（征求意见稿）》
2024年5月	绍兴市	《绍兴市公共数据授权运营管理实施细则（试行）》
2024年5月	威海市	《威海市公共数据授权运营管理暂行办法（征求意见稿）》

（二）公共数据授权运营的内涵理解

1. 概念界定

公共数据授权运营作为一项颇具创新性的公共数据开放利用方式，国家层面尚未明确其定义。"数据二十条"提出"对各级党政机关、企事业单位依法履职或提供公共服务过程中产生的公共数据，加强汇聚共享和开放开发，强化统筹授权使用和管理"，在一定程度上对公共数据作出了定义和规范。参考《上海市公共数据共享实施办法（试行）》《浙江省公共数据条例》《青岛市公共数据运营试点管理暂行办法》等法规政策文件，公共数据可以定义为国家行政机关、法律法规规章授权的具有管理公共事务职能的组织，以及供水、供电、供气、公共交通等提供公共服务的组织（以下统称"公共管理和服务机构"），在依法履行职责和提供公共服务过程中收集和产生的数据。

2. 主要特点

公共数据体量大、价值高，蕴藏巨大的经济和社会价值，但涉及国家安全、商业机密和个人隐私，数据直接分享或无限制开放存在风险，导致大多公共数据被束之高阁于政府行政机关及公共事业单位内部，其内在价值未能得到有效挖掘和利用。鉴于此，有必要引入市场化开发利用机制，对公共数据进行脱敏脱密处理后向社会有偿开放，从而增大公共数据供给。其中，公共数据授权运营作为与共享、开放并存的三种公共数据开发利用方式之一，在针对性、指向性、可控性、专业性、竞争性等方面具有较为明显的比较优势，也更能充分体现公共数据的要素特征和价值，近年来成为公共数据开发利用主流模式。

3. 参与主体

从公共数据授权运营产业生态来看，围绕数据及数据产品涉及的市场参与主体包括：数据供给方，负责公共数据、行业数据和个人数据的供给；数据需求方，基于数据进行开发或直接使用数据产品的企业或组织；授权运营主体，获得政府授权的数据运营公司，在公共数据授权运营平台上进行数据加工处理形成服务或产品，如上海数据集团、成都数据集团等；数据交易所，为数据运营参与方提供资源整合、信息发布、交易撮合等服务的场所，如上海数据交易所、广州数据交易所等；技术型数商，为数据采集、数据治理、数据安全等提供技术支撑，如浪潮云、华为等；应用型数商，提供数据开发利用工具、数字化转型服务等，帮助千行百业挖掘数据价值，如北方健康、德生科技等；服务型数商，提供数据质量评估、风险评估、合规交付等服务，如律师事务所、会计师事务所等；数据运营监管方，负责公共数据授权运营的统筹协调、合规监管等的政府管理部门等，如北京市政务服务和数据管理局。公共数据授权运营产业生态如图 6-1 所示（本图来源于 IDC《中国公共数据授权运营市场及技术分析 2024》，此处有修改）。

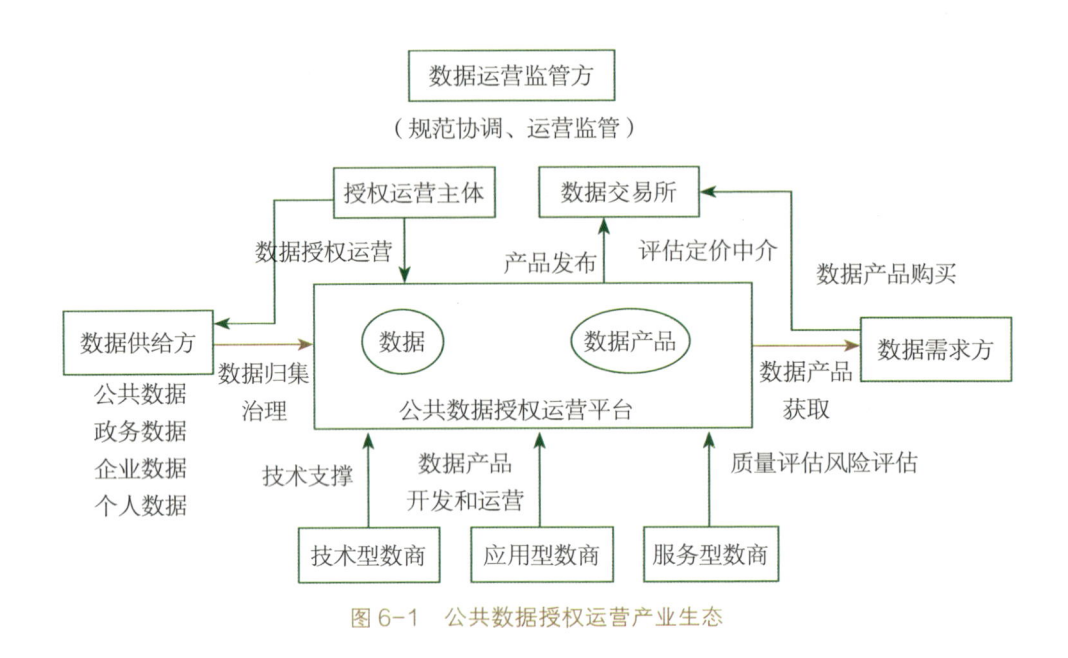

图 6-1 公共数据授权运营产业生态

二、百花齐放：公共数据授权运营绽放绚烂篇章

在国家法规政策的引领下，各地政府纷纷开展各具特色的探索实践，形成了各具特色的公共数据授权运营模式。

（一）上海市：国有企业垄断的集中授权运营模式

1. 发展定位

2022年9月，上海市组建上海数据集团有限公司，定位为上海公共数据和国企数据的授权运营主体和上海一体化城市大数据资源基础治理的支撑主体，承担数据收集存储、加工处理、交易流通等数据核心产业，并负责公共数据运营平台的建设运营，为公共数据提供安全可信的开发利用环境。

2. 模式分析

由政府集中授权当地一家国有企业作为公共数据授权运营主体，在当地数据主管部门的监督管理下，开展公共数据运营平台建设和公共数据开发利用等工作，形成可流通的数据产品和服务。当地数据主管部门不区分场景将当地所有公共数据一揽子授权给国资背景的独家授权运营主体进行开发、运营和生态建设，便于实现对授权运营主体和公共数据的统一管理，有利于数据加速融合汇聚、流通利用，并通过统一运营有效降低公共数据在存储及使用中的安全风险，但也会存在数据垄断、单一授权运营主体不具备对各行业领域数据足够专业的运营能力等问题。如图 6-2 所示。

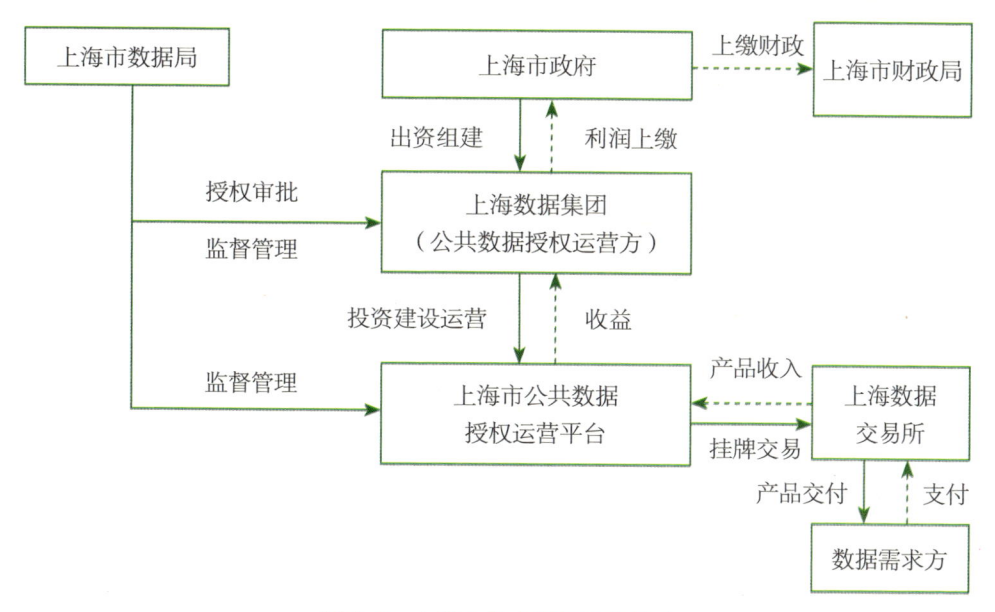

图 6-2 上海市集中授权运营模式

（二）北京市：以场景为牵引的分领域分散授权运营模式

1. 改革举措

2020 年 4 月，北京市发布《关于推进北京市金融公共数据专区建设的意见》，提出依托市级大数据平台建设金融公共数据专区，加强北京市公共数据在金融及社会领域的应用，助力普惠金融发展。随后，北京市于 2020 年 9 月启动金融公共数据专区，授权北京金融大数据公司为金融专区公共数据授权运营主体，通过对公积金、社保、医保、不动产税务、工商等公共数据汇聚治理，已经实现了普惠金融、信用医疗、政策通达兑现等不同细分场景的应用。2023年，北京发布了《关于更好发挥数据要素作用进一步加快发展数字经济的实施意见》，进一步将北京公共数据专区从金融拓展到医疗、交通、空间等更广泛的领域。

2. 模式分析

该模式从行业和场景需求出发，由当地政府分别授权多家地方国企作为不同行业领域的公共数据授权运营主体，可以让"更专业的人做更专业的事"，从而更高效地对该领域数据开发出更高价值的数据产品或服务，并且可以有效避免数据垄断等问题，有助于构建多主体参与公共数据开发利用的市场生态。如图 6-3 所示。由于授权运营主体较多，会存在多类主体间数据协同问题，并且增加了数据主管部门的管理难度。

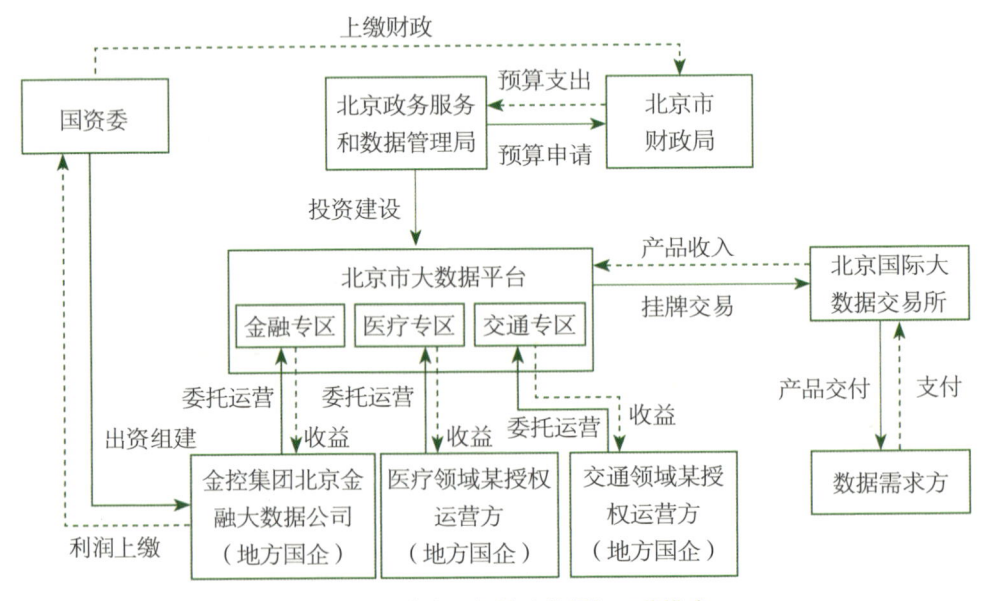

图 6-3 北京市分领域分散授权运营模式

（三）福建省：多开发主体的分级授权运营模式

1. 创新举措

2021年8月，福建省成立福建省大数据集团，其下属的省大数据开发有限公司作为全省公共数据资源的一级开发主体承担公共数据汇聚治理、安全保障、开放开发、服务管理等具体支撑工作，通过对公共数据进行汇聚、整合、治理、脱敏脱密等一系列处理，形成数据资源。二级开发主体即数据使用主体，主要包括数据使用单位和公共数据开发服务商，通过"一模型一评估、一场景一授权"[①]向数据主管部门申请数据资源，审批通过后基于应用场景获取一级开发主体汇聚治理的数据资源，然后进行开发利用，形成数据产品或服务。

2. 模式分析

该模式下，由全资国有数据集团作为授权运营主体，有利于政府对公共数据拥有较强的掌控力；多个二级开发主体的创新模式，有利于发挥市场化的有效性，可以更高效地对公共数据进行开发利用，并且避免了数据垄断的发生。同时，一级开发主体也可能具备从数据供给、开发利用到交易等市场化全链条能力，从而对二级开发市场构成竞争。如图6-4所示。此外，随着公共数据有偿使用制度的推广，在有偿使用、收益分配等环节中一级开发主体与二级开发主体如何协商，也需要进一步讨论。

---

① 中国联通研究院：《公共数据授权运营系列分析：以福建为例看懂两级授权运营模式》。

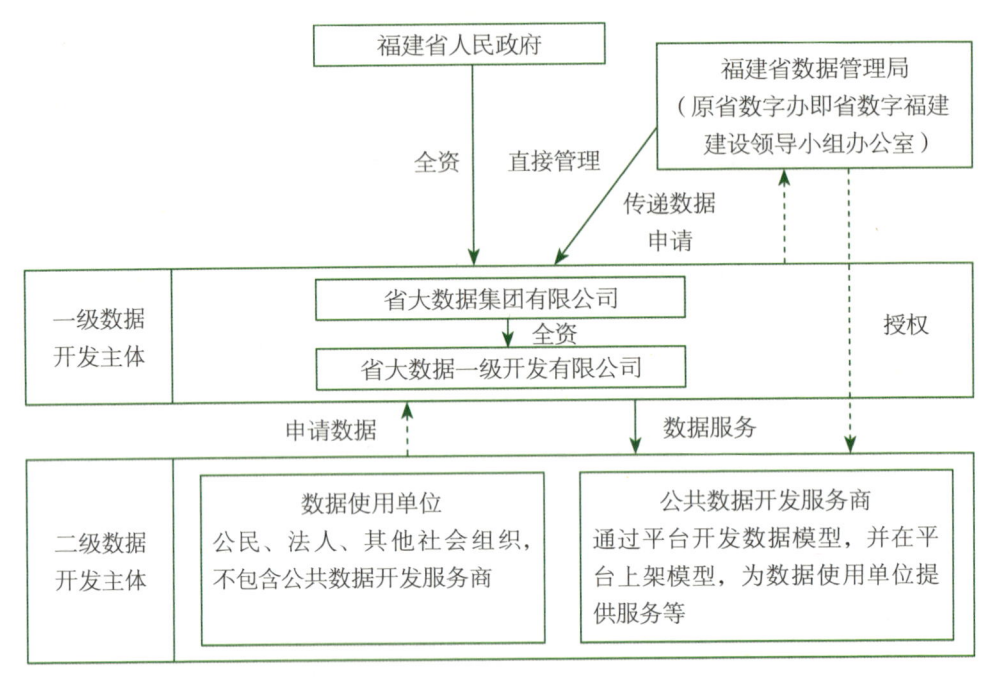

图 6-4　福建省公共数据分级授权运营模式

三、暗礁隐现：公共数据授权运营的挑战与反思

整体来看，我国公共数据授权运营的发展仍处于萌芽阶段，在运营机制、数据供给、应用场景、收益分配等方面仍存在问题和不足，影响公共数据运营规范化水平和开发利用成效。

（一）公共数据授权运营机制体制尚不健全

目前，国家层面尚未建立统一的公共数据授权运营法规政策，哪些属于公共数据、哪些公共数据可以授权运营、如何授权运营都没有形成共识。从各地发布的公共数据授权运营政策文件可以看出，各地政府机构及数据主管部门对公共数据授权运营的理解与执行存在差异，各地探索实践的模式与流程各不相同，存在潜在的安全与合规风险。同时，运营体系搭建也存在问题，运营主体的准入机制和准入标准不明确，地方性数据集团公司、平台建设运营公司等在数据方面的技术水平、服务能力与实践经验参差不齐。公共数据授权运营"国进民退"现象凸显，而其他具备相应能力和资质的市场主体参与难度较大。

（二）数据资源供需对接存在不足

从供给侧看，当前多地政府或数据主管部门积极推进公共数据授权运营，但大多只是进行政策发布、设立运营主体、建设运营平台等标准流程，忽略了对公共数据资源供给的重视。另外，多数公共部门受限于自身发展水平，掌握的实际能汇聚的公共数据资源不足，各地对公共数据的治理不够完善，提供的公共数据资源质量不高。[①]此外数据安全尚未能得到充分保障，数据泄露的风险高于数据开发利用的收益，从而导致公共数据供给体量不足、供给质量不佳、供给效率不高等一系列问题出现。

从需求侧看，公共数据存储和管理仅聚焦政务服务等少数场景，而未考虑更多需求方的应用需求，缺少清晰定向、整理和深度加工，因此难以符合多元化的应用需求，从而需求侧难以高效开发利用现有的公共数据，导致供需失衡。

（三）应用场景挖掘不充分

目前，公共数据授权运营主要集中在政务服务、金融等领域，实际应用业务场景商业价值不高，更多的只是数据的交换和交易，缺乏创新性和价值化场景，投资回报率低。很多地区存在"不知道怎么用数据""不知道用在哪"等问题，部分地区开展公共数据授权运营的应用场景较为单一，也有部分地区因没

---

① 中国信息通信研究院：《公共数据授权运营发展洞察（2023年）》。

有实际应用场景而难以开展授权运营。

原因有三：一是公共数据的整体基础仍然较为薄弱，且地方与行业的协同也存在卡点，导致公共数据资源难以被全面整合与高效利用；二是部分公共数据运营机构的专业能力和产业经验不足，未能深层次发掘和对接场景需求；三是公共数据授权运营的产业生态建设尚不完善，产业链条仍然较为单一，参与主体数量不够多、衍生产品种类不够丰富。

（四）收益分配制度不完善

公共数据授权运营获得的收益，不只来自数据本身的价值，还包括对数据进行加工及开发利用而产生的价值。因此，提供原始公共数据的公共管理和服务机构，汇聚数据资源并实施授权运营管理的数据主管单位，参与并完成数据加工处理、开发和产品经营的授权运营主体均具备获取收益的权利。一方面，如果数据提供单位、数据主管单位可获得贡献反哺，公共部门将更有动力把更多优质数据资源提供给社会需求方。另一方面，公共数据开发利用本身存在安全风险，如果数据泄露的风险高于数据授权运营的收益，那么数据提供方、授权运营方等参与的意愿都会受到影响。

第四节　数据要素化要实现"多赢"

数据要素化是指通过法律、技术、政策等手段，将数据资源的生产、确权、分配、交易、消费等活动纳入市场体系内进行规范和管理，以实现数据资源的优化利用和价值最大化。

一、数据价值释放是主要目标

数据要素化以高质量市场发展为核心，政府作为引导者，企业作为推动者，公众作为助力者，最终推动形成数据要素大市场，也促进构成政府有为、市场有效、企业有利、公众有感的多赢局面。如图6-5所示。

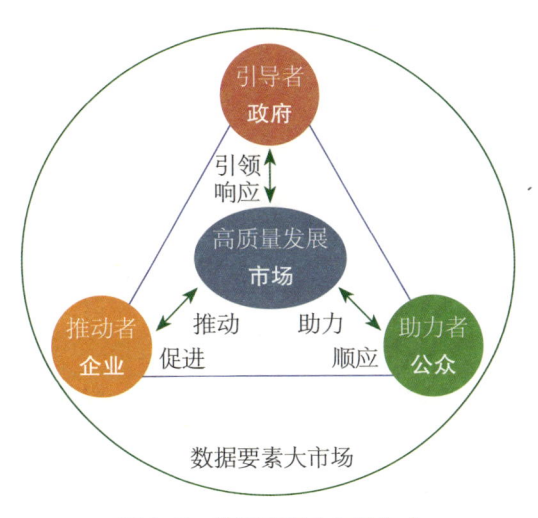

图6-5 数据要素大市场构成

数据要素化是数据要素实现经济价值的重要方式和手段，有利于推动数字经济的快速发展，基于优化配置也能实现数据要素的创造和应用，也有利于加快新质生产力的形成和发展。

数据要素化的关键是实现数据价值的释放，在整个数据要素化的过程中，数据要素与市场化、技术化等手段配合，实现数据价值的不断释放。数据要素化需要经历数据资源化、数据资产化、数据资本化3个渐进的发展阶段，[①] 如图6-6所示。

---

① 参见赵林度、刘丽萍、任雪杰等《"全产业链脉动"：制造业服务化》，科学出版社2021年版。

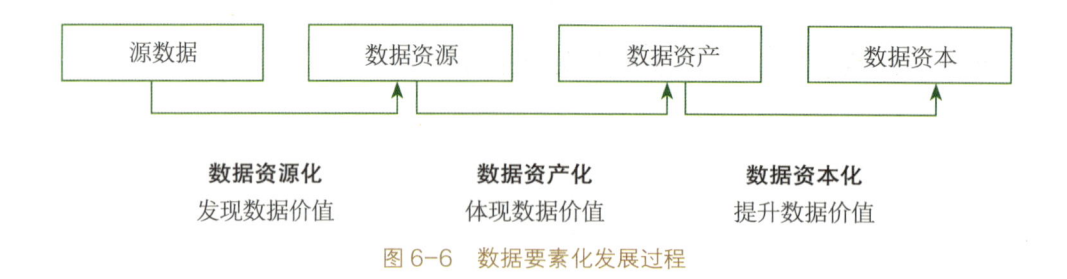

```
源数据 → 数据资源 → 数据资产 → 数据资本
         ↑           ↑           ↑
      数据资源化    数据资产化    数据资本化
      发现数据价值  体现数据价值  提升数据价值
```

图 6-6　数据要素化发展过程

（一）数据资源化："数据矿"发现数据价值

数据资源指可以被识别、采集、加工、存储、管理和应用的原始数据及其衍生物。数据资源化是数据要素化的第一阶段，主要是构建数据资源矿——"数据矿"，是将数据作为基础性、战略性资源进行整合、管理和利用的过程，它关注将源数据转化为有价值的资源，从而便于发现数据价值。

数据资源化的发展阶段可以划分为数据建仓、数据治理、数据应用和数据运营；其核心包括数据的采集、加工、整合、存储，以及数据管理、数据治理、数据共享与交换，形成高质量的数据资源。资源化涉及原始数据的获取及数据后期的加工组织，从而推动数据价值释放。

数据资源化面临的挑战包括数据资源的权属界定、质量、集成、安全保障、持续性和适应性等方面。数据权属，包括数据资源持有权、数据加工使用权和数据产品经营权三方主体和权属。数据质量，原始数据可能存在错误、重复、不完整或过时的问题，确保数据质量是数据资源化的关键。数据集成，不同来源和格式的数据需要集成和统一，涉及复杂的转换和映射过程，以及解决数据不一致性和冲突的问题。数据安全，保护个人隐私和确保数据合规成为数据资源化的一个重要问题，需要确保数据采集、存储和使用符合相关法律法规。数据持续性和适应性，数据资源化是一个持续的过程，需要不断地适应新的技术和业务需求，保持灵活性和适应性是确保数据资源化长期成功的关键。

（二）数据资产化："炼金术"体现数据价值

数据资产是由特定主体合法拥有或者控制，能持续发挥作用并且能带来直接或者间接经济利益的数据资源。数据资产化通过将数据资源转化为可计量的资产，是实现数据价值的核心环节，是数据价值创造过程中的一种质变。

数据资产化可以分为数据资产盘点、数据资产合规确权、数据资产质量评价、数据资产价值评估、会计核算入表、数据产品开发、数据产品登记等环节，如表6-4所示。

表6-4 数据资产化过程组成

序号	环节名称	主要说明
1	数据资产盘点	对企业所拥有或控制的各类数据资源进行全面的清查和统计，包括数据种类、数量、质量、分布、使用情况等，了解企业真实的数据状况，确保数据的完整性和准确性
2	数据资产合规确权	通过对数据来源合规、内容合规、处理合规、管理合规、安全合规、核算合规等内容的合规评估和确权登记，明确数据的权利属性、权利主体和权利内容，是数据资源转化为数据资产的关键环节，是保证数据资产真实性及合法性的必要步骤
3	数据资产质量评价	考察数据在特定条件下使用时，其特性是否满足数据的应用要求。数据资产的质量是影响数据资产价值的重要因素之一。数据资产质量评估的目的是通过一定的评估方法和标准对数据质量进行考察，基于评价结果，发现数据资产存在的潜在质量缺陷，为数据资产的质量达标及价值提升提供参考
4	数据资产价值评估	对企业的数据资产质量和价值进行识别、度量和评估的过程，主要包括成本法、收益法和市场法三种基本方法及其衍生方法，每种方法都有其适用性及使用前提

续表

序号	环节名称	主要说明
5	会计核算入表	数据资产经过确认、计量进入资产负债表，并对数据资源相关会计信息进行披露的过程。主要涵盖了数据资产的确认、初始计量、后续计量，以及数据资产的列报与披露等关键环节
6	数据产品开发	通过加工、分析、组合、开发后形成的可对外销售的产品（或服务），数据产品形态分为数据集、数据服务、数据应用等。数据产品可用于流通和交易，通过数次流转与共享充分释放了数据要素的经济价值
7	数据产品登记	由登记机构受理，指经持有人申请，登记机构将有关申请人的数据产品的权属及其事项、流通交易记录记载于登记平台上，取得数据产权登记证书，并进行声明、公示、存证等

数据资产化虽然带来了巨大的潜在价值，但是由于还处于起步阶段，所以也面临着一系列的风险和挑战，其中比较突出的是数据资产入表、应用场景创新、数据资产估值、数据资产定价、配套制度等方面。

虽然面临着一系列的挑战，但是全国各地都在积极开展数据资产化的各种尝试，旨在促进数据要素化的进程，使数据真正融入到数字经济中。比如，青岛市积极打通数据资产化路径，率先打通数据资产合规、登记、评价、评估、融资、入股等关键环节，抢占数据服务市场制高点。在全国率先成立数据资产登记评价中心，发展数据资产合规审查机构10家，上线并试运行数据资产登记评价平台，实现与多个地市数据资产登记互联互通互认；编发全国首个《数据资产价值与收益分配评价模型》标准并落地实施；68家企业启动数据资源入表，在数据资产增信、质押融资、作价入股等数据资产应用方面均产生了落地案例。同时，通过构建产业互联网平台，以及开发"檬豆贷""橡链云""后土云"等产品充分激活社会数据价值。

（三）数据资本化："助推器"提升数据价值

数据资本化是指将资产化的数据与金融融合形成有金融属性的产品，可以使数据资源演变为生产性的数据资本，实现价值跃迁。

数据资本化过程中主要根据数据资产的权属情况、数据资产质量评价情况、数据产品登记情况和数据资产估值情况，并结合金融的相关要求进行。因此，数据资本化基于金融创新应用形态主要包括数据资产质押融资、数据资产授信融资、数据资产证券化、数据资产作价入股、数据资产保险、数据资产信托等。

数据资本化创新了数据资本形态，由于数据要素市场整体处于初级阶段，所以数据资本化也处于尝试和探索期，数据资本化过程中仍然存在一些挑战，主要包括法律法规不完善、数据资产价值评估难、数据资产管理复杂、数据资产运营难、数据资本化产品少等。这些挑战随着数据要素化的逐步推进将会逐步解决和完善。

二、数据确权是前提条件

数据具备伴生性，所有权并不适合用于描述和界定数据要素的权利样态。在数据要素实践中，一套数据往往从一开始就承载了多元主体的不同利益期待，各主体可以同时在一套数据上分别主张并行不悖的数据权益。这些权益，既可能是信息来源主体的人格性权益，也可能是数据处理主体的财产性权益。这与"所有权"概念所强调的一个所有权人绝对、完整地控制财产，存在根本的不同。

向新而行：发展新质生产力

（一）破题：数据产权视为可分置的权利束

1. 数据资源持有权

数据资源持有权（简称"持有权"）的核心强调的是"持有"，重点在于保护数据产权人的持有状态，强调权利人有权对数据进行自主管控，主要体现为权利人享有的"防御权"；未经权利人同意亦无法定正当事由，任何人不得窃取、篡改或者破坏数据。无论是原始数据，还是加工后的数据产品，都是数据形态上的变化，而无本质区别，数据持有人的自主控制秩序都应当得到保护。

2. 数据加工使用权

数据加工使用权（简称"使用权"）的核心要义在于"使用"，强调权利人有权通过分析、加工、融合等方式对其依法持有的数据开展自主利用，从而满足实现对内提质增效的数据利用目标。"数据二十条"在"使用权"之前强调"加工"这一前缀，很大程度上是为了强化描述"数据加工"这一种常见的数据使用方式。

3. 数据产品经营权

数据产品经营权（简称"经营权"）的重点在于"经营"，在功能上与所有权的处分权能类似，强调的是权利人有权以转让、许可使用、合作开发、设立担保等方式将数据的部分或者全部财产权益对外转让。无论是原始数据，还是在原始数据上加工成的产品，有市场需求，数据产权人就有可能行使对外经营的权利，从而更好地实现数据的流通。

由以上分析，数据产权基本涵盖了数据资源持有权、数据加工使用权、数据产品经营权。数据产权结构，如图6-7所示。

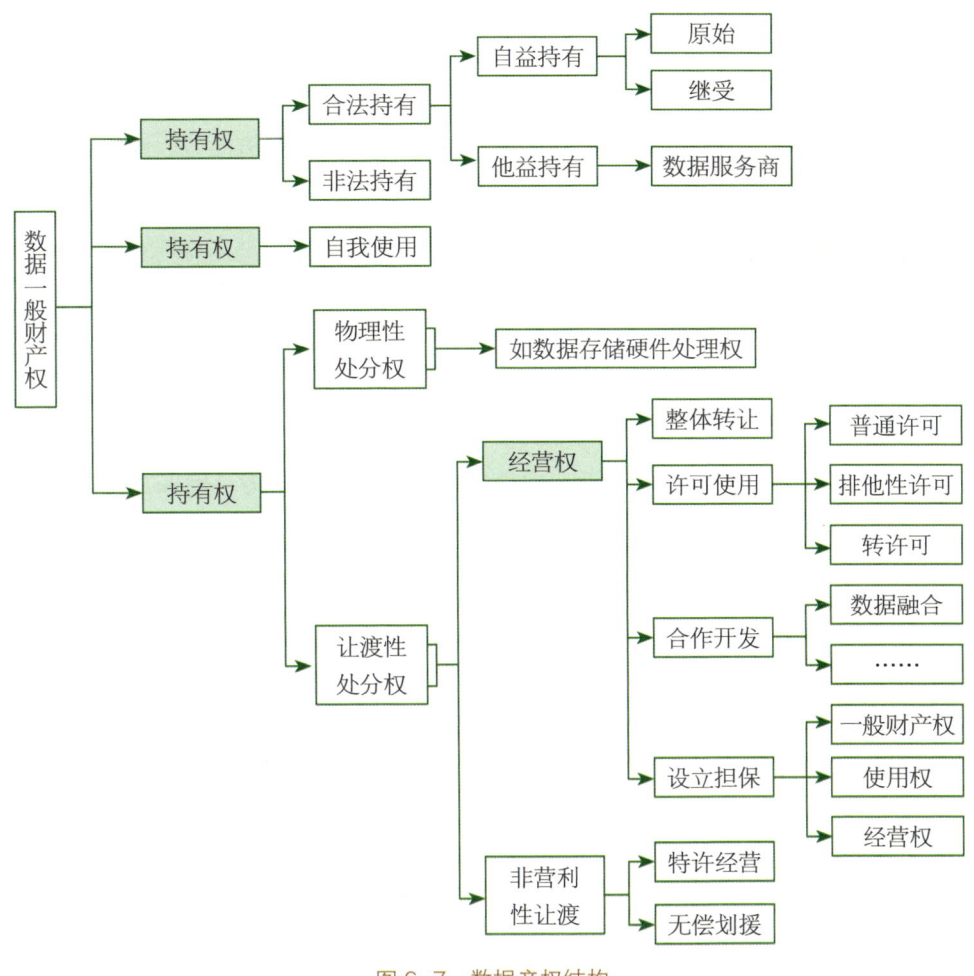

图 6-7　数据产权结构

（二）解题：对多方数据主体的权益确认

1. 数据确权

数据确权就是对数据要素产生和流动过程中各参与方的权益确认，包括但不限于法律法规对关联主体数据权益的规定，以及数据流转过程中通过合同协议约定的持有、加工、经营等民事权利的确认。

数据确权的过程就是明确多方数据主体在数据处理过程中的角色和定位的

过程。数据确权的过程主要涉及确定数据的权利属性和内容，这包括确定数据的权利主体（谁对数据享有权利）和权利的内容（享有什么样的权利）。这一过程不仅涉及数据所有者、生产者、使用者和管理者等四类角色的明确，还涉及明确各方在数据产生、收集、存储、处理、使用等环节中的权利和责任。

2. 数据权益的确认

对于数据的所有者来说，确权能够保障他们对自己所拥有数据的控制权和收益权。例如，个人用户在互联网上产生的各种数据，如社交信息、消费记录等，通过确权可以防止这些数据被未经授权地滥用。

对于数据的收集者和处理者，确权可以规范他们的行为，确保在合法合规的框架内进行操作。比如，企业在收集用户数据时，必须明确告知用户数据的用途和处理方式，遵循确权所规定的原则。

在商业领域，数据确权有助于建立公平的市场竞争环境。不同企业之间的数据交易和共享能够在明确的权利框架下进行，避免因为数据权属不清而产生的纠纷和不正当竞争。

（三）答题：实现点面突破的实践创新

根据数据权益模型和确权授权场景的界定，行业内通常采用电子证书、区块链、人脸识别等相关技术来实现数据确权及授权，具体流程如图 6-8 所示。

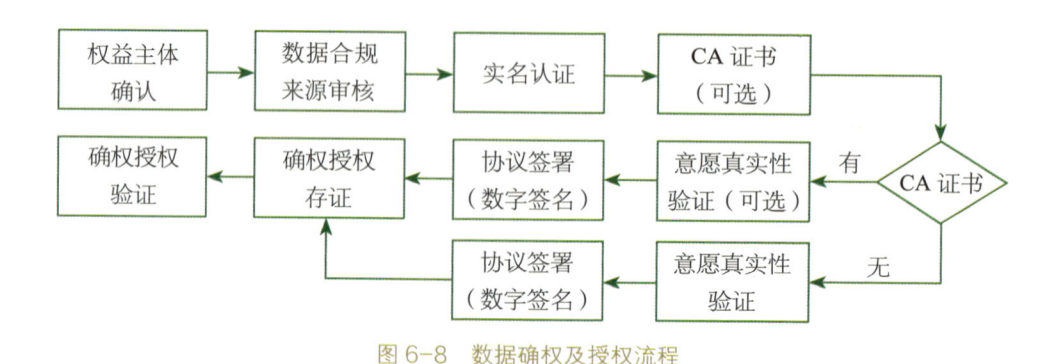

图 6-8　数据确权及授权流程

权益主体确认。一是法定管理主体,应确认流通的数据是否涉及相关法定政府行政管理部门的必要管辖,包括数据来源、收集、开发利用的许可授权,数据获取及生产的委托关系,国家及行业监管要求等。二是数据供给方,应确认数据供给方是否为数据生产主体或经数据生产主体授权,合法持有并有权进行数据流转和开发利用的第三方。三是数据信息主体,应确认数据内容所明确对应的自然人、法人和非法人组织。

数据合规来源审核。确保数据供给方所提供的数据来源合法合规,即经授权采集、获取的数据,或受第三方委托存储、管理的数据,且有权进行开发、流通或使用。

实名认证。数据供给方、数据需求方、数据信息主体应完成实名认证。个人实名认证可采用人脸识别、短信验证、银行卡验证等方式。机构法人可通过法人身份验证、对公银行账户汇款等方式。实名认证后,可发放 CA 证书用于签署授权协议。

协议签署。数据信息主体通过 App、HTML、PC 端等电子化方式,查看并签署数据授权协议。如协议各方具有 CA 证书等合法有效的电子实名认证,可直接使用完成电子协议的签署;否则,应在协议签署过程中使用意愿真实性验证,方式包括人脸识别、短信验证码、签署密码或 App、网页等媒介下授权点击。

确权授权存证。对数据来源、数据法定管理主体授权、数据生产主体许可、数据信息主体授权、数据使用场景限定及使用细节约定、数据需求方、授权协议、意愿真实性校验信息等相关信息进行确认和存证。

确权授权验证。数据供给方在提供数据时,应对确权授权信息有效性进行验证,依数据分级分类管理要求进行前置或后置性核验。数据流通过程的各参与方,均可查验确权授权信息的有效性。

三、数据资源入表是关键抓手

数据资源入表是指将数据资源按照企业会计准则的相关规定，确认为企业资产负债表中的"资产"一项，在财务报表中体现其真实价值与业务贡献的过程。数据资产化是数据资源化和数据资本化之间重要的桥梁，而数据资源入表是数据资产化的一个关键动作和环节，数据资源入表对于推动企业正视自身数据资产、做好数据资源梳理和治理起到重要作用。

数据资源入表作为数据资产化的关键抓手，近年来国家的相关文件络绎不绝。相关文件的情况及关键点如表6-5所示。

表6-5 数据资源入表关键政策文件

序号	政策名称	发布机构	发布时间	关键点
1	《关于构建数据基础制度更好发挥数据要素作用的意见》	中共中央、国务院	2022年12月	该意见为数据流通的全流程合规与监管体系构建提供了重要指导，明确提出了探索数据资产入表新模式
2	《企业数据资源相关会计处理暂行规定》	财政部	2023年8月	该规定是数据资源入表的核心政策文件，自2024年1月1日起施行。明确了企业使用的数据资源，符合《企业会计准则第6号——无形资产》规定的定义和确认条件的，应当确认为无形资产。数据资源将作为资产在企业的会计和财务报告中确认、计量、报告和披露。这意味着数据资源在符合条件的情况下有可能被确认为企业的"资产"

续表

序号	政策名称	发布机构	发布时间	关键点
3	《数据资产评估指导意见》	中国资产评估协会	2023年9月	围绕数据资产评估中数据产权和数据质量的重要性，对数据资产的属性定义、评估对象、操作要求、评估方法、披露要求等内容进行了统一规定。《数据资产评估指导意见》对数据资产评估执业行为进行规范，保护资产评估当事人合法权益和公共利益，有助于解决数据要素市场建设中的"数据赋值"问题，对构建和完善数据要素市场、促进数字经济发展具有重要意义
4	《关于加强数据资产管理的指导意见》	财政部	2023年12月	从总体要求、主要任务、实施保障等三方面十八条内容，要求对数据资产进行规范管理
5	《关于加强行政事业单位数据资产管理的通知》	财政部	2024年2月	该通知的核心：规范管理行为，释放资产价值；严格防控风险，确保数据安全。强调了数据运营的安全可信、数据的安全和合规、资产相关权益进行评估等，明确不得利用数据资产进行担保，新增政府隐性债务。严禁借授权有偿使用数据资产的名义，变相虚增财政收入

《企业数据资源相关会计处理暂行规定》的正式发布意味着我国推进数据成为一种新型生产要素从会计报表上开始显性化，标志着我国正式迈出了数据资产入表从无到有的关键一步。

通过数据资源入表，能够加强全社会对数据要素的认知，能够有效避免数据资产泡沫。披露数据资产信息，能够督促企业内部将满足资产确认条件、真正有发展潜力的数据产品提升为数据资产。

向新而行：发展新质生产力

（一）关键概念

本部分旨在对数据资源入表与数据资产入表、成本法评估与历史成本计量等比较相近的概念进行说明。

1. 数据资源入表与数据资产入表

数据资源入表源于《企业数据资源相关会计处理暂行规定》，其中的适用范围给出了针对其服务目的的定义：企业按照企业会计准则相关规定确认为无形资产或存货等资产类别的数据资源，以及企业合法拥有或控制的、预期会给企业带来经济利益的，但由于不满足企业会计准则相关资产确认条件而未确认为资产的数据资源的相关会计处理。因此，数据资源入表是国家相关规定中正式提出的说法，可以理解为是基于入表的专业视角，对企业拥有或者控制的数据资源入表行为的正式说法。

数据资产入表并没有明确的出处，只是从资产的视角出发，采用的是更易于资产相关从业人员理解的表述，旨在帮助首次接触数据资源入表概念的人员快速理解数据资产化的重要性。因此，数据资产入表并非一个正式术语，而是一种约定俗成的称呼。

2. 成本法评估与历史成本计量

成本法评估作为资产评估的一种方法，其核心在于以资产的重置成本为基础，确定其评估价值。这里的重置成本是指在当前市场条件下，重新购置或建造一个全新状态的评估对象所需的全部成本。成本法评估特别适用于评估单项资产和没有收益、市场上又难找到交易参照物的评估对象。其目的在于揭示资产在当前市场环境下的真实价值，为企业的决策和财务管理提供重要依据。

历史成本计量则是会计计量的一种属性，它指的是资产和负债以其购置或取得时的实际成本记录在财务报表中。历史成本计量的优势在于提供了可靠、客观的计量基准，能够准确反映企业在特定时点的财务状况和业绩。它避免了主观估价和市场波动对财务报表的影响，确保了财务信息的可比性和一致性。

（二）实施路径

数据资源入表基于数据资产化的角度涉及的环节比较多，包括资产梳理、合规确权、数据治理、质量评估、资产评估、成本分摊、入账审计等。除了企业本身相关部门参加，还涉及数据商、律师事务所、数据资产评估机构、会计师事务所等外部机构。

数据资源入表基于资源完成入表过程来看，核心包括数据资源识别、数据资产核验（包括数据合规审查、权属确认、数据质量评估等）、资产类别确认、成本归集与分摊、列报与披露等阶段。

1. 数据资源识别

需对数据进行严格的筛选和评估，核心在于对经过治理的数据进行识别，对于没有进行数据治理流程的数据，可以先进行数据治理，后进行识别筛选，确保所识别的数据资源符合入表标准。

2. 数据资产核验

对数据资源的合规性、权属清晰度等进行合规审查、权属确认，还需对数据资源的用途、质量、可靠性、安全性、保密性及其潜在价值等多个维度进行综合考量。通过全面而细致的评估，企业能够筛选出真正符合相关法规和会计准则要求的数据资源。

3. 资产类别确认

依据数据资源的特性及运用场景，划分其所属资产类别，如无形资产或存货等。此环节的核心在于确保将数据资源合理归类，以便企业能够采取适当的会计政策与方法进行处理。此外，明确的资产类别界定为后续成本归集与分摊提供了坚实的支撑，确保成本能够合理分摊至各资产类别中。

4. 成本归集与分摊

对数据资源执行严谨而精确的初始计量。一旦数据资源符合入表条件且资产类别得以明确界定，企业将依据会计相关准则所规定的计量原则和方法，以历史成本作为基准，展开对数据资源的首次核算。这一步骤的核心在于确保数据资源的账面价值能够精确、客观地反映企业为获取该资源所实际付出的经济成本。企业需详尽记录与数据资源相关的所有成本要素，包括但不限于采购成本、直接人工成本，以及间接费用等，并通过科学合理的分摊机制，将这些成本准确地归属于相应的数据资源。

5. 列报与披露

在该阶段，企业承担着将数据资源相关信息以清晰、透明的方式呈现给内外部利益相关方的责任。通过详尽的明细列报和完整的信息披露，使管理层、股东及其他相关方能够全面了解数据资源的价值、用途，以及它们对企业整体业绩的贡献。

在列报和披露数据资源信息时，企业需要遵循相关的会计准则和法规，确保信息的准确性和可比性。披露内容应该包括数据资源的计量方法、评估过程中考虑的关键因素，以及它们对企业未来预期利润和现金流的影响等。此外，企业还应披露任何可能影响数据资源价值的风险和不确定性因素。

（三）实践探索

2024年被誉为中国数据资产元年。随着财政部关于数据资产入表和管理的新规相继实施，至少有50多家企业完成数据资产入表。入表的企业包括国有企业、行业龙头企业、互联网平台企业和数据要素型企业，涉及不同规模和性质的企业，从大型国有企业到中小型数据服务公司。从目前已经公开的数据资源入表的案例来看，入表基本在无形资产、存货和开发支出，这本身也是符合暂行规定和会计准则的。同时，由于数据资源入表面临一系列挑战，因此，目前由原来数据资源入表的空前高涨逐渐转为观望，由原来的盲目入表逐渐转为谨慎入表，并且注重做好数据入表前的准备工作，这也有利于数据资源入表的良性发展。

1. 数据资源入表项目招标分析

通过公开的招投标数据来看，全国的数据入表项目从2024年3月开始陆续招标，入表项目的金额在30万~100万元不等，招标的数量呈逐渐上涨趋势；招标的区域核心在华东区域。同时，中标的企业类型也较多，有央国企、会计师事务所、上市公司、民营企业、数据交易所等。

2. 上市公司数据资源入表情况分析

上市公司2024年一季报披露后，至少有23家上市公司在资产负债表中披露了数据资源的数据，涉及总金额14.77亿元，其中7家公司在一季报披露后发出更正报告，表明在数据资源的理解和实际操作上存在挑战。

首批数据资源入表的23家上市公司分布在13个行业，其中计算机行业（海天瑞声、每日互动、中远海科、航天宏图、拓尔思、佳华科技和开普云）有7家，交通运输（青岛港、山东高速）、建筑装饰（中交设计、浙江交科）、钢铁（山东钢铁、南钢股份）和传媒（卓创资讯、中文在线）行业各2家，生物医药、轻工制造、汽车、公用事业等8个行业各1家。行业分布具有一定的分散性，显示出数据资源涉及领域的广泛性。[①]

地域分布在10个省市，北京、山东和浙江数量列前三。首批入表案例中，有13家上市公司将数据资源计入无形资产，有6家计入存货，有6家计入开发支出。23家上市公司缺少巨无霸企业，总市值均在500亿元以内，并有14家市

---

① 《2024谁将数据资产入表？上市公司数据资产入表首批名单！》，上海数据分析网，http://www.shcpda.com/shujuliliang/2159.html。

值不足 100 亿元。数据资源富集的电信运营商、银行、大型数字科技公司等数据资源在一季度均暂未入表。

四、创新金融应用形态是发展核心

数据资本化目的是赋予数据金融属性,推动数据资产流通市场与金融市场的有效结合,实现数据要素的价值变现和增值。数据资本化不仅能够形成以数据为核心的数据产品,同时有助于拓宽企业融资渠道,为企业提供新的资金计划与金融产品,赋能企业多元化发展。通过创新数据资产金融的应用形态,可以增加企业数据资产的流动性,提升数据资产的经济价值,提高企业自身创造高价值数据资产的积极性。

(一)数据资本化的金融应用形态

数据资本化的金融应用形态还处于发展阶段,目前主要以数据资产质押融资为主,辅助以数据资产授信融资、数据资产证券化、数据资产作价入股、数据资产保险、数据资产信托等如表 6-6 所示。

表 6-6 数据资本化金融应用形态

应用形态	简介
数据资产质押融资	指企业将合法拥有的数据资产进行评估,通过质押、抵押,或其他金融手段获得融资的过程
数据资产授信融资	通过一系列手段和措施提高企业的信用,从而提升企业可申请的贷款额度
数据资产证券化	指金融机构将未来可以产生稳定收入流的数据资产,按照某种共同属性打包成一个组合,并通过一定的流程和规范把这个资产组合转换为可在资本市场上流通的具有固定收入的有价证券

续表

应用形态	简介
数据资产作价入股	指满足一定条件的数据资产，通过合规审查、确权登记、价值评估等一系列操作流程，按照其公允价值作价换取相应比例的股权的过程
数据资产保险	借助区块链、量子加密等技术手段，基于数据资产实际的流通和使用场景，创新性地设计出为数据资产提供风险保障的保险产品
数据资产信托	企业将有价值的数据资产作为信托财产设立信托，从而获得现金回报的一种机制

（二）数据资本化的融资路径

数据资本化融资主要基于以下步骤。

1. 数据资产确权登记

首先应当通过各地数据交易机构或者其他确权机构对所拥有的逾期质押的数据资产进行确权登记。数据资产确权登记保证了质押贷款申请人对数据具有合法的持有权或加工使用权或经营权，经过权属确认的数据资产将成为质押贷款中的质物。

2. 数据资产价值评估

评估待质押的数据资产价值，由评估机构或银行等金融机构对数据资产进行适度调查。

3. 银行审核

银行对数据资产质押项目的审核主要关注的是数据资产的合法性、数据资产价值评估的可靠性和数据资产价值的稳定性。目前数据资产作为生产要素参与流通、分配尚处在探索阶段，现代数据产权制度也处于探索阶段，银行对企业是否拥有合法的持有权或经营权也存在较多的担忧。

4. 质押登记

数据资产质押属于民法典规定的权利，作为权利质押的一种，数据资产质押需办理质押登记。办理质押登记可以有效防止同一质物被同时用来多次申请质押贷款。

5. 数据资产变现

对数据要素型企业而言，企业的经营情况和数据资产价值高度相关。如果企业经营不善造成企业违约无法还款，该企业的数据资产价值通常会受到一定影响。

（三）数据资本化典型案例

从近年来案例整体情况来看（见表 6-7），案例涉及区域、行业逐渐增多，充分说明数据资本化方面的金融应用形态逐渐被接受。

表 6-7 数据资产抵押融资案例

公司名称	资产内容	融资金额/万元	融资银行	案例描述
贵州东方世纪科技股份有限公司	大数据洪水预报模型	1000	贵阳农商银行	2023 年 6 月，贵阳农商银行与贵州东方世纪科技股份有限公司完成一笔授信签约，这是贵阳农商银行与贵阳市大数据交易所合作落地的贵州省首笔基于数据资产价值应用的融资贷款
神州数码	金服云数据产品	3000	建设银行深圳分行	2024 年 7 月，神州数码成功将金服云数据产品作为数据资产，纳入企业财务报表并获得建设银行深圳分行授信融资 3000 万元。这是深圳市数据资产质押融资的首个案例，也是全国首笔大中型数据资产质押融资案例

续表

公司名称	资产内容	融资金额/万元	融资银行	案例描述
福茶网科技发展有限公司	茶产业生态数据	1000	福建海峡银行	2023年9月,福建省数据资产融资首单落地。福茶网将茶产业生态数据在中国电子技术标准化研究院全国数据资产登记服务平台进行登记,并由平台认证的第三方服务机构提供数据资产审核、评价和评估服务
浙江淏瀚信息科技有限公司	财经数据资源持有权证书	660	中国银行嘉兴分行	2024年3月,浙江省首笔"数据资产贷"在嘉兴市南湖区落地,打通了数据要素从资产到资本的路径

第七章
高质量发展开辟"新"赛道

> 健全促进实体经济和数字经济深度融合制度。
> ——摘自《中共中央关于进一步全面深化改革　推进中国式现代化的决定》

第一节 聚焦数实融合主阵地

党中央、国务院高度重视数实融合。习近平总书记早在 2016 年网络安全和信息化工作座谈会上就提出，要着力推动互联网和实体经济深度融合发展，以信息流带动技术流、资金流、人才流、物资流。随后，党的十九大报告、党的二十大报告、《"十四五"数字经济发展规划》等重要会议和政策文件不断强化数实融合深度发展。目前，数实融合有两方面含义，一方面是指数字技术与实体经济的深度融合，另一方面指数字经济与实体经济的深度融合。两方面的融合其实是辩证统一的，其基础都是以数据为基本要素与实体经济的深度融合。

一、为产业发展插上"数字翅膀"

（一）有利于促进产业升级与经济转型

数实融合不仅是科技发展的必然趋势，更是社会进步和经济繁荣的必由之路，为经济发展注入更多的活力和动力。随着人工智能、区块链等数字技术的飞速发展，各行各业都在经历着前所未有的变革。数实融合通过数字技术的广泛应用，推动了传统产业的转型升级。一方面，数字技术为传统产业提供了数字化、智能化的解决方案，使得生产效率得到显著提升，产品质量更加可靠。另一方面，数字技术还催生了新业态、新模式，推动了传统产业向数字化、网络化、智能化方向转型，为产业发展注入了新的活力。例如，在制造业领域，智能制造、工业互联网等新兴技术正在逐步普及，推动了制造业向高端化、智能化方向发展。在服务业领域,数字经济则催生了共享经济、在线教育等新业态,为消费者提供了更加便捷、高效的服务。

(二)有利于优化资源配置与提高生产效率

数实融合通过引入数字技术,打破了传统资源配置的局限,推动了资源要素的协同共享,各种资源的配置不再受到地域、时间的限制,能够在全球范围内进行快速、灵活的调度,极大地提升了资源的利用效率,降低了企业的运营成本,实现了对各种资源的全面感知、精准分析和智能调度。首先,数字技术能够实时获取各类资源的信息,包括数量、质量、位置等,使得管理者能够全面了解资源的分布情况。通过对海量数据的分析,数字技术能够预测资源的需求趋势,为资源配置提供科学依据。其次,数实融合推动了生产过程的柔性化、个性化,减少了人工干预和错误率,提高了产品质量和生产效率,使得企业能够根据市场需求快速调整生产计划,满足客户的个性化需求。最后,数字技术可基于数据分析结果,智能调度资源,实现资源的优化配置,相比传统的经验式、主观式配置,更加科学、精准、高效,不仅提高了生产效率,还降低了生产成本和能源消耗。

(三)有利于改善民生福祉与促进社会公平

数实融合在改善民生福祉和促进社会公平方面发挥着重要作用。首先,数字技术打破了信息不对称的壁垒。在传统的社会中,信息不对称往往导致资源分配不公、机会不均等问题。而数实融合通过大数据、云计算、人工智能等数字技术手段,促进了信息传播和分享,有利于保障民众的知情权和参与权。其次,数实融合推动了社会服务的普惠化。传统的社会服务往往存在门槛高、覆盖面窄等问题,使得一些弱势群体难以享受到基本的社会保障和公共服务。数实融合通过在线平台、移动应用等手段,降低了服务门槛和成本,政府和企业能够提供在线教育、远程医疗、智慧养老等多样化的服务，使得更多人群能够享受到基本的社会保障和公共服务。最后，数实融合推动了社会治理的创新。数字技术的应用推动社会治理精准、高效和智能，通过大数据分析和预测模型等手段，政府可以更加准确地把握社会问题的本质和趋势，制定更加科学、合理的政策措施。同时，数字技术还提高了社会治理的透明度和互动性，使得民众能够更加积极地参与到社会治理中来，不仅增强了民众对政府的信任和支持度，也促进了社会公平和民主化进程。

二、数实融合难在哪

目前，我国企业可以从场内交易和场外交易获取相关数据，然而，我国数据交易不成熟、产业数据分布不均衡、公共数据开放不充分、企业数字化转型不到位等企业面临的堵点问题制约我国数实融合。

（一）场内交易机制不成熟致数据供需匹配不畅

数据交易是实现数据资源要素化的重要途径之一。国家企业信用信息公示系统数据显示，全国注册登记的各类数据交易机构已接近50家（见表7-1），但是由于数据具有权属复杂性、价值相对性、内容时变性等显著特征，数据交易机构还面临着模式落地难、规模做大难、风险管控难、合规运营难等突出问题。一方面，数据合规成本高造成企业"不敢交易"，拥有高质量数据的企业为了规避数据权属、数据安全等潜在风险，不敢对外交易数据，造成有效供给不足。另一方面，数据合理定价难造成企业"不愿交易"。由于数据价值难以直接度量，供需双方难以达成较为合理的成交价格，数据来源方交易数据的动力不足。据相关机构统计，2022年，我国数据交易额仅为700亿元，难以满足企业用数需求。

表7-1 我国数据交易所情况

序号	交易所名称	所在地区	启动/批复日期
1	中关村数海大数据交易平台	北京	2014年1月
2	北京大数据交易服务平台	北京	2014年12月
3	重庆大数据交易市场	重庆	2015年1月
4	贵阳大数据交易所	贵州	2015年4月
5	武汉长江大数据交易中心	湖北	2015年7月
6	武汉东湖大数据交易中心	湖北	2015年7月
7	华中大数据交易所	湖北	2015年11月
8	华东江苏大数据交易中心	江苏	2015年11月
9	交通大数据交易平台	广东	—
10	河北京津冀大数据交易中心	河北	2015年12月
11	哈尔滨数据交易中心	黑龙江	2016年1月
12	西咸新区大数据交易所	陕西	2016年4月
13	上海数据交易中心	上海	2016年4月
14	浙江大数据交易中心	浙江	2016年5月
15	广州数据交易所	广东	2016年6月
16	钱塘大数据交易中心	浙江	2016年5月
17	亚欧大数据交易中心	新疆	2016年8月
18	丝路辉煌大数据交易中心	甘肃	2016年10月
19	深圳南方大数据交易平台	广东	2016年12月
20	河南中原大数据交易中心	河南	2017年2月
21	青岛大数据交易中心	山东	2017年4月
22	潍坊大数据交易中心	山东	2017年4月
23	山东省新动能大数据交易中心	山东	2017年6月
24	河南平原大数据交易中心	河南	2017年11月

续表

序号	交易所名称	所在地区	启动/批复日期
25	吉林省东北亚大数据交易服务中心	吉林	2018年1月
26	山东数据交易有限公司	山东	2019年2月
27	山西数据交易服务平台	山西	2020年7月
28	湖北大数据交易集团	湖北	2020年1月
29	北部湾大数据交易中心	广西	2020年8月
30	北京国际大数据交易所	北京	2021年3月
31	贵州数据流通交易服务中心	贵州	2021年8月
32	长三角数据要素流通服务平台	江苏	2021年9月
33	北方大数据交易中心	天津	2021年10月
34	上海数据交易所	上海	2021年11月
35	深圳数据交易所	广东	2021年12月
36	西部数据交易中心	重庆	2021年12月
37	海南数据产品超市	海南	2021年12月
38	德阳数据交易中心	四川	2021年12月
39	合肥数据要素流通平台	安徽	2021年12月
40	湖南大数据交易所	湖南	2022年1月
41	郑州数据交易中心	河南	2022年2月
42	福建大数据交易中心	福建	2022年3月
43	苏州大数据交易所	江苏	—
44	江苏无锡大数据交易中心	江苏	2022年3月
45	安徽大数据交易中心（淮南）	安徽	—
46	青岛海洋数据交易平台	山东	—
47	杭州数据交易所	杭州	—
48	粤港澳大湾区数据平台	广东	筹备中

续表

序号	交易所名称	所在地区	启动/批复日期
49	内蒙古数据交易中心	内蒙古	2023年7月
50	川渝大数据交易平台	四川/重庆	筹备中

（二）产业数据分布不均衡致产业生态创新割裂

当前，我国互联网、金融、能源、电信、交通等重要领域的高质量数据主要集中在部分龙头企业手中，产业上下游中小企业难以获取和利用这些宝贵的产业数据资源。一些龙头企业以数据作为强化自身竞争优势的工具，严格限制数据向外流通，部分企业之间互为"数据孤岛"，割裂了产业生态内部的数据循环。加之龙头企业和科技巨头通常拥有强大的数据收集、处理和分析能力，它们的数据资源丰富且质量高，相比之下，中小企业在数据获取和技术应用上存在较大劣势，加剧了数据资源的不均衡分布，一定程度上阻碍了中小企业创新，制约了产业数字化转型的深度和水平。

（三）公共数据开放不充分致民企用数门槛过高

公共数据具有基础性、通用性、权威性的显著优势，是赋能千行百业数字化转型的高质量数据供给源之一。近年来，一些地方加强数据立法、组建数据集团公司、依托国资公司开展公共数据授权运营等举措，在加大公共数据开发力度的同时，一些地区也出现了"与民争利"的倾向。例如，一些地方将公共数据界定为国有资产，一些地方成立的国资背景的大数据公司出现半封闭、垄断化趋势，提高了民营企业公平利用公共数据的门槛和难度。即使一些公共数据被开放，民企也可能面临复杂的申请流程、高昂的数据使用费用、严格的资质审核等较高的使用门槛，这些都增加了民企利用数据的成本和难度。加之开放的公共数据在质量和格式上可能存在参差不齐的情况，缺乏统一标准，使得民企在数据清洗、整合过程中消耗大量资源，影响数据的可用性和效率。

（四）企业数字化转型不到位致数据赋能发展较弱

当前，我国大部分企业仍处于数字化转型的阵痛期、实验期，数字化转型对企业的投资回报率、利润率的提升还不够显著，中小企业试错成本普遍较高，实体经济企业数字化转型的成功率还较低。据统计，石油、天然气、汽车、基础设施和制药等较为传统的行业的成功率仅在4%~11%。实体经济企业的数字化、网络化程度普遍较低，产业互联网应用不充分，造成了我国实体经济企业的数据资源存量不足、应用水平不高，实体经济企业的数据开发利用还处于起步阶段。2022年11月工信部出台《中小企业数字化转型指南》，提出14条具体举措，为中小企业数字化转型提供了基本思路和方法，但政策举措具体落地见效仍需一段时间。

> **拓展阅读**
>
> **助力中小微企业数字化转型——上云用数赋智**
>
> "上云用数赋智"行动是指通过构建"政府引导－平台赋能－龙头引领－协会服务－机构支撑"的联合推进机制，带动中小微企业数字化转型，"上云"重点是推行普惠性云服务支持政策，"用数"重点是更深层次推进大数据融合应用，"赋智"重点是支持企业智能化改造。"上云用数赋智"行动为企业数字化转型提供能力扶持、普惠服务、生态构建，有助于解决企业数字化转型中"不会转""没钱转""不敢转"等问题，降低转型门槛。
>
> 解决"不会转"，将开展数字化转型伙伴行动，引导中小微企业提需求，鼓励提供转型服务的平台企业开发更多转型产品、服务、工具，形成数字化转型的市场能动性；支持开展区域型、行业型、企业型数字化转型促进中心建设，引导建设数字化转型开源社区，强化平台、算法、服务商、专家、人才、金融

向新而行：发展新质生产力

等数字化转型公共服务。

解决"没钱转"，推行普惠性"上云用数赋智"服务，降低企业转型成本。对于获得国家专项资金补助的试点平台、服务机构、示范项目等，原则上应面向中小微企业提供至少一年期的减免费服务。对于获得地方财政支持的项目，参照该标准提出服务费用减免措施。同时，探索"云量贷"，缓解贷款难。

解决"不敢转"，打造跨越物理边界的"虚拟产业园"和"虚拟产业集群"，充分发掘企业间协同放大效益。开展数字经济新业态培育行动，支持建设数字供应链，推动企业间订单、产能、渠道等方面共享，促进资源的有效协同。支持具有产业链带动能力的核心企业搭建网络化协同平台，带动上下游企业加快数字化转型，促进产业链向更高层级跃升。

三、按下数实融合快进键

大力推进数字技术与实体经济深度融合，必须系统性化解企业用数难的现实困境，以高效率的市场配置实现高质量的数据供给，让实体经济企业以较低的成本获取数字化转型中急需的数据要素，发挥我国海量数据优势，多措并举激发数实融合的创新发展动能。

（一）以多元流通渠道提升数据要素市场化配置

打破狭义的数据交易模式制约，构建符合数据要素发展规律的多元化流通模式。一是壮大数据服务业态。培育一批专业化程度高、分析能力强的数据服务机构，鼓励数据集成、数据经纪、合规认证、安全审计、数据公证、资产评估、争议仲裁等数据服务业态创新，有效规避数据交易的各类法律风险。二是开展数据互换模式试点。在工业制造领域，引导开展产业上下游企业以数据换数据的创新试点工作，围绕数实融合的典型场景，引导上下游企业通过"以数换数"新模式,实现产业数据的互通有无和场景融合,赋能实体经济数字化转型。三是引导产业组织创新。引导企业根据核心数据需求和关键数据流向,以投资控股、多元经营、生态构建等方式,开展基于数据流的企业组织边界重塑和业务模式创新,打通经济生产环节和上下游生态体系的数据循环,培育一批贯通产业链供应链的数据要素型企业。

(二)以平台企业为引领构建产业公共数据空间

一是明确产业数据权属。探索研究将涉及产业公共利益的数据界定为产业公共数据,在保护行业龙头公司合法数据持有权和经营使用权的同时,着力保障产业上下游中小企业对产业公共数据的经营权和使用权。二是构建产业数据空间。引导平台型公司构建产业公共数据空间,建立产业数据可控交换模式,在确保各方数据权益的同时,满足产业上下游企业用数需求,实现产业公共数据价值最大化。

拓展阅读

欧盟的国际数据空间(IDS)

国际数据空间是由德国发起的国际数据空间协会(IDS)构建的一个国际性的数据共享交换基础设施。在该空间中,任何规模和任何行业的公司都可以在充分享有数据自主权的方式下对其数据资产进行管理,并且对共享数据的全链条去向信息有充分的掌握。目前,IDSA已有来自20多个国家的130多名成员,所有成员都可以自行确定其数据的使用规则,并在安全、可信、平等的伙伴关系中实现数据的价值最大化。

2020年,欧盟委员会先后发布《欧洲数据战略》和《欧洲数据治理条例》,大力推动IDS的发展,创设了9个主题化的数据空间,包括工业(制造业)数据空间、绿色政务数据空间、移动性数据空间、健康数据空间、金融数据空间、

> 能源数据空间、农业数据空间、公共管理数据空间和技能数据空间。在欧盟的数据空间定义里，数据空间也被看作一种生态系统及与之相适应的软性因素。同时，欧盟为了确保数据主权，还大力打造欧盟自主的云计算框架"盖亚-X"（GAIA-X），为国际数据空间提供统一的基础设施底座，旨在为欧洲打造一个具备竞争力、安全与可靠的数据基础架构，包括数据生态系统，联邦服务以及云计算、边缘计算和数据存储等基础设施生态系统。

（三）以公共数据开放强化公共数据基础服务

充分挖掘公共数据的公益属性，最大化发挥公共数据促进创新创业的普惠作用。一是加快数据立法。在充分总结各地公共数据条例立法实践的基础上，形成统一、权威的公共数据权属界定，突出公共数据的公益属性，注重保护中小微企业和民营企业用数权益。二是构建开放生态。引导各地方构建公平普惠、开放合作的公共数据授权运营生态，依托统一的公共数据授权运营平台，允许各类企业以公平竞争机制参与公共数据开发利用，保障各类企业用数权。三是加强公共数据基础服务。将公共数据服务纳入基础公共服务体系，加快推动商事、卫生、交通、气象、物流、用水、用电等高价值公共数据向社会提供基础数据服务，降低中小微企业的用数成本。

（四）以产业互联网建设推动产业数据源头供给

一是打造示范标杆。在工业、农业、服务业领域形成一批产业互联网应用示范工程，推动产业集群数字化转型，以全产业链场景创新深化数实融合。二是培育创新性服务业。针对数实融合中企业"不会转型"的问题，培育一批具有行业转型经验、数据治理能力和技术创新实力的创新性服务机构，加快数据、技术与行业应用场景的深度融合，降低中小企业数字化转型风险和难度。三是加强标准建设。针对我国产业互联网目前主要以企业内网应用为主的问题，加强产业互联网标准研制，以统一的标准推动产业互联网由企业内部应用向产业生态开放互联转变。

第二节 锻造数字产业集群新优势

党的二十大报告提出："加快发展数字经济，促进数字经济和实体经济深度融合，打造具有国际竞争力的数字产业集群。"数字产业集群是以新发展理念为引领，由从事数字产品制造、数字产品服务、数字技术应用、数字要素驱动的企业主体及其相关机构等组成，与传统产业集群相比，具有更强的核心竞争力，如表7-2所示。培育建设具有国际竞争力的数字产业集群是构建现代化产业体系的关键。作为数字产业演进的高级形态，数字产业集群不仅带来产业聚集和规模效应，形成网络化协同效应，提高数字产业创新能力，还能通过技术外溢和知识共享，为传统实体经济高质量发展提供强有力的数字化转型支撑，对推动数字经济发展跃上新台阶意义重大。

表7-2 传统产业集群与数字产业集群对比

	传统产业集群	数字产业集群
内涵	以传统产业为主导的、众多中小企业及相关机构在一定的空间范围内聚集而形成的经济群落	以新发展理念为引领，从事数字产品制造、数字产品服务、数字技术应用、数字要素驱动、数字化效率提升的企业主体和相关机构组成的具有较强核心竞争力的企业集群
空间分布	地理空间	"地理空间＋网络空间"、单纯网络空间
产业范围	单一产业	跨界产业

续表

	传统产业集群	数字产业集群
协作方式	链式分工	网络化协作
治理模式	垂直管理	平台化

一、数字产业集群这样"酿造"

数字产业集群作为资金、人才、技术等诸多要素富集产业集群,受到国内外的高度重视,正逐渐为新业态、新模式提供源源不断的创新动力。

(一)全球发展趋势

从全球发展格局看,围绕数字经济的国际竞争在不断加剧。目前,全球范围内数字产业集群的布局主要集中在美国、印度、欧洲等地(见表7-3)。美国旧金山的硅谷是全球最大的高科技集群之一,也是世界最知名的电子工业集中地,谷歌、惠普、英特尔、苹果、甲骨文、雅虎等诸多足以改变世界的数字科技巨头企业孵化于此。波士顿、纽约等地依托丰富的大学资源构建起发达的数字产业集群。印度科技之都班加罗尔,被誉为"亚洲的硅谷",在政府的大力支持下,吸引了微软、英特尔、英国电信、IBM、中国华为等一大批外国大型公司企业入驻。目前,班加罗尔已集中了印度35%的IT人才,以及超过5000家高科技企业。德国鲁尔区被称为"德国工业的心脏",进入新世纪后,鲁尔各地区持续完善产业链结构,通过价值链的延伸、空间的整合不断提升产业优势,加大新兴产业投入,重点支持极具发展潜力的高新技术产业。

表 7-3 国外主要数字产业集群

名称	地区	代表企业	经验做法
美国硅谷	旧金山湾区	谷歌、雅虎、思科、惠普、Instagram 等	（1）市场主导形成。美国硅谷数字产业集群主要依靠个人、企业等民间力量； （2）优秀人才资源。硅谷的成功与斯坦福大学密不可分，由斯坦福大学的科研成就派生的数字科技公司有谷歌、雅虎、思科等； （3）发达的风险投资业。拥有全美 35% 左右的创业资本公司，其中互联网、软件、信息服务等数字内容产业为重点投资产业
印度硅谷	班加罗尔	英特尔、德州仪器、通用、微软、IBM、SAP、甲骨文等	（1）政府扶持。在政府扶持下，班加罗尔产业集群吸引外资能力更强，基础设施更完善； （2）产业集中。该集群集成电路、系统软件、信息化服务等软件产业的产值占到了 85% 以上； （3）完善的培训体系。位于班加罗尔的印度理工学院能够为班加罗尔地区输送数字技术人才并提供可转化的技术成果
日本东京湾区	东京都与神奈川县、千叶县和埼玉县	奥林巴斯、尼康、索尼、三菱、佳能等	（1）加强区域协同发展。对资源过度集中的东京进行疏解，由沿海向内陆推进产业迁移扩散； （2）促进本地产业升级。加强原子能、宇宙、海洋、信息技术等领域投入，促进东京湾区及全国制造业技术升级； （3）推进产业集群发展。形成筑波科学城与企业间的协作网络，成立知识产权服务中心，促进企业技术创新
芬兰奥卢科技园	奥卢	诺基亚等	（1）龙头企业引领。园区围绕诺基亚形成了中小企业和研究中心协同发展的网络； （2）采用股份合作制经营模式。实现了园区及园区内的企业利益共享、风险共担； （3）与奥卢大学密切合作。不断输送电子信息方面的人才，加速了大学研究成果向产品的转化，构建了互利共赢的数字创新生态系统

（二）主要发展特点

从产业集群特点看，各国跟随全球科技革命和产业变革的步伐，完善产业生态、优化产业结构、提升产业治理，总体来看呈现以下几方面特点。

政策牵引与市场驱动。政府的顶层规划与政策支持对数字产业集群的发展至关重要，叠加市场机制下的自由竞争推动了集群内企业的优胜劣汰，形成了以市场为导向的创新激励机制。

技术融合与创新驱动。数字产业集群内部实现了5G、人工智能、大数据、云计算、区块链等一种或多种数字技术的深度融合，技术间的协同作用极大提升了集群的整体创新能力，促进了新产品、新服务和新业态的不断涌现。

产业跨界与生态构建。数字产业不再局限于单一领域，而是广泛渗透到制造业、农业、服务业等多个传统行业中，无人机、VR/AR等产品设备也在这种跨界融合中应运而生，完备了数字产业的生态性。

开放合作与国际竞争。在全球数字经济竞争加剧的背景下，处于领先地位的数字产业集群不仅关注国内市场，更致力于构建开放的国际合作格局，通过参与国际规则制定、加强国际交流与合作，提升国际竞争力和影响力。

二、因地制宜布局数字产业集群

随着我国数字经济发展和演进，涌现出一批数字产业集群，叠加数字经济创新发展试验区、高新技术产业园区等一系列国家和地方政府政策落地实施，资金、人才等创新要素不断向数字产业集中，有力支撑了我国经济高质量发展。我国数字产业集群的布局正逐步因地制宜地有序发展壮大。

（一）国内发展态势

目前，我国数字产业集群主要分布在东部沿海地区，其中京津冀、长三角、粤港澳大湾区是我国数字产业集群发展的核心区域。京津冀凭借较强的数字创新厚度和数据资源丰度，形成国内领先的数字产业创新生态。以北京为核心，依托强劲的科创资源、数据中心密度及良好的政策环境，在人工智能、云计算、高端数字服务业等领域实现领跑。长三角优势互补的一体化模式构建形成以上海为核心，依托强劲的科创资源、数据中心密度及良好的政策环境，大力发展电子商务、云计算和大数据产业，在人工智能、云计算、高端数字服务业等领域实现领跑。粤港澳大湾区以打造"数字湾区"为目标，以ICT产业为驱动，凭借成熟的电子信息制造业基础，聚焦于高端芯片、5G通信、智能终端等领域的集群发展，加快建设全球领先的数字经济产业集群。

（二）主要发展特点

在政策聚合发力和内生驱动下，各地加快发展数字经济，依托各自禀赋积极打造数字产业集群。特别是"东数西算"工程为中西部地区发展数字经济带来巨大机遇，四川、重庆、湖北、湖南、贵州等地结合国家战略方向，推动一批市场潜力大的数字创新产业集群化发展。根据工信部最新发布的国家先进制造业集群名单，新一代信息技术各相关领域的产业集群成为重要方向。"中国声谷"（合肥智能语音产业集群）、"中国视谷"（杭州数字安防产业集群）、"中国光谷"（武汉光电子信息产业集群）、无锡物联网集群、长沙新一代自主安全计算系统产业集群、成都市软件和信息服务集群等正在依托区位和产业优势逐步发展壮大，各地数字产业集群呈现多元化、特色化发展特征。

拓展阅读

数字产业集群的中国实践——中国 × 谷

中国声谷，位于安徽省合肥市高新区，于2012年启动，是我国首家定位于语音和人工智能领域的国家级产业基地，入选工信部公布的45个国家先进制造业集群名单。从2017年开始，安徽省政府每年安排2亿元、合肥市每年安排6亿元资金共同支持中国声谷企业。截至2023年底，中国声谷的入园企业已经超过2200家，营业收入超过2000亿元。

向新而行：发展新质生产力

> 中国光谷，即武汉东湖新技术开发区（简称东湖高新区），东湖高新区位于武汉市东南部，横跨洪山区和江夏区，规划总面积518平方公里，是中国的一个重要科技创新区域。中国光谷于1988年创建成立，以光电子信息产业为主导，同时涵盖生命健康、智能制造等多个领域。光电子信息产业规模占据全国领先地位，已成为全球最大的光纤光缆制造基地、全国最大的光器件研发基地和国内最大的激光生产基地。
>
> 中国视谷，规划范围是以杭州高新区（滨江）萧山特别合作园为示范窗口，以滨江区和萧山区为核心引领，强化滨江区、萧山区、余杭区、钱塘区四区协同共进，辐射带动杭州全域发展。该项目是2022年11月发布的重点建设项目，旨在建设国内领先、全球重要的视觉智能产业技术策源地、企业集聚地、人才最优地。该项目将分阶段推进，目标是在未来一段时间内实现核心产业规模的显著提升和世界级影响力的形成。

三、赢得国际竞争主动权

培育具有国际竞争力的数字产业集群是一项系统工程，需要政府、企业、社会多方共同发力，统筹谋划、协同推进。

（一）持续加强要素创新投入

鼓励不同行业、不同领域间的跨界合作，促进新产品、新业态、新模式的涌现，拓展产业集群的创新边界。构建高效协同的创新体系，促进产学研用深度融合，确保资金、人才、信息、设备等创新资源向重点产业和关键环节集中，加速技术成果转化和产业化进程。建设一批国家级实验室、工程技术中心、开源社区等高水平的创新平台和孵化器，为创新活动提供必要的基础设施和服务。营造鼓励冒险、容忍失败的创新文化，提供政策支持和财政补贴，减少创新过程中的行政障碍，建立灵活高效的创新管理体系。加大对高技能人才和创新型人才的培养力度，通过高等教育、职业培训、国际交流等多种途径提升人才质量。实施更加开放的人才政策，吸引国际顶尖科学家、工程师和技术专家加入，形成人才高地。建立健全知识产权保护体系，鼓励创新成果的申报和保护，为创新者提供法律保障，激发创新活力，同时促进技术的合法交流与合作。

（二）培育雁式产业集群模式

雁式产业集群，顾名思义，即像大雁一样，通过集群内部企业间的紧密合作与协同，形成龙头企业牵头、中小企业参与、各类企业协同发展的产业链。这种模式强调企业间的互补性和协同性，通过资源共享、技术合作、市场共拓等方式，实现集群整体效益的最大化。龙头企业作为产业链和供应链的总开关，是实施科技攻关和创新发展的"领头羊"。在数字产业集群中，培育龙头企业可以带动整个集群的发展，提升集群的整体竞争力。建议推动税收优惠政策，为从事核心技术研发的企业和人才提供最优惠的税收政策，如在高新企业享受15%所得税的基础上，从地方财政中返还50%。推动将应用研究范围的项目与经费向重点企业倾斜，支持建设重点实验室，推动人才向龙头企业集中。通过政策激励，引导龙头企业加大研发投入，提高研发投入占比，提升企业的科技创新能力。鼓励龙头企业成为数字产业集群的标杆企业，通过标杆企业的示范作用，带动整个集群的发展。支持龙头企业加强品牌建设，提高品牌知名度和美誉度，提升数字产业集群的整体形象。针对中小企业，政府可以设立专项资金，提供贷款、担保、融资租赁等多样化的金融产品和服务，支持中小企业的技术创新、市场开拓、人才培养等，降低中小企业的创新风险和市场风险。引导中小企业建立协作网络，鼓励中小企业积极融入产业链，与上下游企业建立紧密的合作关系，通过资源共享、优势互补等方式，提高整个数字产业集群的竞争力。

向新而行：发展新质生产力

（三）构建国际合作开放格局

构建开放共赢的国际合作格局是提升数字产业集群的国际竞争力的重要途径。相关部门要明确数字产业集群在国际合作中的定位目标、合作领域和合作方式，积极与其他国家或地区签署数字经济领域的合作协议，建立长期稳定的合作关系，为数字产业集群的发展提供政策保障。通过国际合作引进国外先进的数字技术、设备和解决方案，提升数字产业集群的技术水平，与国际知名科研机构、高校和企业合作，共建研发平台，共同开展数字技术研发和创新，鼓励企业加入国际创新网络，参与国际创新项目，提升企业的创新能力和国际竞争力。探索建立数字产业集群的国际贸易平台，为集群内的企业提供市场拓展、产品推广和贸易撮合等服务，支持跨境电商的发展，推动数字产业集群的产品和服务走向国际市场，加强与其他国家在贸易投资领域的合作，鼓励企业参加国际展览、论坛等活动，提升集群的知名度和影响力。加强与国际知识产权组织的合作，完善知识产权保护体系，保护数字产业集群的创新成果。积极与国际社会共同制定数据安全保护标准，加强数据安全监管和风险防范，确保数字产业集群的数据安全。

第三节　夯实数字基础设施新底座

一、以供促创　设施支撑要强

数字基础设施作为支撑新质生产力发展的重要基石，在优化资源配置、提升生产效率、促进产业升级、推动数实融合等方面发挥着重要作用，新时期需要在现有的基础设施布局基础上,通过增量延展和存量连接,实现连点成线、连线成网,强化新质生产力的设施支撑能力。

(一)建设完善网络基础设施

合理规划布局基础网络、移动网络、卫星网络建设,巩固 4G、发展 5G、探索 6G,普及优化百兆宽带网络、加快千兆网络部署、探索万兆网络研究,形成综合立体、泛在互联、结构合理、需求多样的网络设施体系。在规划布局基础网络时,充分考虑区域经济发展、人口分布、业务需求等因素,确保网络覆盖广泛、性能稳定。加强网络设备的更新换代和技术升级,提高网络的传输速度和容量,以满足不断增长的数据传输需求。要推动 5G、6G 等新一代移动通信技术的研发和应用,提升移动网络的性能和安全性。在规划布局卫星网络时,探索加强与国内外卫星运营商的合作,共同推进卫星通信技术的创新和应用。通过构建完善的卫星通信网络,为远洋航行、极地科考、灾害救援等领域提供稳定可靠的通信保障。

> **拓展阅读**
>
> **卫星互联网**
>
> 2020 年 4 月,国家发展改革委将卫星互联网首次纳入新基建,作为通信网络基础设施的范畴。卫星互联网首次作为重要的信息基础设施被纳入国家新基建政策支持的重点方向,我国低轨卫星互联网迎来重大发展机遇。
>
> 国际方面,美、英、加等国加速了低轨卫星星座通信部署,星链(Starlink)、柯伊柏(Kuiper)、一网(OneWeb)、光速(Lightspeed)等星座已投入商用或处于规划建设中。以星链为例,2015 年 1 月,SpaceX 创始人马斯克宣布星链计划,计划将约 1.2 万颗通信卫星发射到轨道,并从 2020 年开始工作。自 2019 年 5 月发射首批 60 颗星链卫星以来,截至 2024 年 6 月,已经发射了超

过 6000 颗卫星，5 年内卫星数量增长了 100 倍，并在全球多个国家和地区进行商业服务。

（二）优化布局算力基础设施

2021 年，国家发改委等部门联合印发《全国一体化大数据中心协同创新体系算力枢纽实施方案》，明确提出布局全国算力网络国家枢纽节点，启动实施"东数西算"工程。总体思路如图 7-1 所示。

总体思路

01 在京津冀、长三角、粤港澳大湾区、成渝，以及贵州、内蒙古、甘肃、宁夏等地布局建设全国一体化算力网络国家枢纽节点，发展数据中心集群，引导数据中心集约化、规模化、绿色化发展。

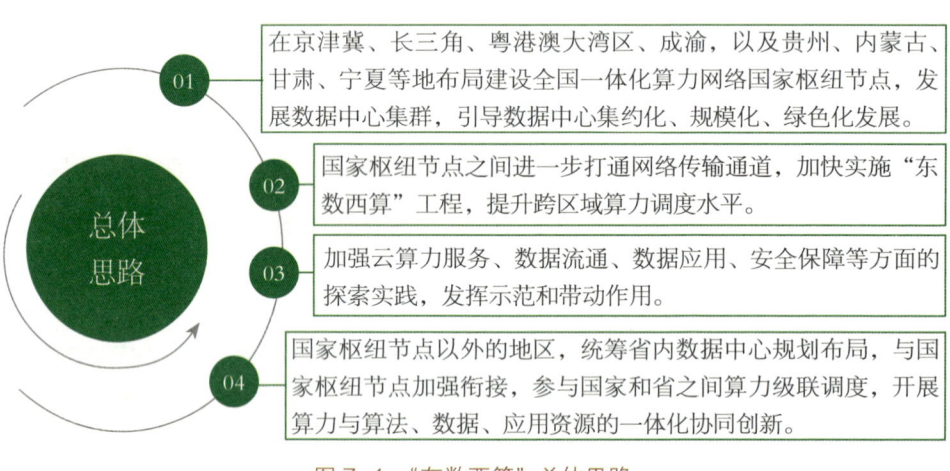

02 国家枢纽节点之间进一步打通网络传输通道，加快实施"东数西算"工程，提升跨区域算力调度水平。

03 加强云算力服务、数据流通、数据应用、安全保障等方面的探索实践，发挥示范和带动作用。

04 国家枢纽节点以外的地区，统筹省内数据中心规划布局，与国家枢纽节点加强衔接，参与国家和省之间算力级联调度，开展算力与算法、数据、应用资源的一体化协同创新。

图 7-1 "东数西算"总体思路

2022 年 2 月，国家发展改革委等部门印发通知，同意在京津冀、长三角、粤港澳大湾区、成渝、内蒙古、贵州、甘肃、宁夏等 8 地启动建设国家算力枢纽节点（见图 7-2），并规划了包括东部地区的张家口集群、芜湖集群、长三角生态绿色一体化发展示范区集群、韶关集群，以及西部地区的和林格尔集群、中卫集群、庆阳集群、天府集群、重庆集群、贵安集群在内的 10 个国家数据中心集群。2023 年 12 月，国家发展改革委等部门发布《关于深入实施"东数西算"工程 加快构建全国一体化算力网的实施意见》，提出到 2025 年底，综合算力基础设施体系初步成型。

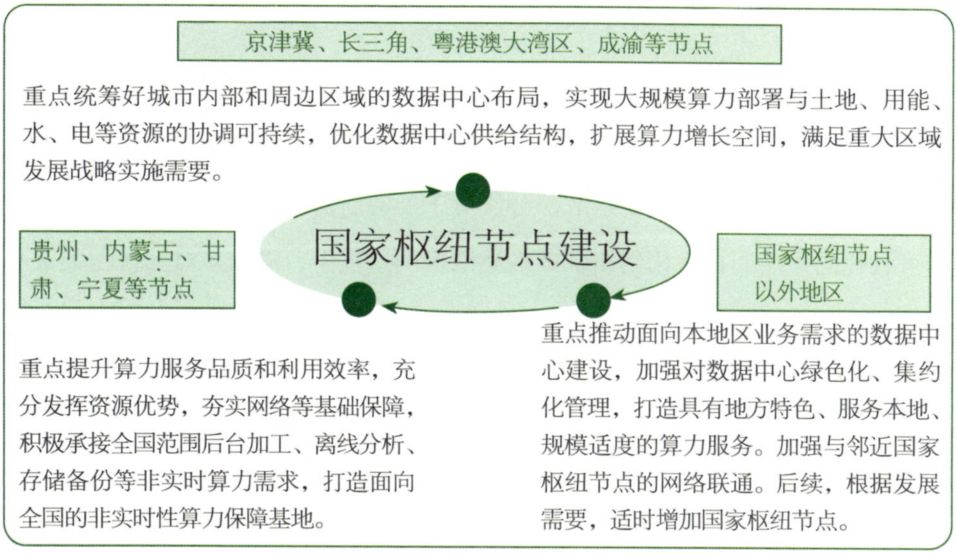

```
┌─────────────────────────────────────────────────────────┐
│         京津冀、长三角、粤港澳大湾区、成渝等节点          │
│                                                         │
│  重点统筹好城市内部和周边区域的数据中心布局，实现大规模算│
│  力部署与土地、用能、水、电等资源的协调可持续，优化数据中│
│  心供给结构，扩展算力增长空间，满足重大区域发展战略实施需│
│  要。                                                   │
│                                                         │
│  ┌──────────┐         国家枢纽节点建设        ┌────────┐│
│  │贵州、内蒙古│                                │国家枢纽 ││
│  │、甘肃、宁夏│                                │节点以外 ││
│  │等节点    │                                │地区    ││
│  └──────────┘                                └────────┘│
│                                                         │
│  重点提升算力服务品质和利用效率，充     重点推动面向本地区│
│  分发挥资源优势，夯实网络等基础保障，   业务需求的数据中心│
│  积极承接全国范围后台加工、离线分析、   建设，加强对数据中│
│  存储备份等非实时算力需求，打造面向     心绿色化、集约化管│
│  全国的非实时性算力保障基地。           理，打造具有地方特│
│                                         色、服务本地、规模│
│                                         适度的算力服务。加│
│                                         强与邻近国家枢纽节│
│                                         点的网络联通。后续│
│                                         ，根据发展需要，适│
│                                         时增加国家枢纽节点│
│                                         。                │
└─────────────────────────────────────────────────────────┘
```

图 7-2 国家枢纽节点建设分布

（三）升级改造传统基础设施

加速传统基础设施数字化进程，为各要素、各主体、各行业的泛在互联奠定坚实基础。鼓励利用云计算、大数据、人工智能等技术，对传统基础设施进行智能化改造。例如，在交通领域，通过对道路、路边标志、交通信号系统等进行数字化、智能化改造，实现对车、路、人的实时管控和交通流的智能调控。在能源领域，通过电网、燃气网等数字化建设，实现电力供应和能源消费的实时监测、调度、优化和精细化管理，提高能源利用效率，降低能源损耗。在市政方面，利用大数据、人工智能等技术提升城市管理水平，建设"城市大脑"等智慧管理平台，实现城市运行状态的实时监测和预警。同时，要建立和完善数字化基础设施的标准体系，包括数据交换标准、接口标准、安全标准等，确保不同系统之间的兼容性和互操作性，为大规模升级改造提供统一规范。

（四）加快建设创新基础设施

统筹规划和推动大科学装置、核心技术平台等建设，打造更加完善、高效的创新基础设施体系，为我国的科技创新提供强有力的支撑和保障。大科学装置作为创新基础设施的重要组成部分，对于推动前沿科学研究和技术突破具有不可替代的作用。在优化创新基础设施结构的过程中，需加大对大科学装置的投入，提升科研能力和技术水平，确保我国在关键领域的自主研发和创新能力。核心技术平台是科技创新的重要支撑，对于促进产学研深度融合、加速科技成果转化具有重要意义。在统筹建设过程中，需注重核心技术平台的布局与发展，通过整合资源、优化结构，打造一批具有国际竞争力的核心技术平台，为科技创新提供坚实的支撑。

二、系统集成　综合效益要高

在数字基础设施主要功能的基础上，增加和拓展其他功能，有序推进设备更新换代，同步推进设施功能升级，鼓励"一基多用""一基多能"，提高功能协同性。

（一）提升数字基础设施综合效益

数字基础设施作为现代经济社会发展的重要支撑，其综合效益的提升至关重要，需实现全面、协调、可持续发展。

在经济效益方面，遵循经济规律和技术演进趋势，坚持适度超前杜绝过度超前的原则，有序推进数字基础设施建设，确保数字基础设施同发展基础和现实需求相匹配，提高数字基础设施的投资效率和运行效能，提升数字基础设施投入产出比。

在社会效益方面，以更好满足社会高效运转和人民群众美好生活需要为基本出发点，针对市场失灵突出的领域，加强对中西部地区和农村地区数字基础设施的建设，进一步缩小数字鸿沟（见图7-3）。大力提升智慧医疗、智慧教育等新型公共服务能力，充分发挥数字技术辐射延伸作用，提高公共服务的均等普惠水平，改善民生福祉，提高人民群众的获得感、幸福感、安全感。

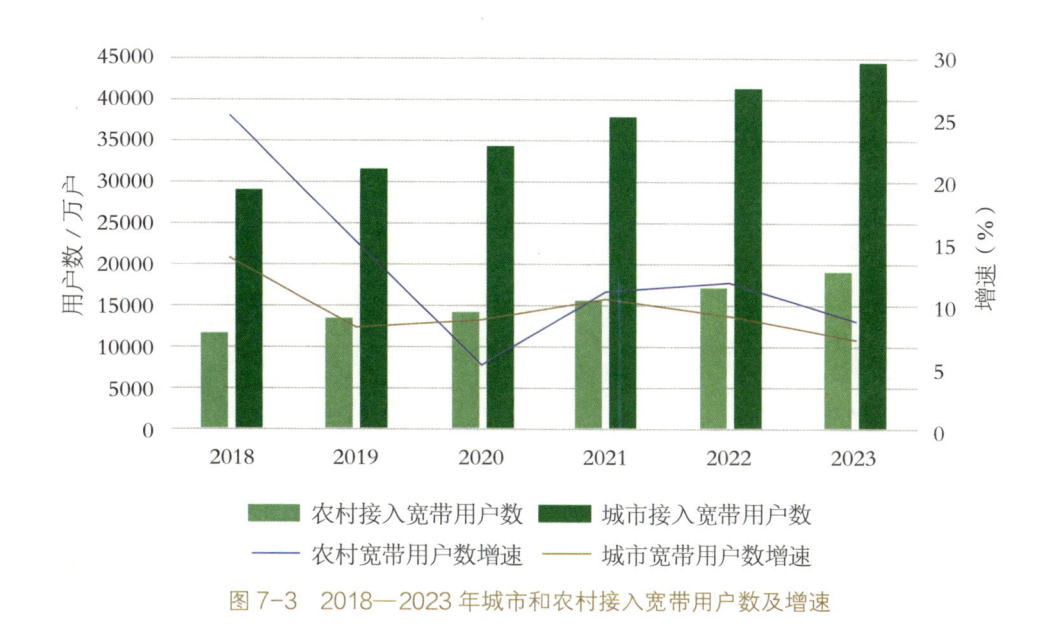

图7-3 2018—2023年城市和农村接入宽带用户数及增速

在生态效益方面，加强数字技术与绿色技术的深度融合创新，充分利用数字基础设施优化提升经济社会运行效率，通过建设能源互联网、加强数字设施的绿电使用率、提升智慧交通效率等举措，减少能源和资源的消耗总量，更好地推动绿色低碳发展，促进生态文明建设。

在安全效益方面，全面强化各类新型基础设施的安全功能，加强网络和信息安全保护，增强工业控制系统、关键基础设施的安全防护体系建设，加强重要数字基础设施的灾难备份能力建设，提高新型基础设施的安全韧性。

（二）提升数字基础设施数据流通功能

优化建设信息通信技术，提升数据资源利用效率、促进数据资源共享共用。信息基础设施是数据流通的基石，需要不断提升网络带宽、降低传输时延，确保数据能够快速、稳定地传输。此外，随着物联网、云计算、边缘计算等技术的快速发展，数据产生的源头和处理方式也在发生深刻变化。需要探索研究前沿技术应用，更好地承载数据要素的流通。融合基础设施建设对于整合各类数据资源、打破信息孤岛具有重要意义，需要重点关注数据的标准化和规范化，确保不同来源、不同格式的数据能够相互融合，实现数据资源共享。

（三）强化数字基础设施创新赋能功能

数字基础设施对提升抢抓创新赛道、布局未来产业具有重要的支撑作用。持续推动前沿技术的研发和应用，加大科技投入，优化创新环境，吸引和培养高水平创新人才，引领科技创新的方向，为抢抓创新赛道提供源源不断的动力。紧密结合未来产业的发展需求，精准布局相关设施和技术平台。通过优化资源配置，打造产业链上下游协同发展的生态环境。通过促进信息通信技术与传统产业的深度融合，提升产业智能化、绿色化水平，新型基础设施能够助力实体经济实现高质量发展，为未来产业的发展奠定坚实基础。

（四）推动提升数字基础设施功能叠加

融合基础设施能够为移动基站、传输光缆、边缘计算等信息基础设施部署提供便利条件。在城市道路、高速公路、铁路等建设中，充分考虑光缆线路、移动基站等设施建设需要，预留通信管道、基站站址和电力引接条件，在路侧等位置为光交接箱、边缘计算机柜等预留安装位置。在智慧城市管理设施建设中，充分考虑路灯杆、信号杆、电力杆塔等感知设备的载体作用，统筹部署包含移动基站天线、摄像头、车联网路侧单元（RSU）等功能的杆塔。在电力设施规划中，注重计算位置和计算密度变化带来的影响，加强大型超大型算力设施中长期供电保障，为边缘计算部署提供电力升级便利。

三、新中求新　建设布局要新

布局新一代数字基础设施，要充分发挥政府"有形的手"的统筹布局作用，着力围绕数字基础设施建设和应用中的市场失灵问题，在现有数字基础设施发展的基础上，统筹存量和增量、传统和新型基础设施发展，充分考虑地区差异和资源禀赋，因地制宜推进数字基础设施建设，优化区域布局、服务战略布局、引导产业布局、超前立体布局、加强国际布局，持续追求技术创新、模式创新和战略创新，以适应不断变化的市场需求和未来发展趋势，形成与新发展格局相匹配的数字基础设施总体布局。

（一）因地制宜优化数字基础设施区域布局

立足我国主体功能区划和地区比较优势，因地制宜优化数字基础设施空间布局，实现资源的优化配置和高效利用。东部沿海地区充分发挥市场规模大、应用需求旺、产业配套强的特点，重点发展支撑高端制造业和数字服务业的数字基础设施，提升5G、高速光网等数字基础设施的空间区域覆盖密度。中西部地区充分发挥土地、能源、战略纵深优势，重点发展超大型数据中心、能源互联网等基础设施，推动数字基础设施向农村地区延伸。紧密围绕京津冀、长三角、粤港澳大湾区等国家战略发展布局，构建高效、智能、绿色的数字基础设施体系。围绕京津冀区域协同发展战略，深化智慧交通、智慧医疗等融合基础设施应用和跨区域协同融合，发挥科教资源优势构建创新基础设施高地作用，提高城市科技创新活力、经济发展质量、公共服务水平、社会治理能力，打造首都副中心、雄安新区智慧城市新样板。长三角地区数字基础设施布局侧重于5G网络、工业互联网、车联网、"城市大脑"、"产业大脑"等设施建设，通过构建高效的信息通信网络，促进区域内产业协同和创新发展，打造全球领先的数字经济高地。粤港澳大湾区要统筹推进"数字湾区"建设，加强港澳与内地的基础设施对接，推动数字技术与金融、科技、文化等领域的深度融合，打造国际科技创新中心和全球重要的先进制造业基地。

（二）协同布局数字基础设施与产业体系

加强数字型基础设施规划和产业体系规划协调衔接，充分发挥政策引导、资金支持的作用，推动数字基础设施围绕重大生产力布局开展重点布局，推动设施、技术、产业的深度融合创新，提升数字基础设施的经济效益。加强重点产业集群倾斜布局，围绕培育新质生产力，深化设施、设备和数据共享，提升5G、工业互联网、边缘计算、车联网等在重点产业园区和产业集群的覆盖密度和应用水平，推动形成数字基础设施建设和现代化产业体系发展相互协调、相互促进的局面。加强特色优势产业倾斜布局，各地区结合自身资源禀赋和产业基础，科学规划数字基础设施项目，围绕各区域的产业定位和发展方向，针对性强化符合本地产业发展实际的数字基础设施布局，确保产业布局的合理性和可持续性，持续巩固特色产业优势。

（三）适度超前布局前沿数字基础设施

准确把握技术创新发展趋势，超前布局人工智能、量子信息等领域新型基础设施。加强人工智能基础设施布局，加强高端智算芯片制造装备创新，加快构建自主可控的智算中心体系，推动高质量语料库和数据级建设，构建人工智能开源社区，推动算法、算力、数据等核心要素的深度融合，加速人工智能技术在智能制造、智慧医疗、智能交通等领域的应用，支撑脑机接口创新，提升我国在全球人工智能领域的竞争力。加强量子信息基础设施布局，加大对量子计算基础设施的投入，支持研发具有自主知识产权的量子计算操作系统和相关软件，推动连接各地的省域量子保密通信骨干网络建设，加快量子计算产业生态的培育和发展，抢占全球量子计算产业的制高点。加强中试和应用验证平台建设，围绕技术创新前沿热点、重点领域，建设一批中试和应用验证平台，提升精密测量仪器、高端试验设备、设计仿真软件等供给能力，为关键技术验证提供试用环境，加快新技术向现实生产力转化。同步培育建设一批中试公共服务机构，提高工程开发、技术熟化、样品试制、测试验证等中试服务水平。

拓展阅读

中国科学技术大学实现"九章三号"光量子计算原型机构建

中国科学技术大学中国科学院量子信息与量子科技创新研究院研究团队与中国科学院上海微系统所、国家并行计算机工程技术研究中心合作，成功构建了255个光子的量子计算原型机"九章三号"，再度刷新了光量子信息的技术水平和量子计算优越性的世界纪录。科研人员设计了时空解复用的光子探测新方法，构建了高保真度的准光子数可分辨探测器，提升了光子操纵水平和量子计算复杂度。根据公开正式发表的最优经典精确采样算法，"九章三号"处理高斯玻色取样的速度比上一代"九章二号"提升了一百万倍。"九章三号"在百万分之一秒时间内所处理的最高复杂度的样本，需要当前最强的超级计算机"前沿"（Frontier）花费超过二百亿年的时间。这一成果进一步巩固了我国在光量子计算领域的国际领先地位。如图7-4所示。

量子计算是后摩尔时代的一种新的计算范式，它在原理上具有超快的并行计算能力，可望通过特定量子算法在一些具有重大社会和经济价值的问题方面相比经典计算机实现指数级别的加速。因而，研制量子计算机是当前世界科技前沿的最大挑战之一。

向新而行：发展新质生产力

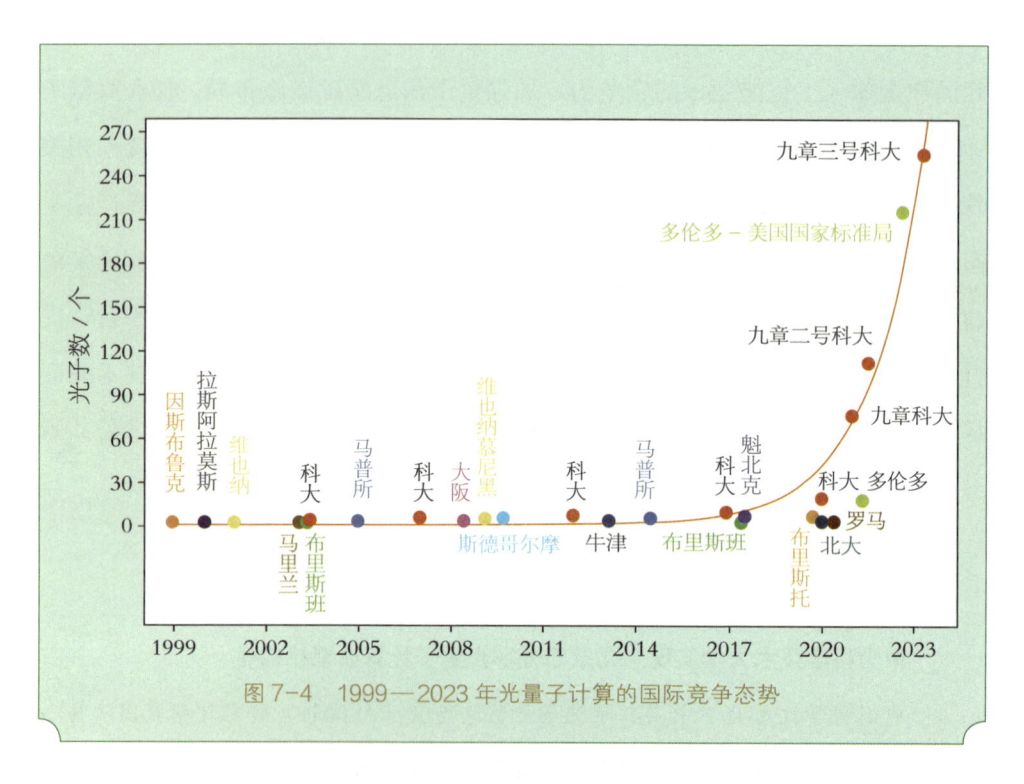

图 7-4　1999—2023 年光量子计算的国际竞争态势

（四）加快推动数字基础设施产能"走出去"

加强数字基础设施国际开放合作，更好支撑国内国际双循环发展格局，有力支撑"走出去"战略。加强数字基础设施国际互联互通，按需提升国际互联网出口带宽和速度，满足日益增长的跨境数据传输需求。推动高速、安全的国际通信网络建设。加强与国际电信运营商的合作，共同推进国际互联网基础设施建设，实现资源共享和互利共赢。加强数字基础设施国际服务延伸。增强我国北斗导航、船舶自动识别系统（AIS）、卫星互联网、人民币跨境支付系统（CIPS）等国际化数字基础设施的全球影响力和覆盖度，提升国际用户规模，提升我国数字基础设施的全球竞争力。加快推进数字基础设施产能"走出去"，依托"一带一路"倡议、"金砖+"、中非论坛等合作机制，大力推动5G、智慧城市、智慧水利、智慧交通等数字基础设施产能"走出去"，更高水平对外开放。通过与沿线国家开展宽带技术交流与合作，促进信息技术的跨国流动和应用，为各国经济社会发展提供更好的数字化基础设施支撑。加强数字基础设施技术标准和制度规则合作，积极参与 6G、人工智能、量子计算等领域国际标准规则制定，增强我国在数字基础设施标准规范和技术协议方面的话语权，推动建立更加公正合理的国际规则和制度体系，推动全球数字经济的协同发展。

拓展阅读

北斗导航"走出去" 助力全球数字经济发展

北斗卫星导航系统（Beidou Navigation Satellite System，BDS）是中国自行研制的全球卫星导航系统，也是继美国 GPS、俄罗斯 GLONASS 之后的第三个成熟的卫星导航系统。北斗卫星导航系统和美国 GPS、俄罗斯 GLONASS、欧盟 GALILEO，是联合国卫星导航委员会认定的供应商。

北斗系统积极加入国际标准组织，2023 年，《国际民用航空公约》附件 10 最新修订版正式生效，其中包含了北斗卫星导航系统标准和建议措施，标志着北斗系统正式加入国际民航组织（ICAO）标准，成为全球民航通用的卫星导航系统，进一步验证了北斗系统的全球服务能力。

北斗系统服务受到越来越多国家的关注和认可。由于塔吉克斯坦全境处于地震活跃地带，长久以来，萨雷兹湖乌索伊大坝的溃坝问题一直受到国际社会高度关注。由中方牵头，中国与塔吉克斯坦多家单位联合建成的"萨雷兹湖乌索伊大坝北斗变形监测应用"系统，自 2021 年起便作为湖区安全的守护者。2021 年 10 月 8 日，中国北斗的监测信号自萨雷兹湖畔成功传出，首期布设的 2 个监测站开始为塔方提供毫米级精度位移变形数据。2022 年 9 月，监测系统完成升级扩建，在坝区增加了 6 个监测站，与此前 2 个监测站共同组成区域北斗监测网，切实提高实时数据获取的连续性，有效扩大监测范围并提高解算的稳定性。这一北斗应用在为国际减灾防灾合作提供支撑的同时，也成为见证中国方案、中国技术、中国智慧"走出去"的重要例证。

向新而行：发展新质生产力

2024年6月，湖南北斗微芯产业发展有限公司和老挝科技与通信部科技与创新司签订北斗应用重大项目合作协议，项目投资金额将达4000万美元。该合作项目将使老挝能够更广泛利用卫星技术的力量，包括但不限于灾害管理、环境监测、农业规划和电信领域。

第八章
镌绘新质生产力的绿色底色

绿色发展是高质量发展的底色,新质生产力本身就是绿色生产力。

——摘自习近平总书记在二十届中央政治局第十一次集体学习时的讲话

第一节　新质生产力本身就是绿色生产力

21世纪中叶是我国全面建成社会主义现代化强国、实现第二个百年奋斗目标的重要时间节点。中国式现代化不同于西方，是在坚持走生产发展、生活富裕、生态良好的文明发展道路过程中形成的人与自然和谐共生的现代化。2024年8月印发的《中共中央　国务院关于加快经济社会发展全面绿色转型的意见》提出："推动经济社会发展绿色化、低碳化，是新时代党治国理政新理念新实践的重要标志，是实现高质量发展的关键环节，是解决我国资源环境生态问题的基础之策，是建设人与自然和谐共生现代化的内在要求。""人与自然和谐共生的现代化"要求我们"完整、准确、全面贯彻新发展理念，保持战略定力，站在人与自然和谐共生的高度来谋划经济社会发展"。[①]加强生态文明建设、推动绿色低碳发展，是实现高质量发展的题中应有之义。

一、新质生产力的生态意蕴

习近平总书记指出，"新质生产力是创新起主导作用，摆脱传统经济增长方式、生产力发展路径，具有高科技、高效能、高质量特征，符合新发展理念的先进生产力质态。它由技术革命性突破、生产要素创新性配置、产业深度转型升级而催生，以劳动者、劳动资料、劳动对象及其优化组合的跃升为基本内

[①] 习近平：《论坚持人与自然和谐共生》，中央文献出版社2022年版，第282页。

向新而行：发展新质生产力

涵，以全要素生产率大幅提升为核心标志"[1]。新质生产力在理念上以习近平生态文明思想为指导，在路径上彰显了绿色化、低碳化、智能化的要求。新质生产力，从发展方式来看，以创新赋能绿色发展，提升资源利用效率，加快经济体系的绿色转型，超越了西方现代化"先污染、后治理"的传统发展路径；从发展质态来看，不同于传统生产力可能存在的过度开发、忽视环境成本等问题，更加注重兼顾经济发展与环境保护，重视生态效益与社会福祉，具有鲜明的生态属性。

（一）坚持以绿色低碳为出发点

党的二十大报告指出："高质量发展是全面建设社会主义现代化国家的首要任务。发展是党执政兴国的第一要务。没有坚实的物质技术基础，就不可能全面建成社会主义现代化强国。"总体来看，我国经济发达地区对生态优先、绿色发展理念践行力度较大，但欠发达地区仍在很大程度上依赖传统发展方式，经济发展的资源环境代价较大。[2]新时期，我国经济发展要由粗放型向集约型、由要素投入为主向以创新驱动为主转变，从"有没有"向"好不好"转变。具体而言，从经济发展方式上看，要建立健全绿色低碳循环发展的经济体系；从生产和消费看，要建立清洁、低碳、高效、安全的现代化能源生产和消费体系；从人民生活看，要倡导绿色低碳生活，通过绿色消费带动绿色生产的快速增长。这是高质量发展的要求，也是新质生产力理论提出的时代背景。与传统生产力不同的是，新质生产力将生产力的绿色化、低碳化和绿色化相统一，本质上是要协调发展和保护的关系，这与高质量发展要求是一致的。[3]为了实现可

---

[1] 《加快发展新质生产力　扎实推进高质量发展》，《人民日报》2024年2月2日。
[2] 参见韩保江主编《中国经济高质量发展报告（2022）——践行绿色发展理念》，社会科学文献出版社2022年版。
[3] 韩融：《积极参与应对气候变化全球治理——学习习近平总书记关于气候变化全球治理的重要论述》，《中国减灾》2023年第11期。

持续发展，发展新质生产力应将绿色低碳作为基本出发点。反之，新质生产力也能为我国绿色低碳转型赋能。正如习近平总书记所说："高质量发展需要新的生产力理论来指导，而新质生产力已经在实践中形成并展示出对高质量发展的强劲推动力、支撑力，需要我们从理论上进行总结、概括，用以指导新的发展实践。"①

（二）坚持把资源环境作为生产要素

新质生产力是由技术革命性突破、生产要素创新性配置、产业深度转型升级而催生的先进生产力，对劳动者、劳动资料、劳动对象都提出新的更高要求。习近平总书记指出，"绿水青山就是金山银山"，"保护生态环境就是保护生产力，改善生态环境就是发展生产力"。②他从生态环境生产力视角理解人与自然关系，把资源环境作为生产要素，把资源环境所提供的生产方式看成资本的一种类型。而在西方主流经济视野中，作为市场体系的传统要素是土地、资本、劳动力。能产生自然资本的资源环境被作为一种给定的外界投入品，不计入预付资本中，不会推动生产力发展。

习近平生态文明思想中的自然资本是由资源环境要素增值形成的，可以推动生产力的发展及生产关系的改善。早在2003年10月，时任浙江省委书记的习近平与浙江省委党校部分学员座谈时就指出"生态环境是资源，是资产"。2018年5月，习近平总书记在全国生态环境保护大会上进一步强调："绿水青山既是自然财富、生态财富，又是社会财富、经济财富。保护生态环境就是保护自然价值和增值自然资本，就是保护经济社会发展潜力和后劲，使绿水青山持续发挥生态效益和经济社会效益。"这就要求在进行物质生产时必须尊重生态环

---

① 《加快发展新质生产力　扎实推进高质量发展》，《人民日报》2024年2月2日。
② 中共中央文献研究室编《习近平关于社会主义生态文明建设论述摘编》，中央文献出版社2017年版，第23页。

境阈限规律，并在尊重自然规律的前提下更高效率地利用生态环境资源。以自然资本理论为基础的"两山论"明确指出了保护环境本质上也是发展经济，二者并不矛盾；保护生态环境就是在保护和发展生产力，生态环境不仅是财富的自然体现，而且可以增值。"两山论"将自然生产作为与社会生产相对独立的部分，置于生产力系统中的关键位置，系统地论述了二者的一体化关系，实现了马克思主义生产力理论的新突破。

（三）坚持把气候变化作为约束条件

根据联合国政府间气候变化专门委员会（IPCC）[①]第六次评估报告（AR6）第一工作组报告《气候变化2021：自然科学基础》，工业化以来的人为影响已造成气候的显著变暖。夏威夷莫纳罗亚岛（Mauna Loa）观测显示，2023年全球大气二氧化碳（CO_2）浓度超过420ppm（$1ppm=10^{-6}$），高于至少200万年来的任何时候；甲烷（CH_4）和氧化亚氮（N_2O）的浓度也达到了至少80万年来的最高水平。[②]20世纪90年代初，我国在青海的瓦里关山也建立了大气本底观测站[③]，观测资料显示我国的大气二氧化碳浓度与全球同步增加。气候变化是"危机倍增器"，在其影响下，全球可持续发展的情况进一步恶化。《气候变化2021：自然科学基础》指出，如果按照目前升温趋势，下一个20年全球平均温度的升高预计会在1850—1900年的水平上达到或超过1.5摄氏度。若平均温度超过1.5摄氏度临界点，气候灾害发生的频率和强度将大幅上升，带来极端气候事件、

[①] 联合国政府间气候变化专门委员会（Intergovernmental Panel on Climate Change, IPCC）是联合国环境规划署（UNEP）和世界气象组织（WMO）于1988年联合建立的政府间机构，主要任务是定期对气候变化科学知识的现状，气候变化对社会、经济的潜在影响以及如何适应和减缓气候变化的可能对策进行评估。

[②] Intergovernmental Panel on Climate Change(IPCC), *Climate Change 2021: The Physical Science Basis* (Cambridge: Cambridge University Press, 2021)。

[③] 中国青海瓦里关全球大气本底站是世界气象组织全球29个大气本底基准观测站之一。

第八章　镌绘新质生产力的绿色底色

冰川消融、生物多样性丧失等长时间尺度的、不可逆的风险。面对日益严峻的资源环境挑战，多个国家和地区将低碳化、零碳化融入中长期绿色发展战略中，提出了更新后的绿色发展目标。截至2023年，已有150多个国家和地区提出碳中和目标，而我国是全球主要碳排放国中首个设定碳中和目标的发展中国家。国际社会普遍认为，中国已经在应对气候变化方面作出了自己能力范围内的最高承诺，体现了共建清洁美丽世界的大国担当。

目前，我国二氧化碳排放总量和人均二氧化碳排放量仍处于上升期。造成这个现象的原因主要有两点：一是经济结构，二是能效水平。改革开放以来，我国经济结构调整取得重要进展，发展协调性显著增强，但是不平衡不充分问题仍比较突出。所以从产业升级的角度看，需要通过碳排放这个指标，推动产业结构优化升级，引领绿色低碳产业发展，为经济高质量发展注入新活力。从全球范围看，我国能耗水平偏高，距离发达国家仍有差距。通过碳达峰碳中和目标约束，一方面可以提升高能耗高排放项目能耗准入标准；另一方面引领行业、企业瞄准国际先进水平，推动节能降碳改造升级，大幅度提升能源利用效率。[①] 因此，新质生产力应以气候变化为约束条件，推动能源经济和传统产业转型升级。

二、绿色转型助力碳达峰碳中和

2020年9月，习近平主席在第75届联合国大会一般性辩论上提出："中国将提高国家自主贡献力度，采取更加有力的政策和措施，二氧化碳排放力争于2030年前达到峰值，努力争取2060年前实现碳中和。"[②] 随后，中央财经委员会

---

① 韩融：《积极参与应对气候变化全球治理——学习习近平总书记关于气候变化全球治理的重要论述》，《中国减灾》2023年第11期。
② 《习近平在第七十五届联合国大会一般性辩论上发表重要讲话》，《人民日报》2020年9月23日。

向新而行：发展新质生产力

第九次会议作出把碳达峰碳中和纳入生态文明建设整体布局的战略部署，要求各地方、各部门"拿出抓铁有痕的劲头，如期实现2030年前碳达峰、2060年前碳中和的目标"[1]。党的二十大报告提出，要"积极稳妥推进碳达峰碳中和"。碳达峰碳中和目标（见表8-1）是党中央、国务院统筹国际国内两个大局作出的重大战略决策，是一场广泛而深刻的经济社会系统性变革。党的十八大以来，我们党把生态文明建设作为统筹推进"五位一体"总体布局和协调推进"四个全面"战略布局的重要内容。将碳达峰碳中和纳入生态文明建设整体布局赋予了气候治理新的使命，意味着在新发展阶段，要在全面践行习近平生态文明思想、推动生态文明建设迈上历史新台阶、实现新进步的双重逻辑中，把碳达峰碳中和作为解决资源环境约束突出问题、实现中华民族永续发展的历史性任务来推动和落实。

表8-1 碳达峰碳中和战略的主要目标

	单位GDP能耗	单位GDP碳排放	非化石能源占比	风光发电装机容量	森林覆盖率	森林蓄积量
到2025年	比2020年下降13.5%	比2020年下降18%	达到20%左右	—	达到24.1%	达到180亿立方米
到2030年	大幅下降	比2005年下降65%以上	达到25%左右	达到12亿千瓦以上	达到25%左右	达到190亿立方米
到2035年	碳排放达峰后稳中有降，美丽中国目标基本实现					
到2060年	能源利用效率达到国际先进水平	—	达到80%以上			

注：具体数据和内容引自《中共中央 国务院关于完整准确全面贯彻新发展理念做好碳达峰碳中和工作的意见》和党的二十大报告。

---

[1] 《推动平台经济规范健康持续发展 把碳达峰碳中和纳入生态文明建设整体布局》，《人民日报》2021年3月16日。

（一）高碳的能源结构增加了"降碳"的难度

在我国现有能源消费结构中，煤炭占比仍然高达58%，而欧、美、日等发达国家和地区化石能源中煤炭占比低于30%。其次是石油，约为19%。我国石油进口依存度已经接近75%，远超国际警戒线（50%）。目前我国碳排放总量约为110亿吨，与能源相关的碳排放约100亿吨，人均二氧化碳排放量比发达经济体高出15%。2023年，我国的碳排放量增长了约5.65亿吨，是迄今为止全球最大的增幅，全国万元国内生产总值二氧化碳排放与2022年持平。我国的能源产量、能源消费量和能源进口量均居全球第1位。截至2023年底，煤炭在国内一次能源消费中占比仍然在50%以上；包括煤炭、石油、天然气在内的化石能源消费仍占到80%左右，其中煤炭开发利用过程中产生的碳排放量约占全国碳排放总量的60%~70%、石油和天然气占比在20%左右，是碳减排的关键所在。

"双碳"战略提出后，多项工作都凸显了能源转型的目标导向。《2030年前碳达峰行动方案》要求，以保障国家能源安全和经济发展为底线，推动能源低碳转型平稳过渡；《中共中央　国务院关于完整准确全面贯彻新发展理念做好碳达峰碳中和工作的意见》提出2060年非化石能源消费比重达到80%以上的目标；《中共中央　国务院关于加快建设全国统一大市场的意见》提出，"结合实现碳达峰碳中和目标任务，有序推进全国能源市场建设"。把能源转型作为实现绿色发展的关键着力点、实现"双碳"目标的"牛鼻子"，原因在于能源系统的低碳化程度是"双碳"战略决策落实效果的重要评判依据，也是衡量能源安全保障能力的重要指标。

（二）单一的传统产业结构制约了高质量发展

当前我国的非化石能源消费占比仅为20%左右，能源生产在未来一段时间很大程度上依然主要依靠化石能源，要在这样的情况下实现14亿多人口整体迈入现代化社会，二氧化碳减排压力巨大。我国能源行业发展多年，但对照现代产

向新而行：发展新质生产力

业体系创新型、再生性、生态性和高附加值的要求仍有较大差距。例如，从生产性服务业情况看，美国 GDP 当中生产性服务业占比为 50%，欧盟生产性服务业占 GDP 总量的 40% 左右；而我国的生产性服务业在 GDP 当中的占比是 20% 左右。

战略性新兴产业涵盖新一代信息技术、新能源、新材料、海洋装备等领域，与传统油气产业在转型升级过程中交织交融，形成了紧密互促的发展关系。例如，人工智能技术正在深度渗透到油气勘探与开发全流程、各环节，为传统能源产业充分赋能；传统能源与新能源的有机协同与高效耦合，推动了能源结构的优化升级，体现了新旧能源体系的互补与融合；海上、深地油气生产对高端装备的倚重，凸显了智能制造技术的关键支撑作用。宏观上看，一方面，传统油气产业为新兴产业乃至未来产业提供了超大规模的数据语料、广阔的创新应用场景和试验平台；另一方面，新兴产业的崛起与繁荣，也必将为传统产业的转型升级插上腾飞的翅膀。

以智能化技术为代表的新质生产力，将为我国共谋全球生态文明建设奠定坚实的物质技术基础。根据国际能源署测算，2030 年全球新能源汽车需求量将达 4500 万辆，是 2022 年的 4.5 倍；全球光伏新增装机需求将达 820 吉瓦（1 吉瓦 =100 万千瓦），是 2022 年的约 4 倍。当前众多国家对中国新能源产品的潜在需求巨大。中国新能源产业历经数十年的"换道超车"式发展，已经具备了全球市场竞争优势，在满足国内需求、推动实现"双碳"目标的同时，也为全球应对气候变化、实现绿色发展作出积极贡献。[①]

三、美丽中国亮出"绿色"新名片

党的十八大以来，以习近平同志为核心的党中央把生态文明建设摆在全局

---

① 刘志彪：《发展新质生产力为世界经济注入活力》，《光明日报》2024 年 4 月 16 日。

工作的突出位置，解决了生态环境保护"有没有""好不好""全面不全面"等一系列具有重大深远历史意义的问题。《中共中央关于党的百年奋斗重大成就和历史经验的决议》作出了重大判断："党的十八大以来，党中央以前所未有的力度抓生态文明建设，全党全国推动绿色发展的自觉性和主动性显著增强，美丽中国建设迈出重大步伐，我国生态环境保护发生历史性、转折性、全局性变化。"党的十八大以来，我国加快构建和完善导向清晰、决策科学、执行有力、激励有效的生态文明制度体系，持续提升绿色发展的政府治理效能，为绿色发展任务目标顺利实现提供坚实保障，如表8-2所示。

表8-2 我国发展方式绿色转型相关政策

2015年3月	中共中央政治局会议	首次将"绿色化"纳入现代化建设战略
2016年6月	工信部	《工业绿色发展规划（2016—2020年）》
2016年11月	国务院	《控制污染物排放许可制实施方案》
2016年12月	国务院	《"十三五"节能减排综合工作方案》
2017年6月	工信部等	《关于加强长江经济带工业绿色发展的指导意见》
2017年9月	中共中央办公厅、国务院	《关于创新体制机制推进农业绿色发展的意见》
2017年12月	国家发展改革委、工信部	《关于促进石化产业绿色发展的指导意见》
2017年12月	国家发展改革委	《全国碳排放权交易市场建设方案（发电行业）》
2018年7月	国家发展改革委	《关于创新和完善促进绿色发展价格机制的意见》
2019年1月	住建部	《近零能耗建筑技术标准》
2019年2月	国家发展改革委	《绿色产业指导目录（2019年版）》
2019年10月	国家发展改革委	《绿色生活创建行动总体方案》
2021年10月	国家发展改革委、工信部等	《关于严格能效约束推动重点领域节能降碳的若干意见》
2021年10月	国家发展改革委、水利部等	《"十四五"节水型社会建设规划》

续表

2021年10月	国家发展改革委、生态环境部等	《"十四五"全国清洁生产推行方案》
2022年1月	国家发展改革委、工信部等	《促进绿色消费实施方案》
2022年2月	国家发展改革委、工信部等	《高耗能行业重点领域节能降碳改造升级实施指南（2022年版）》
2022年9月	国务院	《国务院关于支持山东深化新旧动能转换推动绿色低碳高质量发展的意见》
2022年12月	国家发展改革委、科技部等	《关于进一步完善市场导向的绿色技术创新体系实施方案（2023—2025年）》
2024年2月	国家发展改革委等	《重点用能产品设备能效先进水平、节能水平和准入水平（2024年版）》
2024年2月	国家发展改革委等	《绿色低碳转型产业指导目录（2024年版）》
2024年6月	国家发展改革委等	《推动4个重点行业节能降碳——加快发展方式绿色转型》

新时代十年，全国重点城市 $PM_{2.5}$ 浓度下降57%，我国成为全球大气质量改善速度最快的国家，如图8-1所示。

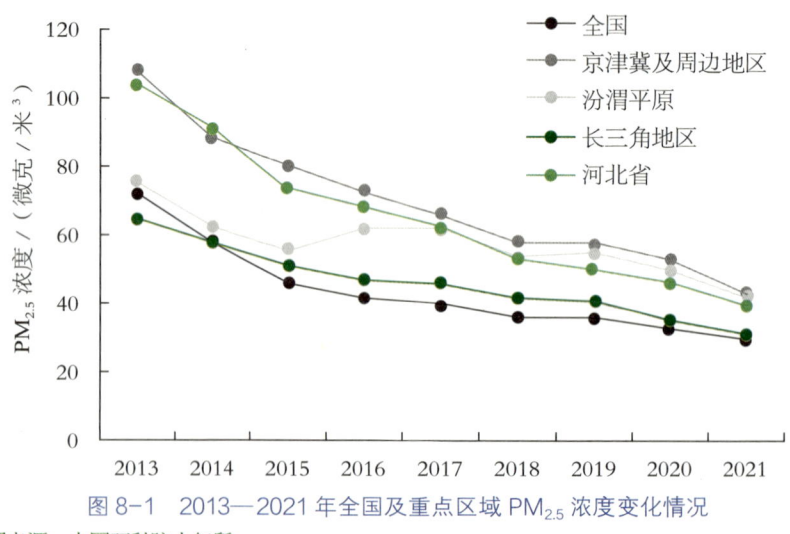

图8-1　2013—2021年全国及重点区域 $PM_{2.5}$ 浓度变化情况

数据来源：中国环科院大气所。

第八章　镌绘新质生产力的绿色底色

2021年，京津冀13个城市空气质量优良天数比例达到74.1%，比2013年提升32.2个百分点。2013—2022年，北京市PM$_{2.5}$浓度从2013年89.5微克/米^{3}下降至2022年30微克/米^3，累计下降近60微克/米^3，降幅近七成，年均下降超6微克/米^3，如图8-2所示，远高于主要发达国家城市，北京市大气环境治理成为全球环境治理的中国样本。

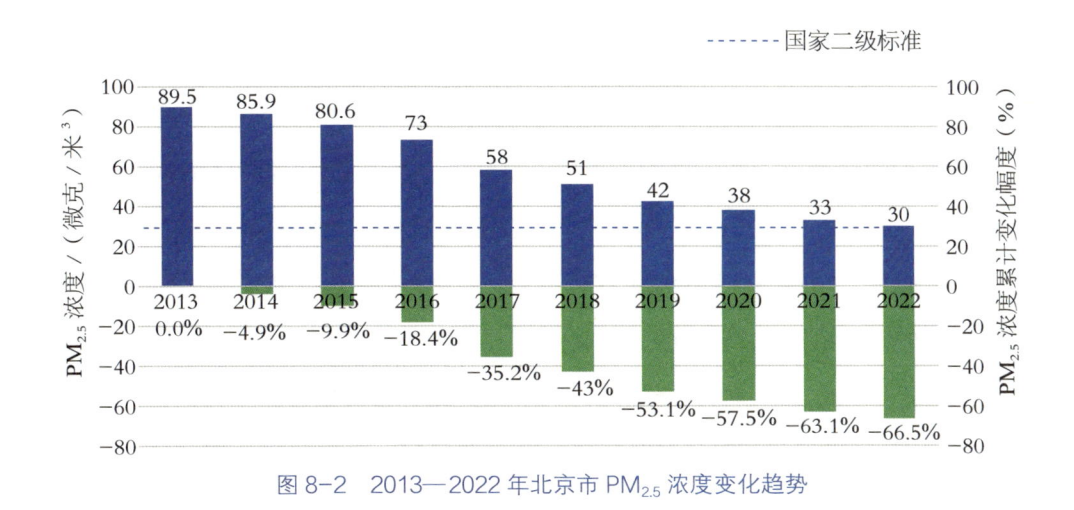

图8-2　2013—2022年北京市PM$_{2.5}$浓度变化趋势

全国地表水优良水质断面比例提高23.8个百分点，已接近发达国家水平。人工林保存面积达到13.14亿亩，稳居世界第一。[①] 国际合作方面，我国推动《巴黎协定》的达成、签署、生效和实施，开展应对气候变化南南合作，宣布并坚定地推动碳达峰碳中和。成功举办生物多样性第十五次缔约方大会第一阶段的会议，成立昆明生物多样性基金，支持发展中国家生物多样性的保护事业，为全球可持续发展提供中国智慧和中国方案。

---

① 顾仲阳、蔡华伟：《我国完成造林399.8万公顷（新数据 新看点）》，《人民日报》2024年3月13日。

向新而行：发展新质生产力

（一）绘就"天蓝地绿水清"的生态画卷

《2023年中国国土绿化状况公报》显示，2023年我国完成造林399.8万公顷、种草改良437.9万公顷、治理沙化石漠化土地190.5万公顷。完成国土绿化任务超800万公顷，国土绿化工作取得新成果。2023年，新建和改造提升城市绿地3.4万公顷，开工建设"口袋公园"4128个，建设绿道5325公里；林草产业总产值9.28万亿元；实现以经济林为主的森林食物产量2.26亿吨；生态旅游游客量25.31亿人次。

2018年11月，在首届中国国际进口博览会开幕式上，习近平总书记在主旨演讲中宣布支持"长江三角洲区域一体化发展并上升为国家战略"。长三角地区一体化发展迈入崭新阶段。2019年11月，习近平总书记在上海考察时强调："长三角三省一市要增强大局意识、全局观念，抓好《长江三角洲区域一体化发展规划纲要》贯彻落实，聚焦重点领域、重点区域、重大项目、重大平台，把一体化发展的文章做好。"[①] 长三角地区一体化发展再次提速。2023年，长三角地区41个城市空气平均优良天数比例为83.7%，$PM_{2.5}$浓度为32微克/米³，连续四年达到国家二级标准；水方面，594个地表水国考断面水质优良（Ⅰ~Ⅲ类）比例为93.4%，达到历史最好水平。

（二）绿色低碳转型取得显著成效

党的十八大以来，我们大力发展循环经济，在全社会倡导厉行节约、反对浪费，推动资源节约集约高效利用，取得积极成效。2012—2021年，全国单位GDP建设用地使用面积下降了40.85%，国土经济密度明显提高；全国单位

[①]《深入学习贯彻党的十九届四中全会精神　提高社会主义现代化国际大都市治理能力和水平》，《人民日报》2019年11月4日。

GDP 能耗下降了 26.4%，单位 GDP 水耗下降了 45%，主要资源产出率提高了约 58%，能源资源利用效率大幅提升。新的历史时期，我们要持续推进生态优先、节约集约、绿色低碳发展，形成全民崇尚节约的浓厚氛围。

我国绿色低碳转型成效显著。2021 年中国国内生产总值约占全球经济的比重为 18.5%，稳居世界第二；非化石能源占一次能源消费比重从 2005 年的 7.4% 增加到了 2021 年的 16.6%；2021 年全年相关行业建设项目环评审批数量同比下降超三成，压减拟上马的"两高一低"项目 350 多个，减少新增用能需求 2.7 亿吨标准煤。2021 年全国可再生能源发电量占全部发电量的 29.7%。全国风电平均利用率 96.9%，光伏发电利用率为 98%，主要流域水能利用率约 97%，均已达到国际领先水平，形成我国绿色能源的巨大优势。强大综合国力和制度优势为实现"双碳"目标提供了保障。

（三）多个国际生态承诺已超额完成

中国政府十分重视对参与签订的国际生态环境条约的履行，专门成立生态环境部对外合作与交流中心，负责履行国际环保公约，开展双边、多边国际环境合作。在中国共产党的坚强领导下，中国拥有其他缔约方无可比拟的制度优势，已提前超额完成了多个国际可持续发展承诺。中国自古秉持"与天下同利者，天下持之；擅天下之利者，天下谋之"的理念，习近平总书记提出的共建"一带一路"倡议，抓住了可持续发展这一"各方最大利益契合点和最佳合作切入点"，是构建人类命运共同体的生动实践。在参与"一带一路"建设过程中，沿线国家和地区，乃至全球获得了巨大机遇和发展红利。

拓展阅读

守护南美绿水青山——"一带一路"绿色基础设施建设的实践

2019 年 10 月 25 日，在中国国家主席习近平和巴西总统博尔索纳罗的共同见证下，中国国家电网公司和巴西矿产能源部共同签署了巴西美丽山二期工程运行许可，标志着从亚马孙到里约的特高压直流送出工程正式投入商业运行。

　　项目的成功实施得益于中国国家电网公司对巴西当地环境法规的高度重视和严格落实。巴西是世界上环保法规最多的国家，法律规定工程开工前都必须通过环境评价。美丽山二期特高压输电网北起亚马孙，南至里约，中途要经过20个自然保护区、860余条河流。2015年中国国家电网公司中标后，聘请了多名动植物专家和环保专家，实施项目全过程环境管理。在施工过程中，中国国家电网公司坚持生态优先、保护优先原则，不惜增加千余吨塔材，先后进行了20多次输电线路优化设计。对自然的尊重换来了可喜的生态效益。据统计，中国国家电网公司工程团队发现并保护动植物1700多种，并且为当地提出了有关地理环境保护、动植物保护等19个方案。这是中国企业积极服务"一带一路"基础设施建设、有力回击西方"环境威胁论"的生动实践。项目推动了中国特高压技术走入巴西，以清洁水电满足当地2200万人的用电需求，并且在基础设施建设过程中，守护了南美的绿水青山，为中国在巴西乃至拉美地区推进"一带一路"倡议提供了重要经验借鉴。

第二节　厚植绿色技术创新优势

一、做强绿色制造业

　　作为我国国民经济的支柱产业，制造业在推动我国经济发展进程中扮演着重要角色。但是，我国制造业存在效能低下、产能过剩、环境污染等突出问题。实现高质量发展，根本上要依靠经济社会发展全面绿色转型，推动经济走上绿色低碳循环发展的道路，这是解决我国资源环境生态问题的基础之策。2021年2月22日，国务院发布了《关于加快建立健全绿色低碳循环发展经济体系的指导意见》，明确要求经济发展应建立在高效利用资源、严格保护生态环境、有效控制温室气体排放的基础上，这为长期经济发展和产业升级指明了方向。以新能源汽车、锂电池、光伏产品为代表的中国"新三样"，正成为中国制造转型升级、攀登"高峰"的最新象征。

拓展阅读

从"老三样"到"新三样"

过去，服装、家具、家电等"老三样"大量出口、走俏海外。如今，新能源汽车、锂电池、光伏产品等外贸"新三样"扬帆出海、叫响全球。据海关统计，2023年，我国外贸"新三样"合计出口额首次突破万亿元大关。海关总署2024年4月18日发布的数据显示，2024年一季度，我国电动载人汽车、太阳能电池、锂离子蓄电池出口量同比分别增长28.5%、24.7%、5.9%，表现十分亮眼。贸易出口是中国制造的"晴雨表"和"显示器"。时代在变，我国出口货物也在不断升级迭代、花样翻新。从"老三样"的"老树发新芽"中，我们看到了中国制造的高端化、智能化、绿色化转型，不断焕发新生机；从"新三样"的"无中生有"中，我们看到了中国制造的创新活力。

"老三样"看似老东西，其实内涵和品质早已与时俱进、提档升级、今非昔比。七匹狼展出传递"人与自然和谐共生"理念的新款双面夹克，品质把控上，不断优化传统工艺、弥补技术短板；雅戈尔每年新开发几百种面料，实现设计、品质、创新、服务的全方位提升。英国某品牌评估机构发布的2023年"全球电子和家电品牌价值50强"中，美的、格力、海尔等10多家来自中国大陆的品牌入围。从改革开放之初的奋起直追，到加入世界贸易组织后的快速发展，再到近年来坚定不移转型升级，"老三样"在全球产业变局中站稳了脚

向新而行：发展新质生产力

跟、夯实了优势。

如果说"老三样"是传家宝，那么"新三样"则是新家当，呈现科技含量高、市场份额大、竞争优势强等特点。5G、物联网、机器人、人工智能、工业互联网，一系列先进数字技术的落地应用，刷新着中国制造的生产场景，让制造效率明显提升：宁德时代，推行极限制造，将不良品率降至"近零"；极氪汽车智慧工厂，百万种个性化配置随意组合；格兰仕，从接到海外微波炉订单，到完成生产出货，全产业链流程只需7天……如今的中国，年产服装700多亿件，占全球一半以上，纺织品服装出口额的全球占比多年保持在约1/3；中国制造的冰箱、洗衣机的全球市场占比超过50%，空调占比超过80%，出口规模世界第一。新能源汽车产销量连续8年位居全球第一，全球市场份额超过六成；我国光伏组件产量已连续16年居全球首位，多晶硅、硅片、电池片、组件等产量产能的全球占比均达80%以上，清洁能源产业成为全球当之无愧的"领头羊"；自2017年宁德时代登顶全球动力电池年度出货量冠军后，中国动力电池出货量一直傲视全球。"新三样"让中国制造不仅实现了"弯道超车"，而且在某些领域一骑绝尘，标志着中国制造实现了从跟跑、并跑再到领跑的精彩蝶变。

"新三样"与"老三样"，浓缩着时代变迁，刻录着发展足迹。从"老三样"到"新三样"，彰显出中国制造"质的飞跃"，背后是中国综合实力的快速跃升。

（一）推动高能耗高排放行业产量尽快实现碳达峰

根据单位工业增加值能耗的高低，我国统一把6个行业列为高耗能行业：（1）石油加工、炼焦及核燃料加工业；（2）化学原料及化学制品制造业；（3）非金属矿物制品业；（4）黑色金属冶炼及压延加工业；（5）有色金属冶炼及压延加工业；(6)电力热力的生产和供应业。①高耗能高排放项目（"两高"项目）涉及行业多、覆盖面广，具体来讲，一般是指煤电、石化、化工、钢铁、有色金属冶炼、建材等行业的项目。据估算，自2003年以来这些行业二氧化碳排放量占全国二氧化碳排放总量的70%以上，占主要大气污染物排放50%左右，却只产生了1/3左右的附加值。②若高耗能高排放行业未能转型升级，我国碳达峰碳中和目标实现的难度会大大增加。

2021年11月15日，工信部印发了《"十四五"工业绿色发展规划》，提出"十四五"时期是我国应对气候变化、实现碳达峰目标的关键期和窗口期，也是工业实现绿色低碳转型的关键五年，需要持续强化推进制造业绿色发展工程。现阶段，推动高能耗高排放行业产量尽快实现碳达峰，一方面要推动构建"双循环"新发展格局，严控高耗能行业新增产能，推动钢铁、石化、化工等传统高耗能行业绿色化改造，促进经济转型升级。另一方面，在全球低碳转型大背景下，我国高耗能产品出口面临碳关税征收导致竞争力不足的问题，需要建立绿色贸易体系，大力发展高质量、高附加值的绿色产品贸易，需从严控制高污染、高耗能产品出口，推动国际贸易高端化发展，实现国内国际双循环相互促进。此外，应加强对企业的引导，促使企业采用先进的技术、清洁的能源。

（二）以绿色低碳技术引领制造业高质量发展

社会生产力每次出现大的跃升，都对应着新技术对旧技术的替代。促进技术创新和产业升级是形成和发展新质生产力的重要着力点，技术创新是推动制造业由粗放型发展转向绿色低碳发展的根本动力。新能源、新材料、电子信息

---

① 参见2020年2月26日，国家发展改革委发布的《关于明确阶段性降低用电成本政策落实相关事项的函》。

② 林泽伟、汪鹏、任松彦等：《碳达峰倒逼高耗能行业转型的经济影响评估——以陕西省为例》，《生态经济》2022年6期。

向新而行：发展新质生产力

等产业具有一定基础性产业功能，在相当程度上作为制造业发展的投入品。只有在新技术系统内的各种技术力量之间产生关联性时，才会开始出现新部门的产生和快速增长并扩散到传统行业，引起生产力的质变。因此，在新一轮科技革命和产业变革背景下，数字技术催生的新部门，以及数字技术与传统实体部门的深度融合对新质生产力形成发展至关重要。[①]

习近平总书记多次强调："关键核心技术是要不来、买不来、讨不来的。"我国发展新质生产力，重点在于提升自主创新能力。只有加快实现高水平科技自立自强，打好关键核心技术攻坚战，才能培育发展新质生产力的新动能。在这一过程中，政府、企业和科研单位应考虑从以下三个方面入手。

精准定位。根据自身对技术的需求，并考虑国际科技前沿、科技开放合作和科技自立自强的情况，在确保关键技术自主可控的前提下，找准该技术点的位置。

清晰画像。根据科技发展大势，尤其是在碳达峰碳减排形势下，绿色能源、节能减排、碳捕捉与碳封存等关键技术的发展趋势，将各个技术点连接，由点到线、由线到面，清晰画像。

降维创新。在升维谋划的基础上，针对关键核心技术和共性关键技术，进行跨部门跨创新主体的强耦合后，再映射降维到准确的创新点上，多主体协同，抓好落实。

拓展阅读

绿色建筑典范——西门子"水晶大厦"

位于英国伦敦的"水晶大厦"是一座非常典型的绿色建筑，这座建筑由建筑师威尔金森·艾尔（Wilkinson Eyre）设计，于2012年投入使用。它是一座

[①] 中国社会科学院经济研究所课题组：《结构变迁、效率变革与发展新质生产力》，《经济研究》2024年4期。

> 会议中心，也是一座展览馆，更是向公众展示未来城市及基础设施先进理念的一个窗口。它占地6300平方米，与同样的办公楼相比，能减少65%二氧化碳排放，节电50%，并且供热与制冷全部来自可再生能源，建筑的屋顶可以作为雨水的收集器，自动化污水处理，然后再生水纯化和转化为饮用水。
>
> "水晶大厦"所需的一部分电能来源于屋顶上覆盖的光伏电池组。在供热方面，大厦也做到了自给自足，需要降低气温时，将热量导入地下，到了冬季，再将热能从地下抽出来，用以供暖。平时室内温度的调节依靠大厦地基用的一块巨大的水泥板，当夜间室外温度降到20摄氏度以下时，建筑的窗户就会自动打开，流入的空气对地基的水泥板起到冷却作用，降低次日大厦内的室温。能源的节约方面，通过大厦楼顶的气象站和众多传感器采集关于大厦室内外温度、房间使用情况及空气质量等众多信息，每隔一分钟信息会被更新一次，根据这些信息，楼宇管理系统能判断是否通过窗户通风就可以保证室内空气的良好流通，以及是否关闭闲置办公室的供暖设备。

（三）出台制造业高质量发展支持政策和保障机制

逐步淘汰高能耗高排放行业中的过剩产能，是现阶段的必然选择。但是，环境规制政策会增加各部门生产成本，影响产值及未来的投资规模，企业转型的内生动力不足。为推动制造业向绿色低碳方向平稳过渡，发达国家普遍采用财税激励政策。比如，美国通过减税的方式鼓励企业节能减排；日本对采购节能设备的企业给予税收减免，并对节能改造项目予以补助；德国给绿色制造业比民生领域更低的用能成本。我国可根据行业用能成本负担，适时出台税收抵免等优惠政策。目前，我国煤炭、钢铁、水泥、电解铝、平板玻璃等产能过剩行业就业1000多万人。如果未来两三年这些行业减产30%，将有约300万职工面临失业风险，事关"六稳""六保"和社会稳定大局。如何满足新的就业需求、如何引导过剩劳动力向其他行业转移，是社会治理过程中面临的一大挑战。政府应逐步完善就业保障和财政转移机制，对重点区域和行业进行补贴，帮助和支持传统产业工人培训和转岗，避免出现因低碳转型而导致贫困化等问题。[1]此外，政府需引导资金向高附加值低排放产业投资，促进生产效率的提升和绿色低碳技术的导入。

二、发展绿色服务业

传统观点认为，制造业是高耗能高排放行业，服务业是绿色产业。但在综合考虑能源消耗、环境污染后，服务业并不"绿色"。[2]服务业的发展状况与发展水平，是衡量一个国家和地区经济发展水平的关键标志，也反映了一个国家和地区的经济发展阶段。改革开放以来，我国服务业在国民经济中的比重不断提高。1978年我国第一、第二、第三产业占比分别为27.7%、47.7%和24.6%；2023年占比分别为7.1%、38.3%和54.6%。可见，经过多年发展，服务业已跃升为支柱产业。根据相关研究机构的测算，从碳排放增长率来看，第三产业增速明显。2011—2018年，第一产业碳排放增幅为14.41%，第二产业增幅为12.58%，第三产业增幅为50.43%。其中居民生活增加约52.68%，交通运输、仓储和邮政业增加约46.89%。2011—2018年，第三产业碳排放增量占总增量约57%，是碳排放增量的主要"贡献者"。[3]因此，必须顺应时代的潮流，探寻低碳经济背景下低碳服务业的发展途径。

---

[1] 王利宁、戴家权、陆亚晨等：《中国经济与能源发展关系及趋势分析》，《国际石油经济》2021年第8期。

[2] 王文凯、陈辉民：《新质生产力赋能服务业绿色转型的内在逻辑和政策措施》，《中国流通经济》2024年第9期。

[3] 相关数据参见《怎样的科技创新才能支撑中国的碳达峰、碳中和？》，碳中和发展研究院官网，https://ricn.sjtu.edu.cn/Web/Show/248。

中国信息通信研究院发布的《中国数字经济发展研究报告（2023年）》显示，2022年我国数字经济规模达到50.2万亿元，占同期GDP比重的41.5%，已经超过第二产业（39.3%）。数字经济通过数字创新赋能相关产业转型升级，对三产的渗透率分别为10.5%、24%和44.7%，对第三产业生产率的提升最明显。为促进服务业的转型升级，要利用高新技术及信息化手段创造高端服务产品，提升传统服务业竞争力和附加值。大力引导先进科技手段、信息化技术应用于传统服务业，创造新的服务业态和服务产品。

> **拓展阅读**
>
> **"碳足迹"见证绿色发展奇迹**
>
> 　　浙江省湖州市针对数据分散、缺乏协同、底数不清、企业碳效缺乏精准评价等问题，聚焦碳达峰碳中和大场景，以工业企业为突破口，系统拆解碳排放"测、算、评、治"等关键环节，首创碳效智能对标（"碳效码"）体系，实施碳效水平、效率、中和三大对标，探索开发出"碳效码+企业码"多跨场景，上线工业碳平台，首创在"企业码"中开通"碳效码"功能，赋"码"上线；在浙江省率先制定《湖州市工业"碳效码"管理办法（试行）》。在"企业码"湖州专区开通"碳效码"场景，企业碳效一键查询，"一码了然"。目前，湖州市381个行业3700家规上企业完成在线领码，实现规上企业赋码全覆盖，并可实现季度动态更新，形成企业"碳足迹"。

三、壮大绿色能源产业

根据国际能源署发布的《2023年可再生能源》年度市场报告，全球正向清洁能源加速转型，2023年全球可再生能源新增装机容量比2022年增长50%，新增装机容量达510吉瓦。低排放能源发电量将能够满足未来3年全球新增电力

向新而行：发展新质生产力

需求。中国在减少碳排放、向清洁能源转型方面作出的努力值得赞赏，清洁能源发展水平走在世界前列。在清洁能源领域，中国是当之无愧的佼佼者。无论是太阳能、风能还是新能源汽车，中国都处在世界领先的位置。[①]《2023年可再生能源》报告显示，2023年中国风能新增装机容量比2022年增长66%，太阳能光伏新增装机容量相当于2022年全球其他国家太阳能光伏新增装机容量的总和。预计到2028年，中国将占全球新增可再生能源发电量的60%。中国不仅在国内大规模发展可再生能源，还向其他国家提供相关服务和支持，显著提升了清洁能源技术的可及性，降低了全球使用绿色技术的成本。

（一）高质量高比例发展可再生能源

要在2060年前实现碳中和，我国非化石能源占比需要超过75%，其中可再生能源占比达到50%以上，这对能源供应企业是一个重大挑战。目前，我国有30余个能源央企，数百个以从事煤炭、石油、天然气为主要业务的国有大型企业，碳中和目标将会给这些企业带来巨大影响。加大可再生能源的投入、提高低碳技术使用比例、超前规划负排放技术等需要大量的资金，转型过程中的经济协调性是企业需要考虑的关键问题。高质量、高比例开发可再生能源不是一个线性过程，根本上还是要由技术进步驱动。企业要根据自身情况制定碳达峰实施方案，明确目标任务，带头压减落后产能、推广低碳零碳负碳技术；同时，加强应对气候变化人员队伍和技术支撑能力建设，增强抓好绿色低碳发展的本领。

（二）构建以新能源为主的新型电力系统

根据现有研究，在全球净零排放情景下，电力部门的脱碳都先于其他部门

[①] 法提赫·比罗尔：《中国绿色技术助力全球能源转型（国际论坛）》，《人民日报》2024年3月12日。

的脱碳。因此，电力系统未来十年的发展路径对于我国 2030 年前实现碳达峰和 2060 年前实现碳中和目标至关重要。为了满足我国经济社会发展和人民美好生活的电力保障需求，结合我国资源禀赋，针对我国能源安全战略，习近平总书记提出："立足国内多元供应保安全，大力推进煤炭清洁高效利用，着力发展非煤能源，形成煤、油、气、核、新能源、可再生能源多轮驱动的能源供应体系。"[1] 为统筹有序落实"双碳"战略，《中共中央 国务院关于完整准确全面贯彻新发展理念做好碳达峰碳中和工作的意见》提出："构建以新能源为主体的新型电力系统，提高电网对高比例可再生能源的消纳和调控能力。"

为推动电力部门低碳转型，结合我国国情，应重点从两个方面开展工作：一方面要高质量高比例发展可再生能源发电，另一方面要结合综合能源管理和大容量储能解决清洁能源并网问题。具体来看，需稳步推进水电发展，安全发展核电，加快光伏和风电发展。当前，我国能源结构正在经历转型升级，能源"去煤化"态势明显（见图 8-3）。为保证能源供应安全，化石能源发电还将在很长一段时间内扮演基础电源和调峰电源角色。

图 8-3 2012—2021 年我国可再生能源发电装机容量和占比

---

[1] 《习近平谈治国理政》（第一卷），外文出版社 2018 年版，第 131 页。

向新而行：发展新质生产力

（三）强化科技引领与数智升级

能源产业低碳转型离不开技术的支撑，新质生产力发展特别强调科技创新在生产力跃升中的巨大作用。一方面加大对油气行业科技研发特别是原创性、基础性研究的投入，以支撑储量发现、经济动用和绿色开发。应在继续引领太阳能、水能、风能、生物质能等新能源和可再生能源产业基础上，加快推动碳捕获利用与封存（CCUS）等低碳技术产业化，不断提升制造业竞争力。制定与能源发展规划相结合的长期CCUS技术发展战略。结合长期能源发展规划和应对气候变化战略，制定CCUS技术的长期发展战略，形成分阶段CCUS技术实施路线图；突破当前示范规模，逐步推进CCUS技术的商业化部署；建立健全支撑CCUS技术发展的政策法规。另一方面，紧跟现代信息技术发展趋势，创建数字化、智能化应用场景。随着油气资源探采深度不断增大、精度不断提升，以及对深海、超深地层的开发挑战加剧，开发方案、经济评价等工作比以往更加需要强大的计算能力、人工智能算法及大数据分析模型。此外，石油工程和地面设施也需要逐步实现数字化孪生、机器人作业和智能化安全改造。这些都将进一步拉近油气行业与新兴产业、未来产业的距离，为后者提供丰富的应用场景和海量的数据资源，携手创造更大价值。

拓展阅读

欧洲稳步推进CCS和CCUS技术部署

根据联合国政府间气候变化专门委员会（IPCC）新近发布的《全球升温1.5摄氏度》报告，CCS和CCUS技术可在2050年捕集二氧化碳150亿吨。全球CCS研究所发布的《全球CCS现状》报告表明，全产业链的商业CCS项目从20世纪80年代就已开始，过去40多年这些项目捕集和封存了2.6亿吨二氧化碳，目前年均捕集和封存二氧化碳约4000万吨。

从欧盟委员会 2021 年 11 月提交的第 5 份共同利益项目（连接欧盟国家能源系统的跨境基础设施项目）清单来看，欧洲当下具备进入市场条件的 CCS 项目数量一直在增加，未来十年这些项目有望启动运营。现在迫切需要的是相应政策和金融支持，确保这些项目 2030 年前开始运作。这也是欧盟当前面临的最大挑战，即首先需要协调各国的融资机制，其次需要各国进一步出台支持 CCS 技术部署的政策措施。除了建立有效的资助机制，政治上对相应基础设施的认可也至关重要。

欧盟为协调各成员国相关基础设施制定了《泛欧能源网规章》，2020 年 12 月又提出对其进行修订和完善，以确保欧盟成员国在能源基础设施政策上的一致性。此外，还提到未来的碳运输将主要通过船运。2021 年 7 月，欧盟还提出"实现减排 55%"的一揽子方案，旨在确保欧盟气候、能源、土地使用、交通和税收政策利于 2030 年实现将欧盟温室气体排放量在 1990 年水平上减少 55% 的目标。在一揽子方案第一部分提出的 13 项立法建议中，与 CCS 相关的立法之一是欧盟排放交易系统（ETS）法令。修订后，该法令建议将所有碳运输方式纳入欧盟 ETS 范围，相关监测和报告条例也将根据该规定进行更新。

第三节　用好用足经济政策工具箱

一、发挥绿色金融的牵引作用

为了减少温室气体的排放，消费者、企业、政府，乃至整个国家都将不得不放弃建立在高碳排放基础上的现有粗放消费方式，转向新的、污染较小的替代方式。相关研究表明，实现碳中和需要百万亿级的绿色投资，为金融业带来挑战和机遇。实现碳中和需要大量的绿色、低碳投资，其中，绝大部分需要通过金融体系动员社会资本来实现。①据初步估算，为了实现碳中和，至2060年中国大约需139万亿元的投资，其中到2030年就需要约22万亿元的投资。如何满足这么庞大的低碳投融资需求，对我国金融体系而言是一个较大挑战，同时也将为有准备的金融机构提供快速成长的机遇。与碳中和目标的要求相比，我国绿色金融体系存在几个方面的问题：一是现有绿色金融标准体系与碳中和目标匹配度差；二是现有环境信息披露的水平难以满足碳中和的要求；三是绿色金融激励机制尚未充分体现对低碳发展的足够重视；四是金融机构对气候变化的风险认知和分析能力不足。

（一）加快构建绿色金融标准体系

标准制定要充分考虑国际关切和国情需要，聚焦气候、治污和节能3个领域。2019年，国际标准化组织可持续金融标准技术委员会（ISO/TC322）将中方提出的可持续金融术语标准确立为ISO/TC322首个国际标准项目。《绿色金融术语》国家标准完成立项答辩，《环境权益融资工具》《绿色债券信用评级规范》《金融机构环境信息披露指南》《碳金融产品》《绿色私募股权投资基金基本要求》5项行业标准完成立项工作，其中4项标准于2020年在6个国家级绿色金融改革创新试验区率先试行。2020年，生态环境部会同国家发展改革委等五部门联合印发了《关于促进应对气候变化投融资的指导意见》，修订《绿色融资统计表》中涉及低碳经济、气候融资的有关内容，调整了相关统计口径。组织开展国家自主贡献重点项目库设计、国家自主贡献重点项目评估标准等气候投融资重点问题研究。组织开展气候投融资试点准备工作，重庆、山

---

① 马骏：《以碳中和为目标完善绿色金融体系》，《金融时报》2021年1月18日。

东、陕西已形成试点工作方案。

（二）推动要素市场化改革

资金支持是绿色低碳转型的前提，但从实际来看，国家对绿色转型的资金投入仍不够充足。国家统计局数据显示，2022年环境保护支出占国家财政支出比重的2.1%，其中很大一部分投入到了工业领域。缺乏持续的资金支持，难以有效促进新质生产力发展。以CCUS技术为例，CCUS等负排放技术产业在我国能源发展中，有着巨大发展潜力和意义。研究表明，二氧化碳驱油技术可在我国封存47亿~55亿吨二氧化碳的同时，增加约19.2亿吨石油可采储量（相当于我国剩余可采储量的一半以上）。我国二氧化碳地质封存潜力巨大，采用工程技术手段将捕集的二氧化碳注入深部咸水层、枯竭油气层等地质体，优选有利盆地和区带，以二氧化碳驱替深地丰富资源，有较为理想的经济价值、资源潜力和社会效益。目前，火电、石油等领域的CCUS项目普遍面临碎片化、成本高等问题，经济效益不确定性强。以我国CCUS项目主力军的石油企业为例，通过二氧化碳驱替油气获得直接经济回报的数据显示，国内强化采油技术（EOR）示范项目可实现0.1~0.4吨石油/吨二氧化碳的换油率，在高油价下有正向投资回报，但仍远低于水驱效益，而若没有碳市场回报冲减项目成本，CCUS项目极难维持长期运营。[①]

从发展绿色金融视角看，建设全国碳市场是利用市场机制控制和减少温室气体排放，推进绿色低碳发展的一项重大创新。我国碳市场建设初期，以发电行业作为突破口主要有两方面的考虑。一方面，发电行业数据基础较好，产品比较单一，数据计量设备比较完整，管理比较规范，容易核查，配额分配也比较简便易行。另一方面，发电行业的排放量很大，电力部门是我国碳排放的最

[①] 《CCUS产业如何破局》，《中国石油企业》2023年3月15日。

大"贡献者"。目前，我国碳交易系统对电力部门的1700家企业进行管制，覆盖碳排放量超过30亿吨。可见，现阶段的碳交易虽然仅覆盖了电力行业，但对于实现我国自主减排目标、应对全球气候变化是具有重要意义的。然而，仅在电力行业进行的碳交易伴随着一个亟待解决的问题，即电价改革。碳定价政策的减排效率取决于碳价格信号能在多大程度上传导给消费者，从而能在多大程度上改变消费者的行为模式以实现减排目的。对于我国电力行业而言，虽然从2003年起电力市场经历了一系列的市场化改革，然而，目前我国的批发和零售电价仍然被高度管制。在当前电价管制情景下，发电厂的碳成本不能传导，仅考虑供电结构改革和电厂效率提升两部分潜力，碳市场可直接作用的减碳潜力占电力行业总潜力的20%左右。

拓展阅读

中国主要生态产权交易市场建设

◎ 排污权交易。2007年以来，国务院有关部门组织开展排污权有偿使用和交易试点。已有江苏、浙江、天津、湖北、湖南、内蒙古、山西、重庆、陕西、河北等11个省（自治区、直辖市）作为国家级试点单位在积极探索，交易涉及化学需氧量、二氧化硫、氨氮和氮氧化物、总磷、铅、镉、砷、烟尘、工业粉尘等排放。

◎ 碳排放权交易。2011年底，国务院印发了《"十二五"控制温室气体排放工作方案》，提出"探索建立碳排放交易市场"的要求；2013年启动北京、天津、上海、广州、深圳、湖北、重庆等7个碳交易试点。全国统一碳排放权交易市场于2021年7月开启了线上交易。

◎ 节能量交易。2013年，北京环境交易所联合中国资源综合利用协会共同启动了国内首批节能量交易，涉及的节能量全部为节电项目。2013年，全国首个节能量交易规章《山东省节能量交易管理暂行办法》出台，明确了节能量

> 和节能量交易内容、交易原则、主体、方式和地点等内容。
>
> ◎ 水权交易。2014年，水利部下发了《关于开展水权试点工作的通知》，提出在7个省区开展水权试点，试点内容包括水资源使用权确权登记、水权交易流转和开展水权制度建设3项内容。

我国在2017年启动全国碳排放交易体系建设，2021年2月《碳排放交易管理办法（试行）》开始施行，向2000多家电力企业下达碳排放配额，低碳化已经成为电力行业发展的刚性约束。截至2024年8月，全国碳排放权交易市场累计成交量4.76亿吨，成交额达279亿元。在此基础上，进一步加快推动全国碳排放权交易市场建设，并逐步扩大覆盖行业范围，实现全国碳市场平稳有效运行和健康持续发展，切实提升气候治理能力，为长期低碳化转型营造良好的制度环境、政策环境和市场环境。此外，现有绿色金融制度由各有关部门分别制定，政策之间缺乏关联性和协调性，政策之间存在重叠和空白，未能形成统一的政策体系。建议在《绿色发展法》和相关配套政策中，设计支持绿色金融发展的财税政策、货币政策及监管措施，明确建立绿色金融激励约束机制要求。

二、打造高效生态绿色产业集群

产业园区是我国工业制造业4.0及中国制造2025的产业高质量发展的重要组成部分，也是新质生产力发展的主阵地。如何培育发展新产业，特别是承接以颠覆性技术和前沿技术催生的新产业、新模式、新动能，是产业园区发展新质生产力的关键所在。上海、深圳等地2024年政府工作报告均提出以产业集群为依托，加快建设产业体系，以产业集群发展新质生产力，因此，未来产业集群将成为培育新质生产力的重要发展主体和"核爆点"。

向新而行：发展新质生产力

（一）推动零碳产业园建设

1979 年，我国在深圳蛇口规划建设了第一个现代化的产业园。截至目前，我国 2000 多家园区总能耗超过全国 1/3，创造的产值超过 GDP 的 1/3；同时园区合计产生的年二氧化碳的排放量也占全国总排放量的 31%。在碳达峰碳中和目标约束下，零碳产业园的建设成为推动先进制造业的重要战略举措。作为实现园区能源自给自足和从源头减少碳排放，风光制氢技术以其独特的环保优势和广泛的应用前景，成为零碳产业园建设的关键技术路径。通过产业结构升级构建低碳产业体系，调整能源供给侧结构，增加可再生能源的供给，加强能源消费侧的节能增效、生态系统碳汇能力建设，以及负排放技术研究和实施，同时打造园区能源智慧管理平台，最终通过碳交易环节抵消剩余的排放量，实现园区的零碳规划及建设运营。

拓展阅读

零碳产业园的绿色实践案例

◎ 第一类：形成产业集群（产业升级优化）

太原经济技术开发区（依托富士康，形成千亿光伏产业链）；

如皋经济技术开发区（积极创建氢能小镇，着力打造集研发、生产、检测和应用于一体的氢能生态体系）；

吉林经济技术开发区（形成了碳纤维产业）；

金华经济技术开发区（建立了新能源汽车及配件的高端装备制造基地）。

◎ 第二类：节能增效和减污降碳

大连长兴岛经济开发区（光伏发电和海水淡化）；

烟台经济技术开发区（采用多种技术更新，提高能源使用效率，节约能源）；

> 杭州湾上虞经济技术开发区（大数据的管理平台，创新减污降碳，建立企业数据库，进行危废的配对处理关系）。
>
> ◎ 第三类：清洁和可再生能源替代
>
> 成都经济技术开发区（大部分区内企业使用绿电）；
>
> 沈阳经济技术开发区（鼓励区内企业进行绿电交易）；
>
> 南昌经济技术开发区（主要采用的是"光伏+储能"的模式推动零碳产业园发展）；
>
> 雅安经济开发区（采用的是水电来实现清洁能源的替代）。

（二）发挥园区经济要素聚集效应

园区经济是指依托各类开发区、特色园区等经济园区而形成的经济发展模式，具有要素聚集、产业聚集、创新聚集的经济属性，被赋予了科技创新、制度创新、管理创新等一系列创新功能，能够和区域经济发展形成良性互动。当前，全国各地涌现出了高新区、开发区、科技园、工业园、产业基地、特色产业园等各类园区2000多家。商务部统计数据显示，2022年国家级经开区规模以上工业企业单位工业增加值能耗、水耗同比均显著下降，工业固体废物综合利用率较上年提高2个百分点。

2020年10月，国家发展改革委、科技部、工信部、财政部、人社部、人民银行等六部门联合发布《关于支持民营企业加快改革发展与转型升级的实施意见》。其中在第六个方面，明确提出了以园区为载体集聚创新资源和要素，促进国家级新区、高新技术开发区、经济技术开发区、新型工业化产业示范基地等规模扩大、水平提升。

向新而行：发展新质生产力

拓展阅读

产城人深度融合——厦门的探索创新

产业发展是高素质创业创新新城的一个基础。厦门着力发展园区经济，出台多项优惠政策，凝聚发展合力，完成厦门南方海洋创业创新基地3个分基地（沙坡尾、翔安火炬、翔安欧厝）建设，搭建涵盖众创空间、孵化区、实验室等功能的产业孵化平台，形成"众创＋小试＋中试＋生产"的产业孵化生态。

厦门建成了以科技创新为主的美峰创谷、以总部经济为主的银城智谷、以新产业新业态为主的环东云谷，合称"三谷"。2021年"三谷"被市政府确定为厦门科学城核心区，总建筑面积近200万平方米，其中办公面积60万平方米已全部入市，截至目前，已入住商事主体1300多家。2022年实现营收240亿元，2023年实现营收300亿元。可以说，得益于环东海海域的生态修复，新城片区已经成为同安区乃至厦门市最具活力和潜力的产业增长极。产城人深度融合的高度发展示范区初见雏形。十几年的发展说明，高水平生态修复、高品质生态环境是高质量发展的支撑。

第九章
筑牢新质生产力安全基石

> 要围绕发展新质生产力布局产业链，提升产业链供应链韧性和安全水平，保证产业体系自主可控、安全可靠。
>
> ——摘自习近平总书记在二十届中央政治局第十一次集体学习时的讲话。

第一节　全球数字安全呈现新样态

数字技术催生了数字文明时代，它对人类的改变将会远超工业革命，包括对世界格局、各个行业，以及人类生活方式带来的影响。对于中国而言，我们将在数字文明时代充分发挥自身优势，建设数字中国，打造数字经济，发展新质生产力，构造人类命运共同体，引领全球的数字化变革。

数字经济时代的新质生产力以数字化、网络化、智能化的新技术为支撑，以智能化为核心引擎，以数字化为基础，是各行各业数字化转型与智能化改造的源动力。但随着新质生产力和数字经济的不断发展，整个社会的运转、政府的管理、老百姓的衣食住行，都将架构在软件、数据和网络之上，世界的安全脆弱性前所未有，更易被攻击，造成危害更大。数字安全将是一切数字文明的基座。

一、一切可编程，漏洞无处不在

（一）一切可编程意味着什么

当我们进入数字化社会，大家的日常生活、生产办公都开始虚拟化、网络化，并通过各种手机应用程序、网页、网站展示，我们与互联网的连接也变得越发密不可分。而互联网连接的实质就是以各种软件为桥梁，与互联网进行"沟通"。软件的本质是程序代码，某种意义上，数字化社会使得"一切皆可编程"越发成为可能，但如同每枚硬币都有正反两面一样，数字化程度越高，风险也越大。那么，一切皆可编程会带来什么问题？

试想一下，我们点外卖，依赖的是外卖软件；出门打车，依赖的是智能算法派单；休息时上网看短视频，是背后的智能推荐算法在帮助计算。我们的生活已然被软件所包围，而只要是软件就一定会存在漏洞，有漏洞就有可能会被他人利用、攻击。

（二）"漏洞派"的预言

"漏洞派"认为，行业在不断发展过程当中出现的新场景、新局面和新形势，在一切皆可编程后，意味着漏洞无处不在。

拓展阅读

网络安全的"漏洞派"

举个例子，现在几乎所有人都觉得量子通信是绝对安全、无法破解的，在一定程度上，这种观点是对的。但是在"漏洞派"看来，根本不存在绝对安全、绝对完美的通信。我们或许无法破解量子通信过程中的传输端，可作为接收端的机器，在接收到数据之后，一定会做处理、储存，我们只要在接收端的机器上下功夫，就能突破通信过程，破解整个系统。

"漏洞派"有一定道理。按照平均数据而言，每千行代码至少会有4~6个不影响程序运行但存在安全隐患的漏洞。这些漏洞是开发者本身根本没有意识到的，但是到了黑客手里，便可以神不知鬼不觉地入侵到系统之中。

随着新质生产力不断发展，数字化世界真正实现万物互联后，仅仅是一台智能汽车就至少有数亿行代码，更不用说一个数据化、智能化的工厂，甚至一座智慧城市会有多少行代码。当万物由代码"支配"时，也就意味着万物皆有漏洞。

第九章　筑牢新质生产力安全基石

每次技术变革都带来生产力的巨大提升，改变人们对于社会的认知。比如，智能化、网络化、软件化的概念，在过去是无法想象、难以理解的，但如今用来描述和定义数字化社会却显得十分贴切。数字化社会是建立在数字化应用和场景基础之上的，而代码只要是人编写的，就不可避免地存在安全漏洞，甚至新技术用得越多，漏洞就越多，安全隐患就越大。

二、万物互联时代，你的隐私被劫持了吗

如果说互联网的连接对象主要是人，用作人与人之间传输信息和数据的媒介，那么未来数字世界的连接对象则是我们能够看到的一切，包括人与人、物与物、人与物，数字网络技术把连接和服务对象从人扩展到了世间万物，因此才会产生"万物互联"的概念。

随着新质生产力的发展、数字化转型的不断深入，从智能手机到智能家居，从智能穿戴到智能交通，甚至到工业4.0和智慧城市，各种设备和服务通过互联网紧密相连，形成前所未有的信息交流和共享网络，正在让万物互联变为现实。

（一）万物互联开启智慧生活

未来，会有更多的智能终端、物联网设备连到云平台，每个物联网设备都可以被看作一部"手机"，每台设备都有独立的智能芯片，运行着软件操作系统，即运行着它的代码。智能设备如同繁星点点，遍布我们生活的每一个角落，它们相互连接，共同编织一个智慧生活的画卷。

万物互联不仅让我们的生活更加便捷，也让我们的生活更加丰富多彩。智能家居系统让我们可以远程操控家中的电器设备，无论是调节室内温度，还是控制照明系统，都能轻松实现。智能穿戴设备能够实时监测我们的健康状况，提供个性化的健康建议，让我们更加关注自己的身体健康。智能交通系统则通

过优化交通流量，减少拥堵，提高出行效率，让我们的出行更加顺畅。

万物互联的思想早已蔓延到各行各业，影响了制造业、农业、医疗等社会中几乎全部的场景。以农业为例，传统农业经历了从手工到机械化的过渡，效率有了大幅度提升，未来万物互联背景下的智慧农业，追求的是精耕细作。农田里的温度、湿度、降雨量、风速、病虫防治、土壤成分及对应含量等以往十分重要但模糊的环境因素，都会通过架设在田地里的种种设施和设备，变成可视化的数据，配合智能化的管理系统完成处理和决策，包括施肥、浇水、处理病虫害等，降低人为管理的工作量，同时最大限度提升农业种植的质量和效率。

（二）虚实打通，网络攻击造成物理伤害

从安全的角度看，任何一个智能系统都有可能被攻击，未来万物互联，会有上百亿的智能设备，面对复杂的状况，我们若无法知道哪台设备会成为攻击点，就无法保障整个系统的安全。

1.隔离还存在吗

有人会提到"隔离"，事实上是做不到的。在万物互联的时代里，各个场景中的设备和设施都会通过物联网、5G、大数据等数字化技术连接到云平台，由于这种相互连接的特性，系统与系统之间、设备与设备之间的隔离就变得越发难以实现。比如，在工业互联网中最基本也是最重要的要求就是，工厂内部的车间不仅要与办公网络相连，同样也要与消费者、上下游的供应链互联。当整个网络越来越庞大、越来越复杂时，仅仅靠自己做好安全防护已不能应对日益复杂的网络威胁。

过去我们谈及的网络安全更多的是点对点防护，给每台设备、每个系统安装杀毒软件。然而这种防护思路在数字文明时代已无用武之地，仅一座智慧城市中包含的普通智能设备就难以计数，更不用说一些特殊场景中需要特殊防御的设备与设施。2020年1月2日，国际数据公司（IDC）在研究智能设备时发现，

在全球范围内运行的 8.15 亿个智能扬声设备中，几乎有 1/3 存在泄露用户隐私的风险。

2. 现实世界与虚拟世界之间边界还会有吗

现实世界与虚拟世界之间的屏障被彻底打破，这也是万物互联带来的另一个重大挑战，让以往只能在虚拟世界兴风作浪的网络危害延伸到现实世界。万物互联的本质在于信息的共享与交换，但这种信息的流动也为网络攻击者提供了可乘之机。一旦攻击者成功入侵某个系统，他们不仅能够窃取敏感数据、破坏软件服务，更有可能通过控制物理设备，对现实世界造成实质性的损害。例如，在智能工厂中，黑客可能通过攻击控制系统，导致生产线停摆，甚至引发设备故障，造成人员伤害；在智能交通系统中，网络攻击可能导致交通信号混乱，引发交通事故；在智能家居中，黑客可能控制家中的电器设备，对居住者造成安全威胁。

现实世界与虚拟世界之间边界在不断消失，具体包括软硬件边界会消失、人机边界会消失、内外边界会消失 3 个层面。

首先，软硬件边界会消失。根据 JHS Markir 的预测，2030 年之前，物联网设备数量的年增长率将会保持在 12% 左右。如果按照这个速度增长，到 2030 年，全世界将会有 1250 亿个联网智能设备。可以想象，数量如此庞大的智能设备相互连接在一起，将会组成一个盘根错节的系统。更为关键的是，智能设备、工业设备、物理信息系统大量连接到互联网，软件与硬件的边界会消失，现实世界和虚拟世界会被打通，网络攻击能够转化为物理伤害。其次，人机边界会消失。人与机器在某种程度上已经"融为一体"，对机器的伤害很有可能也会对人造成影响。最后，内外边界会消失。在未来的各种生产场景中，几乎所有数据、系统都会上云，而多云、混合云等技术的使用，一定会导致物理边界模糊，再加上各种生产网络、智能设备也会接入互联网，这就会使得内外的边界变得越来越模糊，很难找到一个十分清晰的界定。

向新而行：发展新质生产力

> **拓展阅读**
>
> **人机边界消失意味着什么？**
>
> 举一个智能汽车的例子。未来，一台智能汽车从生产到交付至消费者手里，再到上路行驶，这一过程中的每一个环节都会产生数据并通过物联网、5G等技术上传到车企的服务器中。如果服务器存在漏洞，且被黑客入侵，那么对方就能够在世界上的任何一个角落远程给汽车发送指令，而智能车会乖乖地执行。

因此，随着现实与虚拟的界限越发模糊，从智能家居到工业互联网，从自动驾驶到远程医疗，无处不在的智能设备通过网络连接成一个庞大的系统。这种深度互联也带来了前所未有的安全风险，网络攻击不仅能够造成虚拟世界的损失，更有可能转化为对物理世界的直接伤害。

三、数据为王，守护数据安全至关重要

大数据是数字经济时代的核心驱动力，是政府管理、城市运转、企业生存的一大基石。从商业决策到社会治理，从科研创新到个人生活，大数据无处不在，深刻改变着我们的世界。大数据的重要作用也得到了越来越多的重视。

（一）大数据是数字化的中心

在数字化浪潮中，大数据以其庞大的数据量和多样化的数据类型，为各行各业提供了前所未有的洞察力和机会。通过收集、存储、处理和分析海量数据，我们能够揭示出隐藏在数据背后的规律和趋势，为决策提供科学依据。大数据的崛起，不仅推动了技术的创新，也促进了产业结构的调整和升级。大数据真正的价值不在于数据本身，而是作为数字经济的一种核心战略资源，相当于农

耕时代的土地、工业时代的石油。

> **拓展阅读**
>
> **大数据有多大？**
>
> 国际数据公司早年曾经做过一个统计，2003年全球范围内产生的数据总量大约有500万太字节（TB），2009年全球的数据总量是0.8泽字节（ZB）。而中国信通院于2019年12月10日发布的《大数据白皮书（2019）》预估数据显示，2025年全球的数据总量将达到惊人的163ZB。
>
> ZB是一个离普通老百姓很遥远的数据计量单位，是一个表示十分庞大数据量的单位。如果我们用最高质量的规格录制一首3分钟MP3格式的歌曲，那么140万亿首这样的歌曲才能达到1ZB。想要把140万亿首歌曲全都听一遍，需要耗时近8亿年。如果把1ZB的文件存储到1TB容量的硬盘里，大概需要10亿块1TB的硬盘，连接起来的话足够绕地球两圈半。

（二）大数据浪潮无处不在

1. 大数据更懂你的心

商业领域，大数据已经成为企业竞争的关键要素。通过对消费者行为、市场趋势、产品性能等数据的深入分析，企业能够更准确地把握市场需求，优化产品设计和营销策略，提高经营效率和盈利能力。同时，大数据还为企业提供了精准的客户画像和个性化的服务体验，增强了企业的竞争力和品牌影响力。

2. 社会运行更智慧

社会治理方面，大数据同样发挥着重要作用。通过收集和分析各类社会数据，政府能够更全面地了解社会状况，及时发现和解决社会问题。例如，在交通管理、公共安全、环境保护等领域，大数据技术的应用已经取得了显著成效。

此外，大数据还有助于提高政府决策的科学性和透明度，推动政府治理体系和治理能力现代化。

3. 科研有了"加速度"

科研创新领域，大数据为科研人员提供了海量的研究素材和新的研究方法。通过对大规模数据集的分析和挖掘，科研人员能够发现新的科学规律和现象，推动学科交叉融合和创新发展。同时，大数据还促进了科研资源的共享和合作，提高了科研效率和质量。

4. 领导要会"基本功"

近年来，大数据的理念已经深入人心，"用数据说话、用数据决策，用数据管理，用数据创新"，已经成为各级领导干部的基本功。大数据技术产业、企业也是蓬勃而生，形成了稳固而有力的生长环境，得益于这些理念的影响，以大数据为基础的"决策革命"已经来临。

（三）数据安全不再依附网络安全

1. 数据和网络貌合神离

数据时代，数据安全不再仅仅是网络安全的附属品，而是成为一个独立且至关重要的领域。打个比方，如果把整个网络空间当作一个生物体，那么传统的网络技术，如信息传输、硬件运算、存储等，就是生物体的血液、四肢等构成，而大数据则是生物体的智慧、意识。

以智能汽车为例，为什么它们具备"智能"？普通大众可能会认为是软件或者系统使得它们变聪明了，这有一定道理，但不完全对。汽车变得"智能"的原因是人工智能对司机驾驶行为的各种场景大数据不断模拟训练、学习的结果。换句话说，大数据才是智能设备之所以有"智能"的根本原因。从这个角度来看，大数据就是数字文明时代的"石油"。

在做传统的信息技术（IT）系统时，大都是以业务、以流程为中心，重视的是操作过程。而未来所有的数字化改造，在各个场景中操作系统的中心将转变为以大数据为中心。大数据最大的优势就是集中和共享，只有多种维度的数据集中在一起，提供给各个智能系统分析、计算并反馈结果，才能发挥大数据最大的意义和价值。

2. 我的数据谁做主

技术就像一把悬在人类头顶的达摩克利斯之剑，好的初心会产生好的结果，如果居心不良便有可能造成恶劣的后果。随着云计算、大数据、人工智能等技术的广泛应用，数据的安全性和隐私性面临着前所未有的挑战。数据泄露、数据篡改、数据滥用等事件频发，给个人、企业乃至国家带来了巨大损失。

因此，我们需要重新审视数据安全的重要性，在大数据驱动业务的时代，数据作为数字化的灵魂，显得越来越重要，已经超越了传统网络安全的范畴，国家也将其独立出来，继《网络安全法》后又出台了《数据安全法》予以重点管理规范。

四、智能升级，安全挑战前所未有

随着科技的飞速发展，人工智能技术正以前所未有的速度渗透到社会经济的各个领域，其中，人工智能大模型作为数字经济时代的核心驱动力、新质生产力的核心引擎，正引领着数字经济迈向新的高度，并催生出全新的生产力形式，为产业发展带来革命性的变革。人工智能大模型将在医疗、教育、交通、能源等更多领域发挥重要作用，为人类社会的可持续发展贡献更多力量。

但随着人工智能大模型的爆炸式发展，也带来了比网络安全、数据安全更复杂的安全问题，这对数据安全、隐私保护、伦理道德等方面提出了新的要求。尤其是生成式大语言模型（如 GPT-3、GPT-4 等）的出现，使得 AI 在生成文本、图像、音频等方面表现出色，但也可能被恶意利用，造成严重的安全隐患。

（一）AI 威胁的多样性

在开启迈向通用人工智能新路径的进程中，大模型泄露个人隐私、AI 生成钓鱼邮件以假乱真、大模型引发人类伦理思考等新闻事件不绝于耳。大模型惊艳四座的同时也总是伴随着关于"安全"的争议，想要了解其背后隐藏的风险，还要从理解其技术特性入手。

生成对抗网络（GAN）的威胁：生成对抗网络是一种深度学习模型，由生成器和判别器组成。生成器生成虚假数据，判别器则试图区分真实数据和虚假数据。虽然 GAN 在图像生成、数据增强等方面有广泛应用，但也可能被用于生成虚假信息、伪造图像和视频等，造成信息污染和社会混乱。

深度伪造（Deep Fake）的威胁：深度伪造技术利用深度学习模型生成逼真的图像、视频和音频，能够伪造名人、政治人物的言行，传播虚假信息，甚至进行网络诈骗。深度伪造技术的滥用对个人隐私、社会信任和国家安全构成严重威胁。

自动化攻击的威胁：AI 技术可以被用于自动化网络攻击，如利用 AI 生成恶意代码、自动化钓鱼邮件、智能化分布式拒绝服务（DDoS）攻击等。这些攻击手段更加隐蔽、智能和高效，传统的安全防护措施难以应对。

数据隐私泄露的威胁：大规模语言模型需要大量数据进行训练，这些数据可能包含敏感信息。如果数据处理不当，可能导致隐私泄露。此外，模型本身也可能泄露训练数据中的敏感信息，造成数据隐私风险。

（二）喜欢"胡诌"的 AI

大模型依赖于强大的计算能力和先进的算法，通过海量数据进行训练而成。其核心能力源于从大量无标注数据中抽象共现模式的深度学习，本质上是由大数据驱动的。大模型的一个显著特点是其参数规模极大，通常在百万级以上，

第九章 筑牢新质生产力安全基石

甚至可能超过万亿级别。通过从训练数据中学习到的模式，大模型能够生成新的内容，并展现新的能力。然而，正是这种新型的大数据利用方式，其在数据训练和模型调用过程中实现的自动化内容生成，也带来了新的安全风险。

> **拓展阅读**
>
> **喜欢"胡诌"的 AI**
>
> 2023 年 5 月，美国发生了全球首个律师因使用生成式人工智能而被法院处罚的案件。纽约一位律师向法院提交了一份他利用 ChatGPT 生成的案情摘要，法官发现这份案情摘要援引了很多虚构的判例等内容。因此，法官没有采纳这位律师的意见，并对他处以罚款。《纽约时报》对这件事的报道在网络上疯传，不仅引起世界各地的关注，也引发美国联邦大法官约翰·罗佰茨（John Roberts）在美国联邦司法年度报告中大声疾呼人们关注大模型的"幻觉"问题。
>
> 同年，来自微软、OpenAI 和斯坦福大学的几位研究人员就发表了一篇名为《语言模型知道它们自己在胡诌吗？》，公开表示，最先进的那几款语言模型是出了名的爱"胡诌"。于是他们通过实验对大语言模型"胡诌"的内容顺藤摸瓜，试图了解模型知不知道自己是从什么时候开始"胡诌"的。结果，研究人员认为模型能够准确地"回忆"起导致它们"胡诌"的真实数据来源，也就是说它们是"知道"自己从什么时候开始"胡说八道"的。

1. 产生偏见、歧视或不良信息

由于大模型的训练语料库通常来自互联网上爬取的数据，生成与事实相悖的"幻觉"内容：当大模型无法回答某个问题时，它不会选择拒绝，而是可能输出错误的答案。这是因为模型的训练过程采用自回归方式，即在给定当前文本内容的情况下预测下一个单词，本质上是对文本数据进行概率建模。在这一过程中，模型主要学习单词之间的相对关系和句式结构，但缺乏对事实的基本

317

判断和推理能力，也没有对自身能力边界进行建模。换句话说，大模型"不知道自己不知道"，因此可能会"一本正经地胡说八道"。

而这些数据难以避免地包含恐怖主义、极端主义、色情、暴力等有害信息，也可能存在对少数群体或弱势群体的偏见信息。大模型在训练后会"记住"这些信息，输出的有害内容可能会对用户产生不良影响，或者对不同宗教、种族、性别等特征的人群产生不一致的结果。

2. 敏感数据和个人信息面临泄露

大规模抓取的网络公开数据中可能包含姓名、电话号码等个人信息，甚至包括生物识别、行踪轨迹等敏感个人信息和高风险数据。此外，许多大模型默认将用户输入的提示作为训练数据，这其中同样可能包含个人隐私数据。例如，基于人脸识别的互联网在线识别和认证模式已广泛应用于各个行业，成为主流的个人身份认证方式。然而，生成式 AI 视频技术通过文本生成视频，能够实现如金融系统中的"人脸+指令+行为"的视频识别认证流程，覆盖大部分人脸识别模式。

拓展阅读

人脸识别安全逻辑的沦陷

互联网面临的主要内容安全风险包括色情淫秽、血腥暴力、涉政涉毒等违规内容，内容审核量巨大。尽管如此，仍有不少涉嫌违规内容通过隐晦和混淆的方式规避审核出现在互联网平台和应用上。生成式 AI 应用因其用户数量庞大、使用简单、生成效率高，所以在短时间内能生成大量内容。一方面，这为审核工作带来了巨大压力，尤其是内容的审核成本和难度最高。另一方面，生成式 AI 内容生成成本低、速度快，增强了其挑战审核规则的能力，使其能够通过自动化纠错试探审核规则边界，规避审核，大大增加了审核的难度。

3. 被滥用于欺诈、攻击等网络犯罪

大模型强大的生成能力，以及其基于大量人类数据训练而具备的类人输出和交互能力，使得犯罪分子能够以低成本方式大规模制造更加逼真、更具欺骗性的虚假信息。例如，他们可以大量制作更具说服力的网络钓鱼电子邮件，利用深度伪造视频在战争等重大事件中扰乱国家安全。此外，大模型还可以生成恶意软件代码，用于实施勒索、高级持续性威胁（APT）等网络攻击。

2023年3月31日，ChatGPT就因为用户隐私泄露等问题在意大利被禁止使用，并因涉嫌违反数据收集规则被调查。2024年1月29日，意大利数据保护局称OpenAI违反欧盟《一般数据保护条例》（GDPR），可能会对其处以全球营业额4%的罚款。

拓展阅读

大模型成为犯罪"新凶"

据CNN报道，国际顶尖设计和工程公司奥雅纳在香港遭遇深度伪造技术（Deepfake）诈骗，导致该公司的一名香港职员向诈骗者转账2亿港元。据报道，被骗职员最初收到了一条来自英国总部首席财务官的信息，说是要进行机密交易，还邀请了数名财务人员进行视频会议。因为视频中的其他人"看起来和听起来都像他认识的同事"，这名员工信以为真，依据"上司"指令，向5个香港银行账户进行15笔转账，总计2亿港元。其后向总部查询才得知受骗。因涉案金额巨大，该案也成为香港历史上损失最惨重的"变脸"案例。

随着产业智能化快速升级，大模型迅速成为全社会广泛关注的话题，人工智能安全问题是各方关注的重点，这关乎着每个人日常生活的方方面面，而这些问题需要用新的体系、新的方法、新的思路来解决。

向新而行：发展新质生产力

第二节 发展新质生产力面临新挑战

便捷高效的智慧城市、自动驾驶的汽车、高度自动化的无人工厂……科幻电影一样的未来数字化场景，每个人都充满着期待与幻想，但数字化程度越高，安全风险越大。

新质生产力快速发展，催生出很多全新场景，全新的安全风险层出不穷，网络攻击可能导致城市停电、汽车故障、工厂停工，大模型滥用导致信息泄露、错误应答、系统宕机，此类事件屡见不鲜，昭示着安全行业的巨变。不仅包括传统的计算机安全、网络安全，还包括新兴的大数据安全、物联网安全、人工智能安全，以及数字经济、数字政府、数字社会等各种应用场景的复杂安全问题。传统网络安全防御思路已经难以解决数字文明时代的各种安全新挑战，一切安全防御体系亟待升级。

一、网络战、高级持续性威胁攻击成为新威胁

当前，数字安全行业发展的一个重要趋势，是一般性网络攻击正在上升为网络战、数字战。尤其是仍在持续的俄乌冲突，也让我们看清一个变化：国家背景的网络战、高级持续性威胁攻击已经成为大国对抗的主要形式，网络攻击目标、手法、产生的破坏等，都突破常规。此外，过去的小蟊贼已经升级为专业化的网络犯罪组织，技术能力不亚于安全公司，勒索攻击、供应链攻击、分布式拒绝服务攻击、网站攻击等，都驾轻就熟。这一切都指向一个结论：未来安全无小事。

（一）网络战日益猖獗

网络战主要以干扰、破坏敌方网络信息系统，保证己方网络信息系统的正常运行为目的，采取的一系列网络攻防行动，因为其烈度可控、隐蔽性，正成为数字时代新的战争形式。通过网络战，一方面可以不费一兵一卒破坏敌方的指挥控制、情报信息、防空预警等军用网络系统；另一方面还可以破坏、瘫痪、控制敌方的关键基础设施、政府网络等事关国计民生的网络信息系统。甚至以社交媒体为载体的舆论战也成为网络战的新形态，目的是争夺关于战争合法性的话语权、战争进程解释权，引导社会舆论、影响民意归属，以达到"不战而屈人之兵"的奇效。

> **拓展阅读**
>
> **网络攻击战中的停电风波**
>
> 2015年12月23日，乌克兰电力部门至少有3个电力区域遭受恶意代码攻击，并于当地时间15时左右导致了数小时的停电事故。攻击者入侵了监控管理系统，超过一半的地区和部分伊万诺－弗兰科夫斯克地区断电几个小时。乌克兰电站遭受了BlackEnergy等相关恶意代码的攻击，导致7个110千伏的变电站和23个35千伏的变电站出现故障。BlackEnergy在执行攻击的过程中会释放KillDisk破坏数据来延缓系统的恢复。此外，在其他服务器还发现一个添加后门的SSH程序，攻击者可以根据内置密码随时连入受感染主机。
>
> 2019年3月，一场持续6天的停电风波在委内瑞拉留下了迄今为止最大规模的记录，也让这个身处危机之中的拉美国家雪上加霜。3月7日开始，委内瑞拉发生最大规模停电，包括委内瑞拉首都加拉加斯在内的23个州中约有22个州都出现了断电，此次突发的电力系统崩溃没有任何预兆。古巴国务委员会主席兼部长会议主席迪亚斯－卡内尔称，"委内瑞拉最大的西蒙·玻利瓦尔水

向新而行：发展新质生产力

电站遭受网络攻击，这导致该国大部分地区断电"。

（二）高级持续性威胁

高级持续性威胁是以商业或者政治目的为前提，通过一系列具有针对性、隐蔽性、持续性极强的网络攻击行为，获取某个组织甚至国家的重要信息。从攻击形式来看，高级持续性威胁攻击常常采用多种攻击技术手段，在长时间持续性网络渗透的基础上，一步步获取内部网络权限，长期潜伏在内部网络，不断地收集各种信息，直至窃取到重要情报。

随着整个社会的数字化、联网化，牵扯到的利益巨大化、复杂化，黑客组织、网络犯罪组织及网络对抗力量的级别也随之越来越高。可以预见的是，在未来以国家力量为支撑的高级持续性威胁组织的攻击势力，以及针对政府部门的攻击将日益猖獗，造成的危害与影响也非以往木马、蠕虫等电脑病毒所能比拟的。

（三）"矛""盾"之战火热化

对安全领域稍有关注的人会发现，越来越多的国家开始加大对数字安全领域的重视与投入，建立的"网络军队"也越来越强大。统计数据显示，全球已有120多个国家和地区以国家力量和资源成立了网军，比如俄罗斯的信息作战部队、韩国反黑客部队等。

拓展阅读

法国网络防御力量的升级

2019年1月19日，法国国防部长弗洛伦斯·帕尔丽提出加强本国网络防御力量的战略，宣称法国当局准备在2025年之前在网络安全领域再增加16亿欧元的投入，并会额外聘用 1000 名安全领域的专业人士，如此一来，法国届时将会有 4000 名左右的网络安全领域的专家。在这方面，美国更是重金投入，根据公开数据，美国在 2017—2020 年这 4 年间，分别投入了 72.2 亿美元、81.6 亿美元、85.0 亿美元、96.0 亿美元，呈现逐年递增的趋势。而这些钱也都花在了研发网络武器、改善网络系统、加强网络作战等核心项目上。

我们要清晰地认识到，经过多年的发展，宏观层面的网络安全风险不再是木马、蠕虫病毒，而有可能是国家级力量发起的有针对性的、处心积虑的攻击，单一的杀毒软件或者防火墙在它们面前犹如一张纸一样单薄，唯有倾注同等力量，构筑全方位体系化的防御系统方可应对。

二、面对强大对手，"看不见"成最大痛点

面向强大的对手，我们很可能"看不见"风险，"看不见"对手，更谈不上应对了。总体来说，传统安全防护系统之所以"看不见"风险，主要存在以下四方面问题。

（一）对大数据的"漠视"

缺乏"看见"的基础，即安全大数据。传统安全防护系统不具备安全大数据采集、治理和运营的能力，也没有大数据分析和人工智能分析的能力，一言以蔽之，传统安全防护系统根本就不拥有安全大数据。

（二）街边小商铺式的"近视"

缺乏支撑"看见"的商业模式。传统安全行业的商业模式是以卖货为中心，跟街边的小商铺没有太大本质上的区别，都是把产品卖给客户作为终点，不会

提供后续的安全运营方法和经验，根本无法帮助客户建立起安全运营体系。在这种传统卖货模式下，安全公司也就不会把主要精力放在长期的安全运营上。但是，随着网络安全升级为以数字安全为主的安全威胁在日常生活中不断出现、不断升级，传统的一锤子买卖已经难以帮助客户抵御攻击了。

（三）对实战攻防对抗的"轻视"

产品上不从实战对抗去考虑，缺乏"看见"价值的用武之地。传统的网络防御措施，通常是在信息化系统建设好之后，硬件安装完成，再购买一些杀毒软件，搭建一个防火墙，配合加密认证，网络安全的防护工作就算完成了。并且在很多人的意识中，有了这些防御措施就可以一劳永逸了。这种传统安全思想主要侧重点还是在卖货之上，而不是实战攻防对抗的思路，如果不从实战对抗的角度去设计产品，那能否"看见"风险就显得没那么重要了，只有等到遭受了攻击，造成了实际损失后才会后悔莫及。

（四）全网防御的"藐视"

各自为战"孤岛式"的防御，无法"看见"全网态势。卖货思想导致的另外一大问题就是，许多政企单位在搭建安全防御体系时，建立起来的大多是"孤岛式"的防御，安全风险却是共同承担的。在传统安全思维中防护过分依赖物理隔离，各个部门固守边界，这也导致了他们在面对网络攻击时，缺乏统一管理，各自为战。换句话说，就是缺乏战略层面的统筹规划，无法"看见"全网态势。

拓展阅读

西北工业大学遭受美国国家安全局（NSA）网络攻击

2022年6月22日，西北工业大学发布《公开声明》称，该校遭受境外网

> 络攻击。中国国家计算机病毒应急处理中心和360公司第一时间成立技术团队开展调查工作，全程参与此案技术分析。技术团队先后从多个信息系统和上网终端中捕获到了木马程序样本，综合使用国内现有数据资源和分析手段，并得到欧洲、南亚部分国家合作伙伴的通力支持，全面还原了相关攻击事件的总体概貌、技术特征、攻击武器、攻击路径和攻击源头，初步判明相关攻击活动源自美国国家安全局（NSA）的特定入侵行动办公室。

三、传统安全失效，造成"三输"困境

在计算机刚刚普及的时代，传统网络环境遇到的安全挑战通常是小病毒、小木马、小蠕虫，站在数字化技术相对普及的今天，那些简单的安全问题传播途径和危害较单一，使用的技术和手法也相对落后，杀毒软件、防火墙便已经足够解决安全问题。新质生产力涉及众多技术和理念，安全问题越发复杂，其复杂性体现在聚合的技术、攻击手法及其背后体现的数字化思维上。

总的来说，复杂安全挑战可以分为几种基础安全问题，包括云安全、大数据安全、物联网安全、新终端安全、供应链安全、区块链安全、人工智能安全。传统的安全防御思路已经跟不上时代的需求。

（一）建设成效低

从实际落地来看，传统企业，特别是工业和制造业企业都会抱怨，"在安全上花了钱没效果，买了很多安全设备，建了很多安全项目，依然'看不见'攻击"。"看不见"攻击，也就无法对安全风险做最好的处置。而众多安全服务厂商却认为，"客户的安全建设投入还是严重不足，应该继续加大投入，才能保证安全建设有效"。双方一来一回，都认为对方存在问题，传统安全建设陷入僵局。

(二)思维认知慢

以"御敌国门之外"为指导思想,实际上我们的网络早已被国家级黑客渗透攻击,"敌已在我"是新常态。安全战法上,传统安全还停留在"卖货思维",遇到一个问题就做一个产品,"100把钥匙开100把锁",导致安全服务厂商只能"一遍遍从客户口袋里掏钱",卖产品卖盒子。然而安全行业没有万能的通用解决方案,不断靠安全产品堆砌来解决问题,只能不断增加成本,却依然"看不见"攻击,也就不存在有效的安全防御和风险处置。

(三)防护能力弱

安全建设方面既缺乏专业知识和经验丰富的相关人才,也不具备关键的安全运营能力,以及统一的安全战略规划和体系化作战能力。这就导致了面对安全威胁时,依然难以快速响应和有效应对。

这就可能导致在发展新质生产力时,在安全建设上投入了大量资金,但收效甚微,甚至会带来恶性循环,整个安全行业的发展也因此停滞不前。最终,形成了城市和企业、安全厂商、安全行业"三输"的局面。

第三节 为新质生产力安全发展注入新内核

面对新质生产力发展背后的众多安全风险,我们亟须构建一套全面、高效的新质生产力安全策略,这其中包括强化技术防护、完善法律法规、健全人才培养等。本节旨在揭示安全如何成为新质生产力稳健前行的守护者,确保技术进步的同时,为经济社会的稳定与繁荣筑起坚实的防线。

一、看得见，更要防得住

随着新质生产力快速发展，数字安全最核心的问题就是"看见"威胁，而传统网络安全大的缺陷与不足则是"看不见"风险。"看见"将是安全体系建设的核心，无论是数据安全、云安全、互联网安全，都要解决"看见"问题。从趋势上看，"看见"是安全的分水岭，回避"看见"谈安全都是假把式，传统安全由于"看不见"，无法真正解决"感知风险、看见威胁、抵御攻击"的问题。

网络防御需要像一个国家的防空预警体系一样，覆盖攻击的全部环节，"看见"全网态势，才能实现闭环式的主动防御，这是随着数字化发展趋势而诞生的新防御理念。我们需要做的是构建起覆盖全局的、体系化的、带有顶层设计的防御思想，补齐攻击链上对应的遗漏环节，对网络新威胁形成全过程的"感知风险、看见威胁、抵御攻击"的作战能力。

因此，"看见"是处置的前提，"看见"和处置是一体两面，既要"看见"之后还能快速处置。只有首先看见战场、看见风险、看见对手、看见安全威胁全貌，才能作出有效响应和处置，"看不见"一切都无从谈起。

借鉴攻防一线实践经验、军事作战思想、美军网络战思想，首先，以"看见"为核心的作战指导思想包括"以攻防、实战、对抗为导向，以'看见+处置'为核心，快速发现、快速阻断、快速清理、快速恢复"，从而形成以"全网感知、数据制胜、集中研判、以人为本、运营为王、统一指挥、分布处置、实战对抗、服务赋能"九大维度为核心的战法。如图9-1所示。

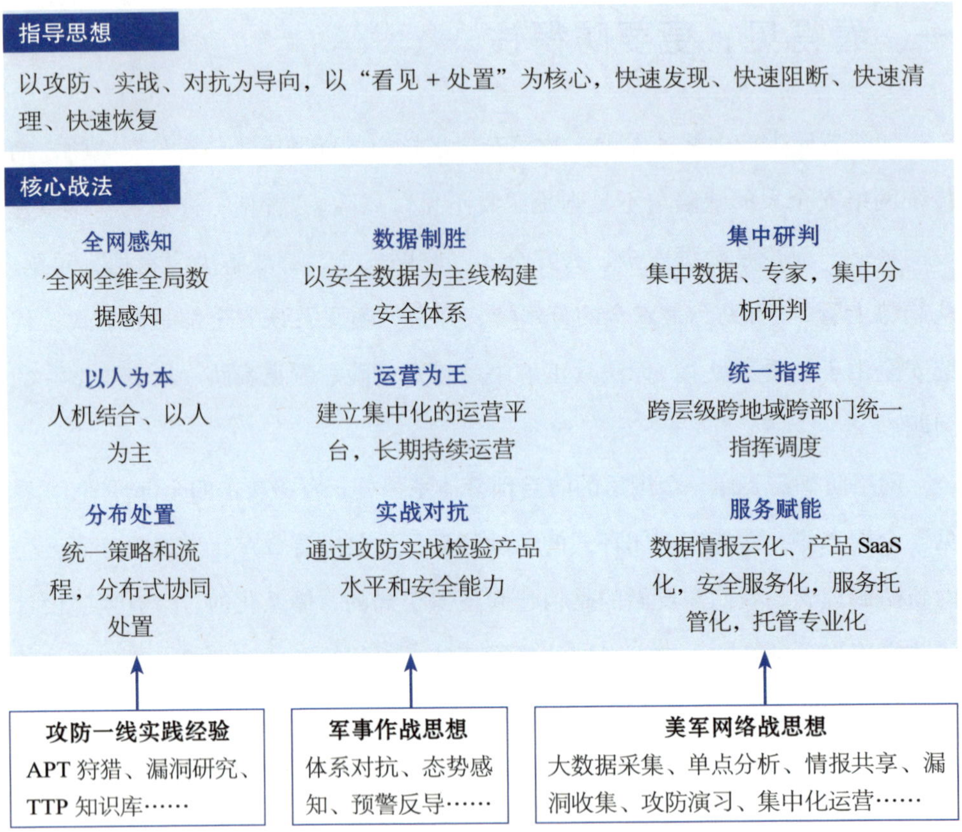

向新而行：发展新质生产力

指导思想

以攻防、实战、对抗为导向，以"看见+处置"为核心，快速发现、快速阻断、快速清理、快速恢复

核心战法

全网感知	数据制胜	集中研判
全网全维全局数据感知	以安全数据为主线构建安全体系	集中数据、专家，集中分析研判
以人为本	**运营为王**	**统一指挥**
人机结合、以人为主	建立集中化的运营平台，长期持续运营	跨层级跨地域跨部门统一指挥调度
分布处置	**实战对抗**	**服务赋能**
统一策略和流程，分布式协同处置	通过攻防实战检验产品水平和安全能力	数据情报云化、产品 SaaS 化，安全服务化，服务托管化，托管专业化

攻防一线实践经验
APT 狩猎、漏洞研究、TTP 知识库……

军事作战思想
体系对抗、态势感知、预警反导……

美军网络战思想
大数据采集、单点分析、情报共享、漏洞收集、攻防演习、集中化运营……

图 9-1　以"看见+处置"为核心的攻防理念

在新质生产力的时代背景下，网络安全威胁的多样性和复杂性要求采取多样化的防御策略。基于核心作战思想，需要建立起一套融合"端、云、数、智、知识、人、运营体系、服务能力"八大能力的数字安全解决方案，如图 9-2 所示。这些能力综合在一起，从而可以拥有"看见"全网资产、全网态势和国家级攻击，并实现快速处置的能力。

第九章 筑牢新质生产力安全基石

云端响应服务体系
运营体系 整合优化人、技术、工具、数据和平台，逐步建立了一整套安全运营体系

端	云	数	智	知识	人
"免费杀毒"	云查杀	安全大数据	AI 分析	样本库、基因库、知识库	专家团队

"看见"全网资产

"看见"全网态势

"看见"国家级攻击的强大能力

图 9-2 以"看见 + 处置"为核心的数字安全思路

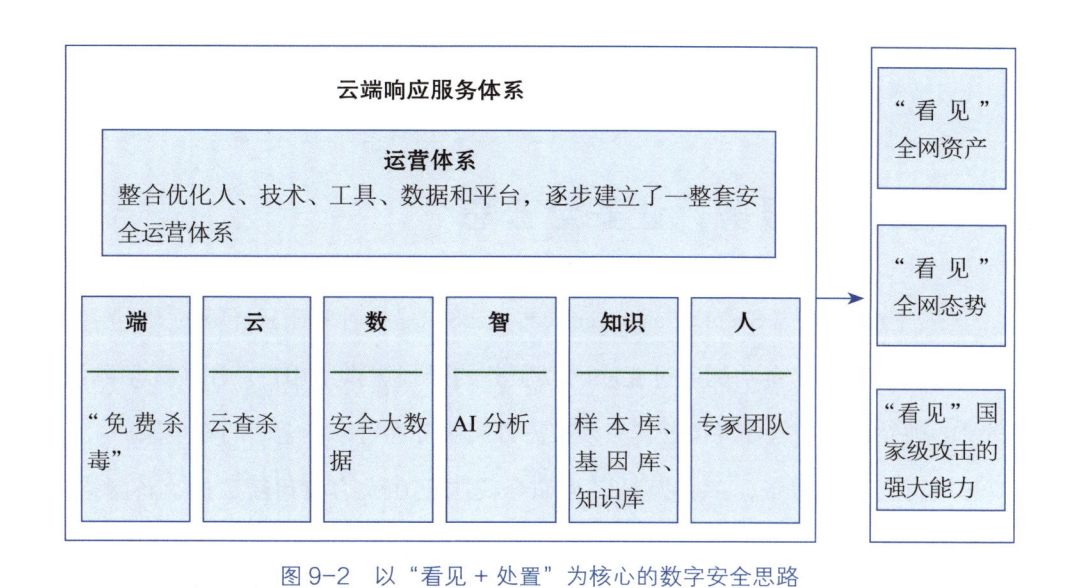

在新质生产力的背景下，网络安全不仅需要看得见，更需要防得住。通过实时监控和威胁检测，及时发现安全威胁；通过主动防御和响应，有效阻止安全威胁，确保业务的连续性和数据的安全性。未来，随着 AI 驱动的攻击技术不断进步，需要不断提升网络安全能力的技术内涵，为新质生产力的安全发展保驾护航。

拓展阅读

贡献数字安全的中国方案

数字安全的中国方案的关键是解决"看不见"国家级攻击、高级攻击的行业难题，也是国家的"卡脖子"问题。完整的"感知风险、看见威胁、抵御攻击"的闭环过程包括四个层次：感知（Sense）、发现（Discover）、洞察（Insight）、响应（Action）。360 公司依托这套方案，已经累计帮助国家捕获了 54 个境外国家级黑客组织发起的 4000 余次攻击，占国内整个安全行业已披露总数的 98%，特别是 2023 年 7 月，360 公司和国家计算机病毒应急处理中心组

329

向新而行：发展新质生产力

> 成的专家组再次发现境外背景的黑客组织和不法分子针对武汉市应急管理局所属武汉市地震监测中心发起的攻击。

二、安全即服务，让安全普惠

"安全即服务"（Security as a Service，SaaS）是一种基于云计算的安全解决方案，将传统的安全功能通过互联网以服务的形式提供给用户。用户无须购买昂贵的硬件设备或软件许可证，只须按需订阅服务即可享受全面的安全保护。

推行安全即服务，一方面是因为如今我国正在大力投建新数据、新网络、新算力、新设施、新终端等基础设施，作为数字经济发展的底座，安全也应该成为新型数字基础设施的重要组成部分。另一方面，很多城市和企业缺乏建立以"看见+处置"为核心数字安全防御体系的完整要素，因此，只有将安全打造为新型数字基础设施，把城市和企业需要的各项支持集成到其中，才能从根本上解决问题。

安全即服务的核心要素描述如下。

第一，云端基础设施。SaaS 依赖于强大的云计算基础设施，通过分布式计算资源和存储资源，提供高可用性和高可靠性的安全服务。云端服务将技术方案标准化，云计算的弹性扩展能力，使得 SaaS 可以根据用户需求动态调整资源配置，确保服务的稳定性和性能。

第二，按需订阅模式。SaaS 采用按需订阅的商业模式，用户可以根据自身需求选择不同的服务套餐和功能模块。这种灵活的订阅模式，降低了用户的初始投入成本，同时也避免了一次性安全建设投入导致的资源浪费。用户只须为实际使用的服务付费，极大地提高了成本效益。

第三，实时更新和管理。SaaS 由专业的安全服务提供商运营，他们负责服务的日常维护和更新。用户无须担心软件的版本升级和漏洞修复问题，所有安全更新和补丁都会由服务提供商实时推送和安装。这种集中管理的方式，确保了用户始终处于最新的安全防护状态。

可以说安全即服务重新定义了安全服务，引领安全从系统集成时代步入云服务时代，推动安全行业变革，把安全发展成现代生产性服务业，通过平台化、集约化的方式，依托高水平网络专家持续运营，实现真正帮用户解决问题，进而实现数字安全在众多城市和中小企业的普惠（其实施方略如图 9-3 所示）。

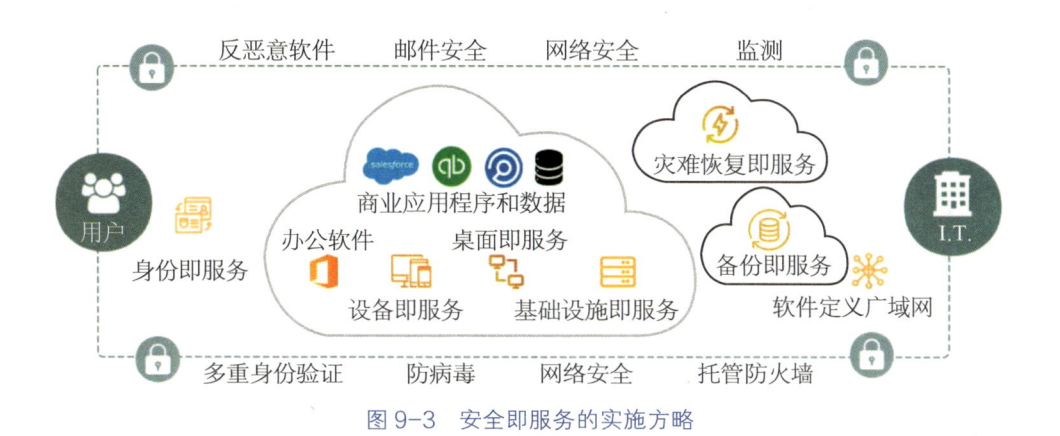

图 9-3　安全即服务的实施方略

新质生产力如同一艘全速前进的巨轮，其核心驱动力在于云计算、大数据、人工智能、5G 等前沿技术的融合应用。然而，正如海洋中既有壮阔美景也有未知风险，新技术的应用同样伴随着网络安全的挑战。安全即服务这一理念，正是为了给这艘巨轮装备上坚不可摧的防护盾，为新质生产力在安全的航道上稳健前行提供了重要保障。

三、以 AI 对抗 AI，握住大模型安全主动权

有效防范规制风险，平衡好人工智能发展与安全的关系，引导大模型健康发展，已成为全社会面临的共同难题。

（一）AI 对抗 AI 的技术特性

除通过法律和政策对安全使用 AI 技术进行保障外，还要从其技术特性入手以 AI 对抗 AI，握住大模型安全主动权。

对抗性训练：一种提高模型鲁棒性的方法，通过在训练过程中加入对抗样本，使模型能够更好地应对恶意攻击。对抗样本是通过对原始样本进行微小扰动生成，能够误导模型作出错误判断。对抗性训练能够增强模型的防御能力，提高其在恶意环境中的表现。

异常检测：利用 AI 技术进行异常检测，可以识别和应对潜在的安全威胁。通过训练异常检测模型，能够识别出网络流量、用户行为、系统日志等方面的异常情况，及时发现和阻止恶意行为。常用的异常检测方法包括聚类分析、孤立森林、自动编码器等。

深度伪造检测：针对深度伪造技术的威胁，可以利用 AI 技术进行深度伪造检测。通过训练深度学习模型，识别图像、视频和音频中的伪造痕迹，判断其真实性。常用的深度伪造检测方法包括卷积神经网络（CNN）、循环神经网络（RNN）、图像处理技术等。

自动化防御：利用 AI 技术进行自动化防御，可以提高网络安全防护的效率和效果。通过训练自动化防御模型，能够实时监控网络流量、识别攻击行为、自动采取防御措施。常用的自动化防御方法包括入侵检测系统（IDS）、入侵防御系统（IPS）、威胁情报分析等。

（二）大模型安全的三重维度

大模型安全问题分为三个层面：技术安全问题、内容安全问题、人类安全问题。这三个层面问题先后叠加，持续存在。如图 9-4 所示。

第九章 筑牢新质生产力安全基石

```
┌─────────────────┐  ┌──────────────────────────┐  ┌─────────────────┐
│  技术安全问题   │  │      内容安全问题        │  │  人类安全问题   │
│                 │  │                          │  │                 │
│  传统安全问题:  │  │  内容安全和可信问题:     │  │  可控问题:      │
│  ·网络安全      │  │  ·生成内容安全(虚假、    │  │  大模型具备类人 │
│  ·数据安全      │  │    违规内容等)           │  │  智慧和操控能力 │
│  ·隐私泄露      │  │  ·提示注入攻击           │  │  后,可能造成的 │
│                 │  │  ·成为作恶工具(生成恶意  │  │  潜在危害       │
│                 │  │    代码等)               │  │                 │
│                 │  │  ·幻觉问题,知识模糊     │  │                 │
└────┬───────┬────┘  └──────┬────────────┬──────┘  └────────┬────────┘
     ↓       ↓              ↓            ↓                  ↓
  ┌──────┐ ┌──────┐     ┌──────┐    ┌──────┐           ┌──────────┐
  │网络安│ │数据安│     │内容安│    │内容可│           │不可控问题│
  │全问题│ │全问题│     │全问题│    │信问题│           │          │
  └──────┘ └──────┘     └──────┘    └──────┘           └──────────┘
```

图 9-4 大模型安全问题

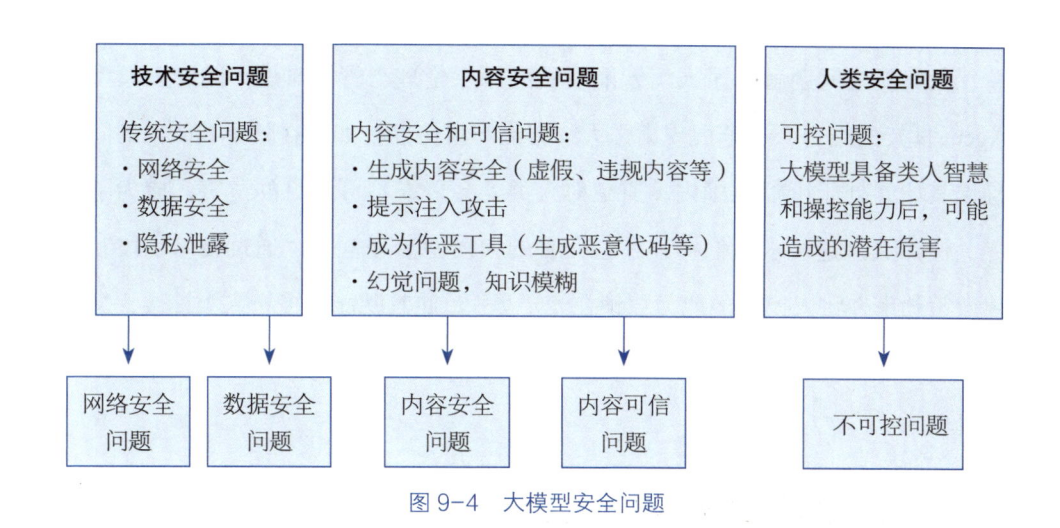

1. 技术安全问题

大模型本质上是一个复杂且庞大的软件系统,其内部结构和逻辑可能隐藏着未被发现的安全漏洞。这些漏洞一旦被恶意利用,不仅可能导致大模型受到攻击,还可能成为黑客侵入企业乃至国家关键信息基础设施的跳板。同时,数据安全也是不容忽视的问题,尤其是在大模型训练阶段,所使用的海量数据若缺乏有效保护,容易发生数据泄露事件,其中可能包含敏感信息或商业秘密,严重影响用户隐私和社会公共利益。

2. 内容安全问题

内容安全问题是大模型安全的核心挑战。确保大模型生成的内容符合国家法律法规和社会伦理道德标准是一项艰巨的任务,这需要对模型进行严格的训练与约束,并引入内容审查机制以过滤违规内容输出。提示注入攻击是近年来兴起的一种新型威胁,攻击者通过精心设计的输入"提示"操控大模型产生特定有害内容,如同 PUA(Pick-up Artist)行为对人际交往的影响,或者是针对模型进行越狱操作以突破原有的安全限制。

3. 人类安全问题

人类安全问题触及了人工智能发展的深层伦理与管控难题。随着大模型与 Agent 框架的结合，逐渐展现出强大的智能与自主性，如何在赋予其能力的同时确保其始终处于可控范围内，避免对人类社会造成不可预见的危害，成为了业界关注焦点。这要求我们构建一套完善的大模型治理框架，通过技术手段和法律政策约束，将大模型的能力"锁在笼子里"，使其既能服务于人类社会，又能遵循预设的行为准则和边界条件，确保人机和谐共存，共同促进科技进步与人类福祉。

（三）大模型的安全价值主张

安全是大模型发展过程中的第一要义。大模型安全价值要坚持"安全、向善、可信、可控"四大原则。

1. 安全原则

旨在保证大模型系统安全，降低网络攻击、数据泄漏、个人隐私泄漏风险，提升安全应对能力。

2. 向善原则

旨在确保大模型生成内容积极正面，符合社会伦理道德和法律法规的要求，避免大模型被用于生成违规内容、伪造图片、伪造视频、恶意代码、钓鱼邮件等。

3. 可信原则

旨在提升大模型生成内容的真实性和可靠性，减少大模型固有的"幻觉"或杜撰问题，即模型可能因为过度泛化、知识融合不足等原因输出错误或误导性信息。

4. 可控原则

旨在强调人类对大模型决策过程的有效管控和监督。确保人在决策回路，大模型调用外部资源的规则由人制定，重要决策由人作出，并对大模型的行为作全过程监控审计。

（四）大模型安全能力框架和体系

1. "五位一体"保安全

基于前面的安全四原则，可进一步构建大模型安全能力框架，如图 9-5 所示。简单地说，"大模型安全 = 训练安全 + 运行安全 + 内容向善 + 可信增强 + 可控框架"。

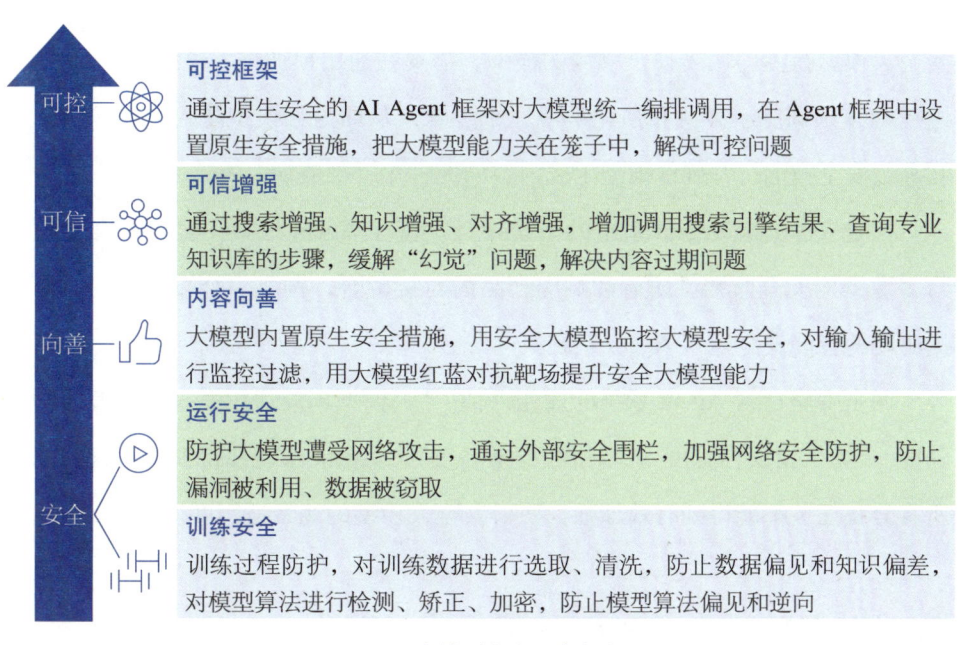

可控框架
通过原生安全的 AI Agent 框架对大模型统一编排调用，在 Agent 框架中设置原生安全措施，把大模型能力关在笼子中，解决可控问题

可信增强
通过搜索增强、知识增强、对齐增强，增加调用搜索引擎结果、查询专业知识库的步骤，缓解"幻觉"问题，解决内容过期问题

内容向善
大模型内置原生安全措施，用安全大模型监控大模型安全，对输入输出进行监控过滤，用大模型红蓝对抗靶场提升安全大模型能力

运行安全
防护大模型遭受网络攻击，通过外部安全围栏，加强网络安全防护，防止漏洞被利用、数据被窃取

训练安全
训练过程防护，对训练数据进行选取、清洗，防止数据偏见和知识偏差，对模型算法进行检测、矫正、加密，防止模型算法偏见和逆向

图 9-5 大模型安全能力框架

2. "以模制模"，大模型赋能安全运营

"以模制模"就是用人工智能应对人工智能，以期在人工智能时代构建更为稳固的安全防线。这一思路的核心在于，利用大模型自身的强大能力，结合先进的安全技术和策略，识别、防御乃至主动应对各种安全威胁。

"以模制模"理念的提出，有一个很重要的原因，就是大模型未来一定会发展为超级人工智能，很可能会超过人类的智力，这对人类来说有巨大的风险。这时候如果还用传统的方法来应对，一定是有局限性的，所以只能用更聪明的超级人工智能来应对超级人工智能。

一是基于大模型构建智能安全运营新范式。智能安全运营是数字安全的高级阶段，而大模型为智能安全运营提供了基础和条件。基于安全大模型，可以构建智能安全新范式，颠覆传统安全运营模式。通过构建安全运营 Agent 系统，可以实现高级自动化安全运营。

二是安全大模型的训练。安全运营 Agent 系统建立在安全大模型基础之上。安全大模型是专门用于安全领域的模型，需要在通用预训练大模型的基础之上，进行继续预训练、微调和强化学习三个步骤，从而为大模型注入专业安全知识和高级安全技能，并确保模型生成内容的无害化、价值观对齐。

三是安全运营 Agent 系统的系统设计。基于 Agent 框架，实现安全大模型与多源异构安全监测、防御和响应产品的对接融合，构成一个端到端的、由数据驱动的智能安全运营 Agent 系统。

四是安全运营 Agent 系统的效能评估。"大模型场景适用度 = 大模型能力成熟度 × 场景错误容忍度 × 场景数据准备度"。Agent 系统使得安全运营的几乎所有分解任务都能得到有效加强，使得安全大模型的场景适用度得到全面提升。

四、根深蒂固，制先行稳

（一）顶层设计和总体布局

党的十八大以来，以习近平同志为核心的党中央高度重视网络安全发展，作出了一系列政策部署，如图 9-6 所示。

第九章 筑牢新质生产力安全基石

2014年2月27日
主持召开中央网络安全和信息化领导小组第一次会议，首次提出"没有网络安全就没有国家安全"

2014年4月15日
在中央国家安全委员会第一次会议上首次提出"总体国家安全观"，将网络安全上升到国家安全的重要高度

2015年12月16日
在出席第二届世界互联网大会开幕式上的讲话，首次提出"共同构建网络空间命运共同体"

2016年4月19日
在网络安全和信息化工作座谈会上明确提出要"树立正确的网络安全观和人才观"

2017年10月18日
代表第十八届中央委员会向中共十九大作的报告，强调"加强互联网内容建设，建立网络综合治理体系，营造清朗的网络空间"

2018年4月20日
在全国网络安全和信息化工作会议上的讲话，提出"没有网络安全就没有国家安全，没有信息化就没有现代化，网络安全和信息化事关党的长期执政，事关国家长治久安，事关经济社会发展和人民群众福祉"

2019年9月17日
在国家网络安全宣传周开幕之际，对网信工作作出"四个坚持"的重要指示

2020年11月23日
在致世界互联网大会贺信中指出，"中国愿同世界各国一道，把握信息革命历史机遇，培育创新发展新动能，开创数字合作新局面，打造网络安全新格局，构建网络空间命运共同体，携手创造人类更加美好的未来"

2022年11月9日
向2022年世界互联网大会乌镇峰会致贺信，指出"中国愿同世界各国一道，携手走出一条数字资源共建共享、数字经济活力迸发、数字治理精准高效、数字文化繁荣发展、数字安全保障有力、数字合作互利共赢的全球数字发展道路，加快构建网络空间命运共同体，为世界和平发展和人类文明进步贡献智慧和力量"

2023年7月15日
对网信工作作出重要指示，提出"十个坚持"的重要论断

2023年11月8号
向2023年世界互联网大会乌镇峰会开幕式致辞，强调"尊重网络主权，不搞网络霸权。深化网络安全务实合作，有力打击网络违法犯罪行为，加强数据安全和个人信息保护"

2024年3月7日
出席解放军和武警部队代表团全体会议，强调"构建网络空间防御体系，提高维护国家网络安全能力"

图9-6 习近平总书记指引网络安全工作

2014年，为了加强党中央对网络安全工作的集中统一领导，成立了中央网络安全和信息化领导小组（后改为委员会），强化网络安全工作的顶层设计、总体布局、统筹协调、整体推进和督促落实，把党管互联网落到实处。制定《党委（党组）网络安全工作责任制实施办法》，明确党委（党组）领导班子、领导干部网络安全政治责任，明确网络安全标准和保护对象、保护层级、保护措施，层层传导压力、逐级压实责任。2014年2月27日，习近平总书记在主持召开中央网络安全和信息化领导小组第一次会议时强调："网络安全和信息化是一体之两翼、驱动之双轮，必须统一谋划、统一部署、统一推进、统一实施。"2014年4月15日，习近平总书记在中央国家安全委员会第一次会议上首次提出"总体国家安全观"。这是一次对传统国家安全理念的重大突破，深化和拓展了我们党关于国家安全问题的理论视野和实践领域，标志着我们党对国家安全问题的认识达到了新的高度。在这次会议上，习近平总书记对国家安全要素作出战略性系统定位，将"网络安全"上升到国家安全的重要高度。2024年是总体国家安全观提出10周年，也是中国全方位接入互联网30周年，深入推进国家网络安全治理相关问题研究具有重要现实意义。

（二）网络立法的"四梁八柱"

新中国成立以来，随着时代发展、技术进步，我国网络安全的发展不断深化。20世纪七八十年代，重要的安全问题是限制计算机的访问权限，弱密码和简单访问控制方式容易受到黑客攻击。随着互联网快速普及，20世纪90年代，防火墙成为网络安全的重要组成部分。2000年初，网络攻击变得普遍而复杂，加密技术、虚拟专用网络（VPN）、网络流量分析等安全防御方式出现。2015年之后，借助AI技术特别是大模型技术，网络攻击变得自动化程度更高、变种速度更快，安全防御技术也开始借助AI技术帮助检测异常行为、预测潜在威胁、自动化响应流程，从而提高网络安全的效率和效果。

续表

与此相对应,中国网络立法随着互联网发展经历了从无到有、从少到多、由点到面、由面到体的发展过程,大体经历了三个阶段。

第一阶段(1994—1999年),初步探索阶段,也是接入互联网阶段。上网用户和设备数量稳步增加。这一阶段网络立法主要聚焦于网络基础设施安全,即计算机系统安全和联网安全。第二阶段(2000—2011年),重点推进阶段,也是PC互联网阶段。随着计算机数量逐步增加、上网资费逐步降低,用户上网日益普遍,网络信息服务迅猛发展。这一阶段网络立法转向侧重网络服务管理和内容管理。第三阶段(2012年至今),统一立法阶段,也是移动互联网阶段。这一阶段网络立法逐步趋向全面涵盖网络信息服务、信息化发展、网络安全保护等在内的网络综合治理。在这一进程中,我国制定出台了网络领域立法140余部(见表9-1),形成了以宪法为根本,以法律法规为依托,以传统立法为基础,以网络专门立法为主干的网络法律体系,搭建了中国网络法治的"四梁八柱",为网络强国建设提供了坚实的制度保障。

表9-1 中国网络立法状况

类型	示例
法律	《电子商务法》《电子签名法》《网络安全法》《数据安全法》《个人信息保护法》《反电信网络诈骗法》
行政法规	《计算机信息系统安全保护条例》《计算机软件保护条例》《互联网信息服务管理办法》《电信条例》《外商投资电信企业管理规定》《信息网络传播权保护条例》《关键信息基础设施安全保护条例》
部门规章	《儿童个人信息网络保护规定》《互联网域名管理办法》《网络交易监督管理办法》《互联网新闻信息服务管理规定》《网络信息内容生态治理规定》《互联网信息服务算法推荐管理规定》
地方性法规	《广东省数字经济促进条例》《浙江省数字经济促进条例》《河北省信息化条例》《贵州省政府数据 共享开放条例》《上海市数据条例》

向新而行：发展新质生产力

续表

类型	示例
地方政府规章	《广东省公共数据管理办法》《安徽省政务数据资源管理办法》《江西省计算机信息系统安全保护办法》《杭州市网络交易管理暂行办法》
合计	140 余部

网络安全立法的"四梁八柱"是指我国为了构建网络空间的法治秩序而制定的一系列基础性、综合性法律。这个概念形象地比喻了我国网络安全法制体系的稳固结构，其中"四梁"可以被视为核心法律，"八柱"则指代围绕这些核心法律的配套法规、政策、标准和执行机制。虽然"八柱"的具体组成可能随着时间和需求的变化而有所调整，但"四梁"通常包含以下几部关键的法律。

（1）《网络安全法》。这部法律于 2017 年 6 月 1 日正式实施，是我国网络安全领域的基础性法律。它确立了网络安全的基本原则，明确了网络运营者的安全保护义务，规范了网络产品和服务的安全审查，以及个人信息和重要数据的保护。

（2）《密码法》。该法于 2020 年 1 月 1 日生效，旨在规范密码应用和管理，保障网络与信息安全，保护公民、法人和其他组织的合法权益，维护国家安全和社会公共利益。

（3）《数据安全法》。该法于 2021 年 9 月 1 日起施行，主要针对数据的全生命周期进行规范，强调了数据分类分级保护，对数据处理活动提出了明确要求，尤其是对重要数据的保护。

（4）《个人信息保护法》。这部法律于 2021 年 11 月 1 日开始实施，重点在于保护个人信息权益，规范个人信息处理活动，强化个人信息处理者的义务，建立了个人信息跨境流动的规则。

这四部法律构成了我国网络安全法制体系的基石，覆盖了网络安全、数据安全、个人信息保护，以及密码技术应用等多个关键领域。它们共同作用，为我国的网络空间提供了坚实的法律保障，同时对网络运营者、数据处理者及广大网民的行为进行了规范。值得注意的是，"八柱"包括其他相关的法律法规、部门规章、行业标准及司法解释等，它们共同支撑和补充了核心法律的实施，确保了网络空间的有序运行和健康发展。随着时间的推移，我国会继续完善这一法律体系，以适应快速发展的信息技术和网络空间的新挑战。

"安全是发展的前提，发展是安全的保障，安全和发展要同步推进"。在我国加速发展新质生产力的进程中，我们更加需要自上而下形成"安全是数字文明时代的基座，安全是新质生产力发展的基座"的共识，并将这一共识贯彻落实，提升专业的体系化的数字安全防护能力，筑牢数字安全屏障，为加速发展新质生产力提供安全保障。

第十章
面向未来的新型生产关系

健全相关规则和政策,加快形成同新质生产力更相适应的生产关系,促进各类先进生产要素向发展新质生产力集聚,大幅提升全要素生产率。

——摘自《中共中央关于进一步全面深化改革 推进中国式现代化的决定》。

第一节 生产力和生产关系是天生的"冤家"

"冤家"一词源自佛教典籍，本意是宿世的仇敌，后引申为关系错综复杂、纠葛不清的人或事。放在生产力与生产关系的关系中来看，两者就像一对"冤家"，既相互依存、密不可分，又矛盾重重、斗争不止。生产关系源于一定的物质生产方式，生产力的变革必然引起生产关系的变革。从这个意义上说，二者有点"相生相克"的意味。马克思主义认为，生产力是推动社会进步的根本力量，而生产关系必须适合生产力状况，否则就会成为阻碍生产力发展的桎梏。可见，生产力和生产关系之间的矛盾运动，构成了人类社会前进的基本动力。

一、生产力和生产关系的矛盾运动

（一）生产关系的适应和调试

生产力和生产关系的关系，是马克思主义政治经济学的核心命题之一，也是认识人类社会发展规律的钥匙。马克思在《〈政治经济学批判〉序言》中指出，生产关系的总和同生产力的一定发展阶段相适合。一定的生产关系，对生产力的发展起推动作用，但当这种生产关系不再适应生产力时，它就会转化为生产力的桎梏。必须用新的生产关系去代替它，从而为生产力的进一步发展开辟道路。这种看似矛盾的辩证关系，正是生产力和生产关系"爱恨纠葛"的历史写照。纵观历史长河，每一次生产力的重大进步，都伴随着生产关系的深刻变革。

向新而行：发展新质生产力

从一般规律看，当生产关系与生产力的矛盾不断积累，直至不可调和时，生产关系变革的序幕就此拉开。

1. 生产力发展的客观需要

生产关系必然要顺应生产力发展而不断变革，为生产力的进一步发展扫清障碍。以英国工业革命为例，机器大工业的诞生带来生产关系的重大调整。生产力的极大发展促使旧的封建生产关系逐步瓦解，资本主义工厂制度出现。雇佣劳动普遍化，资产阶级上升为主要的统治阶级。为适应机器大生产的需要，政治经济制度也随之变革，议会政治逐渐确立，自由贸易得以实行。这就是生产关系必须适应生产力发展的鲜明例证。正如美国学者肯尼迪在《大国的兴衰》一书中所指出的，工业革命对英国社会结构产生了深刻影响，传统的等级秩序逐渐瓦解，"新兴的工商阶级成为国家最有活力、最具进取心的社会集团"。

2. 生产关系剧变的必然趋势

以资本主义生产关系为例。资本无序扩张带来生产过剩，经济危机周期性爆发；劳动者权益受到严重侵害，劳工立法严重滞后；贫富分化日益加剧，无产阶级队伍不断壮大。这些充分说明，资本主义生产关系已日益成为束缚生产力发展的桎梏。

生产关系必须适应生产力状况并最终为其让路，这是亘古不变的规律。一旦生产关系不能适应生产力的进一步发展，就会反过来阻碍和束缚生产力，引发社会矛盾。比如，ChatGPT 等新一代人工智能系统横空出世，在提升生产效率的同时，也对传统就业模式带来了巨大挑战。据牛津大学的一项研究估计，未来 10 到 20 年，美国 47% 的工作岗位都可能被人工智能和自动化所取代。由此可见，生产力的进步必然会带来一些传统生产关系的剧变。

第十章 面向未来的新型生产关系

> **拓展阅读**
>
> **电力革命与英国点灯工职业的消逝**
>
> 19世纪末至20世纪初，第二次工业革命席卷全球。彼时，电力的普及不仅改变了人们的生活方式，也深刻地重塑了许多传统行业和职业。之前，英国的街道和家庭主要依靠煤气灯或油灯照明。点灯工，也称为灯光师，主要职责是在傍晚时分点亮街道上的煤气灯，而在拂晓时熄灭这些灯。
>
> 随着技术的进步，电力开始逐渐取代煤气成为主要的照明能源。电灯比煤气灯更清洁、安全，且维护成本低，因此，很快获得了市场和民众的广泛接受。电灯的普及直接影响了对点灯工的需求。特别是在1930年以后，随着越来越多的街区实现电气化，电灯逐渐取代了煤气灯成为主要的街道照明方式。电力的可靠性和自动化程度使得手动点灯成为过去，点灯工这一职业名存实亡。

由上可知，电力的广泛应用不仅标志着技术进步，更象征着社会生产关系的深刻变革。传统职业如点灯工的消逝，反映了工业革命期间生产力发展对社会结构和个体生计的冲击。这一历史案例强调了技术革新在推动社会进步的同时，也可能带来行业和职业结构的重大调整。

（二）我国改革开放以来生产关系的不断优化

1. 改革历程

回望改革开放以来中国经济发展的历程，生产力解放推动生产关系变革的卷轴徐徐展开，如图10-1所示。

向新而行：发展新质生产力

1978 党的十一届三中全会胜利召开，家庭联产承包责任制得以推行，乡镇企业迅速发展

1984 党的十二届三中全会召开，标志中国改革重点从农村转向城市

1988 设立海南省，并把海南开辟为经济特区

1992 南方谈话、党的十四大召开，社会主义市场经济体制改革目标确立，标志改革开放和社会主义现代化进入新的阶段

2001 中国正式成为世贸组织成员，标志对外开放达到新的水平

2013 党的十八届三中全会召开，作出全面深化改革的重要部署

2019 党的十九届四中全会召开，明确了推进国家治理体系和治理能力现代化

2024 党的二十届三中全会召开，开启了改革开放和社会主义现代化建设历史新时期

1980 深圳、珠海、汕头、厦门4个经济特区设立，对外开放迈出关键步伐

1984 开放了大连、青岛等14个沿海港口城市

1990 开发开放上海浦东，对外开放格局基本形成

1993 党的十四届三中全会召开，就建立社会主义市场经济体制进行部署

2003 党的十六届三中全会召开，围绕完善社会主义市场经济体制进行了部署

2013 设立中国（上海）自由贸易试验区

2017 党的十九大召开，提出形成全面开放新格局

2022 党的二十大召开，对全面建设社会主义现代化国家、推进中华民族伟大复兴作出整体部署

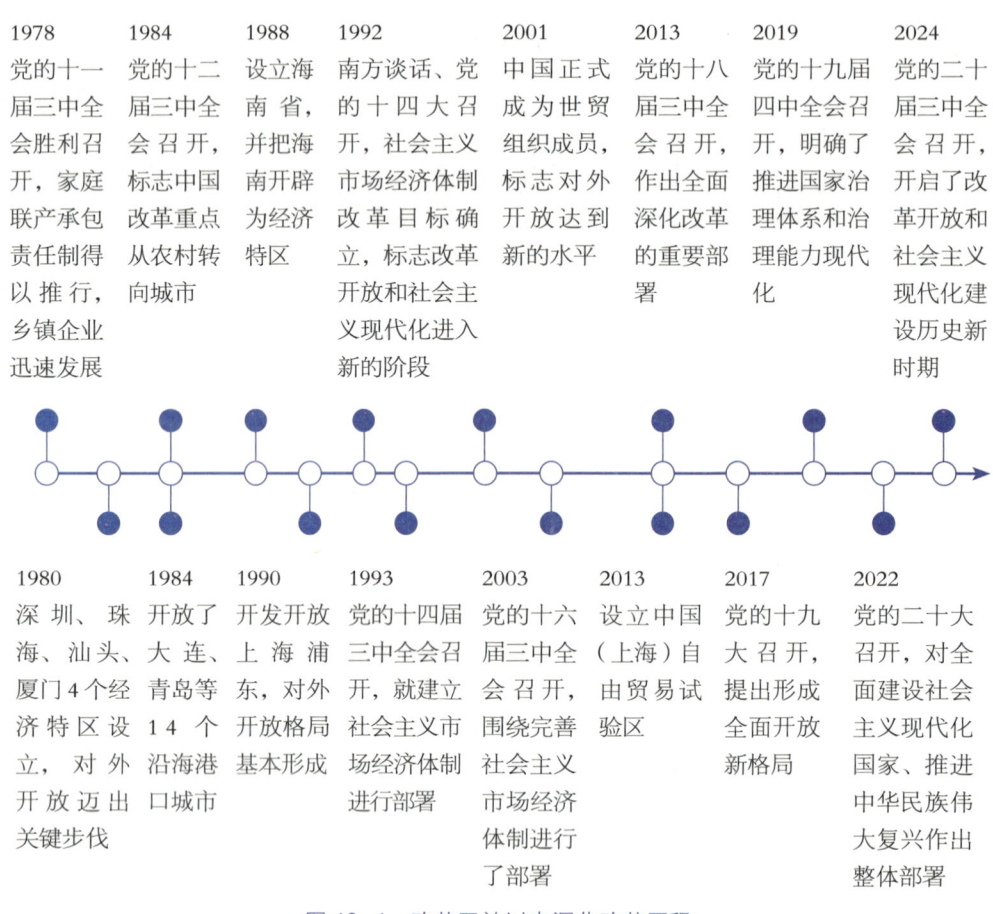

图 10-1　改革开放以来深化改革历程

从农村的家庭联产承包责任制到城市的国企改革，从个体工商户的兴起到民营经济的蓬勃发展，从价格"双轨制"到全面市场化，一系列与生产力发展相协调的生产关系变革措施推出，极大地解放和发展了生产力，推动了中国经济的腾飞。家庭联产承包责任制的推行，极大调动了农民生产积极性，推动农村生产力快速提升；国有企业改革的深入，特别是现代企业制度的建立健全，为国有经济注入新的活力；民营经济、外资经济蓬勃发展，成为推动经济增长的重要力量；市场在资源配置中的决定性作用得以发挥，宏观调控更加有效；

对外开放不断扩大，构建开放型经济新体制取得重大进展。生产关系的变革有力促进了生产力的繁荣，二者实现了良性互动。

2. 改革阶段

改革开放是决定中国命运的关键一招。党的十一届三中全会以来，中国共产党将改革开放视为推动社会主义发展的动力，是中国的第二次革命。总体来看，从党的十一届三中全会至今，改革开放可以概括为4个阶段。

第一阶段（党的十一届三中全会到党的十三届四中全会）：改革开放起步和全面展开阶段。1978年，党的十一届三中全会被视为改革开放和现代化建设新时期的开端。1984年，党的十二届三中全会通过《中共中央关于经济体制改革的决定》，突破把计划经济同商品经济对立起来的传统观点，确认中国社会主义经济是在公有制基础上的有计划的商品经济。

第二阶段（党的十三届四中全会到党的十六大）：以建立社会主义市场经济为主线深入发展。以邓小平南方谈话和党的十四大为标志，改革开放和现代化建设进入新的发展阶段，以建立社会主义市场经济体制为主线全面和深入展开。党的十四大提出，中国经济体制改革的目标是建立社会主义市场经济体制。随后，党的十四届三中全会通过《中共中央关于建立社会主义市场经济体制若干问题的决定》，勾画了社会主义市场经济体制的蓝图和基本框架。

第三阶段（党的十六大到党的十七大）：沿着科学发展道路继续推进。这一段的改革开放，坚持以科学发展观为指引，仍然围绕完善社会主义市场经济这条主线不断深化。党的十六届三中全会通过了《中共中央关于完善社会主义市场经济体制若干问题的决定》，标志着中国的经济体制改革跨入了新阶段。

第四阶段（党的十八大至今）：全面深化改革开放新征程。以习近平同志为核心的党中央高举改革开放旗帜，推动改革开放向纵深发展。2013年，党的十八届三中全会通过《中共中央关于全面深化改革若干重大问题的决定》。2017年，党的十九大确立习近平新时代中国特色社会主义思想，强调坚持全面深化改革。2019 年，党的十九届四中全会明确了坚持和完善中国特色社会主义制度、推进国家治理体系和治理能力现代化的总体要求。2020 年，党的十九届五中全会提出加快构建以国内大循环为主体、国内国际双循环相互促进的新发展格局。2022 年，党的二十大报告强调全面建设社会主义现代化国家，以中国式现代化全面推进中华民族伟大复兴。2024 年，党的二十届三中全会开启了改革和高质量发展新篇章。这一阶段的改革开放全面深化，系统推进，在经济、政治、文化、社会、生态文明等领域协同发力，形成全方位开放新格局，推动中国特色社会主义制度更加成熟、更加定型。

（三）大变局下的生产关系

1. 新矛盾怎么解

随着经济发展进入新常态，新的矛盾和挑战也在不断显现。传统的粗放型增长模式难以为继，结构性矛盾不断积累。一些深层次的体制机制障碍正在制约新旧发展动力的转换。创新驱动乏力，要素市场化配置程度不高，政府干预过多，市场环境有待进一步优化；国有企业改革有待深化，行政性垄断、地方保护主义和部门利益法条化现象在一定程度上存在；民营企业在市场准入、融资、创新等方面面临诸多掣肘；"三农"问题仍然突出，城乡区域发展不平衡不充分的矛盾进一步凸显。可以说，我国生产关系中不适应生产力发展要求的一面日益突出，改革已进入深水区和攻坚期。中国经济要实现转型升级，必须推进供给侧结构性改革，加快破除无效和低端供给，提升供给体系的质量和效率。可见，生产关系变革依然大有可为，必须加快探索适应高质量发展要求的制度安排。

2. 全面深化改革永远在路上

党的十八大之后，中国特色社会主义进入新时代，改革开放也进入了全面深化的新阶段。以习近平同志为核心的党中央高瞻远瞩，准确把握生产力与生产关系的辩证关系，深刻洞察生产关系变革的方向，作出了一系列重大战略部署。

第十章　面向未来的新型生产关系

拓展阅读

将全面深化改革进行到底

党的十八大提出了全面建成小康社会和全面深化改革开放的目标。习近平总书记指出，"改革开放只有进行时，没有完成时"，面对新形势新任务，"我们必须通过全面深化改革，着力解决我国发展面临的一系列突出矛盾和问题，不断推进中国特色社会主义制度自我完善和发展"。

党的十八届三中全会审议通过的《中共中央关于全面深化改革若干重大问题的决定》，提出了全面深化改革的指导思想、目标任务、重大原则，描绘了全面深化改革的新蓝图、新愿景、新目标。

2017年10月18日，习近平总书记在党的十九大报告中指出，坚持全面深化改革。坚决破除一切不合时宜的思想观念和体制机制弊端，突破利益固化的藩篱，吸收人类文明有益成果，构建系统完备、科学规范、运行有效的制度体系，充分发挥我国社会主义制度优越性。

2018年2月26日至28日，党的十九届三中全会在北京举行，审议通过了《中共中央关于深化党和国家机构改革的决定》和《深化党和国家机构改革方案》。

2022年10月16日，习近平总书记在党的二十大报告中指出，坚持深化改革开放。深入推进改革创新，坚定不移扩大开放，着力破解深层次体制机制障碍，不断彰显中国特色社会主义制度优势，不断增强社会主义现代化建设的动力和活力，把我国制度优势更好转化为国家治理效能。

2023年2月26日至28日，党的二十届二中全会通过了《党和国家机构改革方案》，深化国务院机构改革是其中的一项重要任务。重点是加强科学技术、金融监管、数据管理、乡村振兴、知识产权、老龄工作等重点领域的机构职责优化和调整。

向新而行：发展新质生产力

2024年7月15日至18日，中国共产党第二十届中央委员会第三次全体会议在北京举行，全会对进一步全面深化改革作出系统部署，如表10-1所示。

表10-1 重大战略部署及内容

类别	内容
总目标	1. 维护和发展中国特色社会主义制度 2. 推进国家治理体系和治理能力现代化
2035年目标	1. 全面建成高水平社会主义市场经济体制 2. 中国特色社会主义制度更加完善 3. 基本实现国家治理体系和治理能力现代化 4. 基本实现社会主义现代化 5. 为到本世纪中叶全面建成社会主义现代化强国奠定坚实基础
"七个聚焦"	1. 聚焦构建高水平社会主义市场经济体制 2. 聚焦发展全过程人民民主 3. 聚焦建设社会主义文化强国 4. 聚焦提高人民生活品质 5. 聚焦建设美丽中国 6. 聚焦建设更高水平平安中国 7. 聚焦提高党的领导水平和长期执政能力
系统部署	1. 完善高水平社会主义市场经济体制 2. 全面推进高质量发展体制机制 3. 构建全面开放新格局 4. 健全全面依法治国体系 5. 完善多层次社会保障体系 6. 健全共建共治共享的社会治理制度 7. 深化文化体制机制改革 8. 健全生态文明制度体系 9. 深化国家安全体制机制改革 10. 深化党的建设制度改革 11. 推动国家机构职能优化协同高效 12. 构建系统完备、科学规范、运行有效的制度体系

二、新质来了旧貌变

（一）新业态不断涌现

当前，新一轮科技革命和产业变革正在重塑全球经济版图。以大数据、云计算、人工智能、区块链等为代表的数字技术日新月异，数字经济新业态新模式不断涌现。数字化、网络化、智能化成为这个时代最鲜明的特征，新质生产力正在崛起。人工智能、大数据、云计算、物联网、区块链等新一代信息技术广泛渗透到经济社会各领域，极大提升了全要素生产率，催生出众多新产业、新业态、新模式。共享经济、平台经济等崛起为代表的新动能，正成为引领经济高质量发展的重要力量。

传统的生产关系和要素配置方式，已经越来越难以适应新质生产力的发展需求。共享经济的兴起就是一个鲜明例证。作为数字经济的新业态，共享经济以互联网平台为依托，通过提高资源利用效率，正在颠覆传统商业模式。以共享单车为例，这一新生事物的出现，极大改变了人们的生活方式和消费观念。一方面，它通过移动互联网大大降低了要素使用成本，提高了资源配置效率，创造了巨大的社会价值；另一方面，它在一定程度上冲击了传统出行方式，加之监管不到位，引发了一系列社会问题，如乱停乱放、恶意损坏、预付金难退等，暴露出传统生产关系的滞后性。这启示我们，必须加快完善与共享经济、平台经济等新业态相适应的包容审慎监管机制，在鼓励创新的同时规范发展，让新动能行稳致远。

拓展阅读

网约车平台的发展

进入 2024 年，网约车市场在经过几轮兼并和大浪淘沙之后，逐渐从一家

向新而行：发展新质生产力

> 独大变成了一超多强的市场格局。以滴滴、曹操出行为代表的网约车平台，通过算法优化供需匹配，大幅提高了出行效率，也让供给侧和需求侧双方受益。该平台支持电子化管理和财务流程，实现用车规则的批量设置，提高了用车的效率和规范性，确保用车的透明和成本效益。但网约车的快速发展，也对传统出租车行业带来了较大冲击，引发了诸多社会矛盾。网约车兴起对北京市出租车行业产生了显著影响：2015—2021 年，出租车客运量占比从 7.37% 减少到 3.85%，下降幅度接近 50%。

纵观古今中外，生产力每一次重大进步都伴随着生产关系的深刻变革。当年英国率先完成工业革命，确立了资本主义生产关系的主导地位；百年前，苏联社会主义革命的胜利，开创了社会主义生产关系的先河；20 世纪七八十年代，亚洲"四小龙"乘第三次产业革命的东风实现跨越式发展，无不得益于主动调整经济结构、创新体制机制。在新质生产力蓬勃兴起的今天，唯有解放思想、改革创新，主动求变应变，才能牢牢把握新时代生产关系变革的历史机遇。

（二）新治理模式蓬勃兴起

新质生产力的发展，不仅对生产关系，而且对社会治理提出了新挑战。长期以来，政府部门之间的条块分割和信息孤岛问题突出，影响了政府治理效能。随着大数据技术的广泛应用，打破部门藩篱，实现数据共享和业务协同，成为提升政府治理水平的关键所在。

1."最多跑一次"跑出"加速度"

2003 年 7 月，时任浙江省委书记习近平在省委十一届四次全体（扩大）会议上作出实施"八八战略"重大决策部署，其中就包括了"数字浙江"建设。20 多年来，浙江省委、省政府倒逼生产关系优化重塑，掀起了一场系统性、整体性、重构性的数字化改革，如图 10-2 所示。

第十章 面向未来的新型生产关系

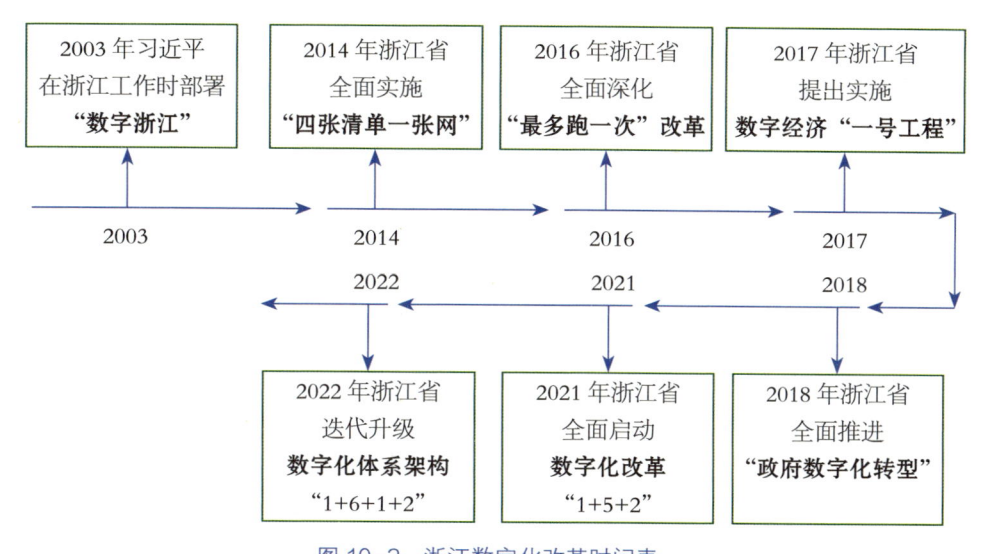

```
┌──────────────┐  ┌──────────────┐  ┌──────────────┐  ┌──────────────┐
│ 2003年习近平  │  │ 2014年浙江省 │  │ 2016年浙江省 │  │ 2017年浙江省 │
│ 在浙江工作时部署│  │ 全面实施     │  │ 全面深化     │  │ 提出实施     │
│ "数字浙江"    │  │"四张清单一张网"│  │"最多跑一次"改革│  │数字经济"一号工程"│
└──────▲───────┘  └──────▲───────┘  └──────▲───────┘  └──────▲───────┘
       │                 │                 │                 │
    2003              2014              2016              2017
                      2022              2021              2018
       ┌─────────────────┐  ┌──────────────┐  ┌──────────────┐
       │ 2022年浙江省    │  │ 2021年浙江省 │  │ 2018年浙江省 │
       │ 迭代升级        │  │ 全面启动     │  │ 全面推进     │
       │ 数字化体系架构  │  │ 数字化改革   │  │"政府数字化转型"│
       │ "1+6+1+2"      │  │ "1+5+2"      │  │              │
       └─────────────────┘  └──────────────┘  └──────────────┘
```

图 10-2 浙江数字化改革时间表

2. 从"无证明"到"一件事"

近年来，山东省按照国家关于推进电子证照扩大应用领域和全国互通互认、开展数据"直达基层"等要求，充分发挥数据赋能作用，全领域建设"无证明之省"，支撑"高效办成一件事"。山东省委、省政府高度重视"无证明之省"建设，将其作为优化营商环境的重要内容，主要领导同志多次作出指示批示。省直部门、各市均建立了专项工作机制，成立工作专班，"一把手"亲自抓，形成了上下贯通、一体谋划的推进格局。截至目前，山东省已使用电子证照 8 亿余次，开展数据共享 480 亿余次。高频政务服务事项和常见社会生活场景基本实现"无证明"，打造了"义务教育入学一件事""企业开办一件事""车检一件事""婚育一件事"等高频场景。

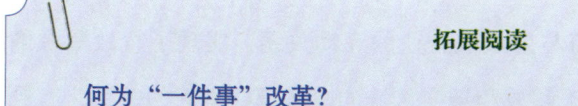

> **拓展阅读**
>
> 何为"一件事"改革？
>
> 2024 年 1 月，国务院印发《关于进一步优化政务服务提升行政效能推动

355

向新而行：发展新质生产力

"高效办成一件事"的指导意见》，从推进线下办事"只进一门"，到推进线上办事"一网通办"，再到推进企业和群众诉求"一线应答"，对深入推动政务服务提质增效，在更多领域更大范围实现"高效办成一件事"作出部署。

"一件事"改革是以经营主体和群众需求为导向，以行政审批和政务服务为主要领域，以破解办事梗阻、降低制度性交易成本为着力点，以跨部门、跨层级、跨地区业务流程再造和系统重构为主要支撑的政务改革。"一件事"就是从群众和企业需求出发，将那些关联性强、办事需求大、办事频率高的多个单一事项整合成为"一件事"来办。

浙江省、福建省、北京市等地展示了各自的创新措施，以简化和加速行政和服务流程，进一步推动政务服务效率的提升。浙江省在"一件事"改革中走在了前列，通过整合生命周期内的重要事项，为企业和民众提供更为便捷的服务。例如，在出生登记方面，一站式服务实现了医院即可完成出生证明、预防接种证办理、户口登记等多项服务。福建省则侧重于通过技术手段优化办事流程，如在数字化平台上集成和优化了多个部门的服务流程，显著减少了办事时间和材料需求。北京市针对市民和企业的高频需求场景，如新生儿出生和企业注销等，推出了62个场景的"一件事"改革。

2024年7月，国务院办公厅印发《"高效办成一件事"2024年度新一批重点事项清单》，在加快推进2024年度第一批13个重点事项落地见效的基础上，统筹推进新一批重点事项清单实施，持续推动在更多领域更大范围实现"高效办成一件事"，进一步提升企业和群众获得感。

"一件事"改革通过简化行政程序、提高服务效率和增加政府透明度，不仅提高了行政效率，也改善了政府与公众及企业的互动关系，实现了行政资源的优化配置。"一件事"改革有助于解放和转变传统的政务部门之间的关系，有利于推动社会生产力的进一步发展，为经济活动提供更加流畅和高效的环境，有

第十章 面向未来的新型生产关系

利于进一步激发市场活力和社会创新能力。

3. "一网通办"，让服务更贴心

2018年，上海市加强顶层设计，探索创新"一网通办"政务服务新模式。2019年，加快攻坚突破，强化工作合力，实现面向企业和市民的所有政务服务"进一网、能通办"。2020年，实行"两个免于提交"，推动"两转变"，切实提升群众和企业的获得感和满意度。2021年，以更高效、更便捷、更精准为目标，推出一批"好办""快办"服务。进一步提升平台能力，全面深化数据治理，持续改善用户体验。2022年，以用户视角全面提升线上线下服务体验，重点打造一批"免申即享"服务，重点优化150项高频事项全流程一体化办事体验。2023年，全面提升政务服务标准化、规范化、便利化、智慧化水平。构建线上线下泛在可及的全方位服务体系，推进线上线下政务服务全流程智能化集成办理。2024年，以推进"高效办成一件事"为牵引，深入推进政府职能转变，加快数字政府建设，开展"人工智能+"行动，全面提高行政效能和政务服务水平。如图10-3所示。

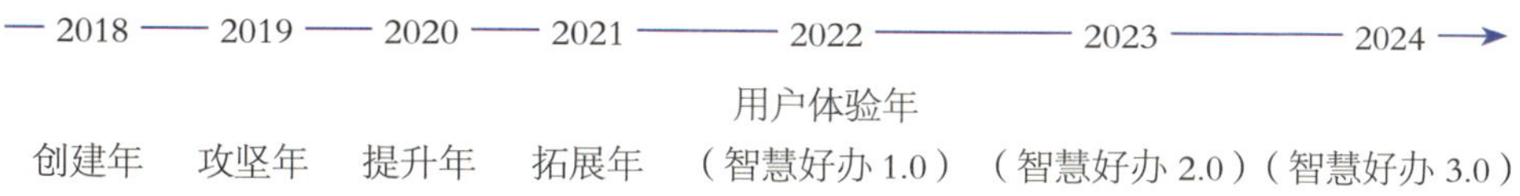

```
— 2018 — 2019 — 2020 — 2021 — 2022 — 2023 — 2024 →
                                  用户体验年
创建年    攻坚年   提升年   拓展年  （智慧好办1.0）（智慧好办2.0）（智慧好办3.0）
```

图10-3 上海市政务服务"一网通办"改革历程

（三）新经济形态加速涌现

1. 智能制造

当前，新一轮科技革命和产业变革蓬勃兴起，催生了新经济。以智能制造为例，人工智能、物联网、信息物理系统（CPS）等新一代信息技术广泛应用于生产制造全过程，机器人、数字化车间、智慧工厂不断涌现，生产方式实现了从"大规模生产"到"规模化定制"的跃迁。德国工业4.0战略、中国制造

2025 规划等纷纷出台，旨在抢占智能制造发展制高点。

在从工业 1.0 到工业 4.0 的转型升级过程中（见图 10-4），这一系列新变化对生产资料所有制、分配方式、生产组织方式等提出了新的要求。

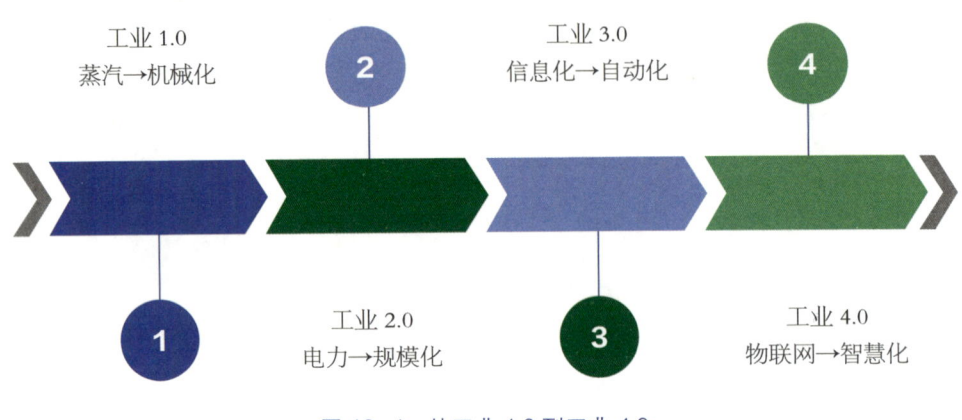

工业 1.0
蒸汽→机械化

工业 2.0
电力→规模化

工业 3.0
信息化→自动化

工业 4.0
物联网→智慧化

图 10-4　从工业 1.0 到工业 4.0

2. 数字经济

人类社会经济形态的演进是一个漫长而复杂的过程。农业经济阶段始于约 1 万年前，以农耕技术的应用为标志，主要依靠种植小麦、水稻、棉花等农作物，以及人力生产和手工劳动，这一阶段持续了数千年。18 世纪 60 年代，工业革命的兴起标志着人类社会进入了工业经济时代。这一阶段可以进一步细分为几个重要时期：首先是蒸汽机的发明，推动了纺织和钢铁产业的发展，机器生产开始取代手工作坊；随后在 19 世纪 70 年代，电力技术的应用和汽车、化工等产业的崛起，促进了大规模生产的实现；到了 20 世纪 70 年代，ICT、计算机和互联网的出现，推动了全球化生产和跨国企业的蓬勃发展。如图 10-5 所示。

第十章 面向未来的新型生产关系

```
—1万年——  18 世纪      19 世纪      20 世纪
              60 年代      70 年代      70 年代     21 世纪初
   农业经济  >         工业经济              >   数字经济   >
```

农耕技术　　**蒸汽机**　　**电力技术**　　**ICT 技术**　　**数字技术**
小麦、水稻、棉花　纺织、钢铁　汽车、化工　计算机、互联网　大数据、AI 大模型
人力生产/手工作　机器生产/　大规模生产/　全球化生产/跨　平台化、生态化经
坊　　　　　　　现代工厂　　现代大企业　国企业　　　　济形态

图 10-5　经济形态的演化

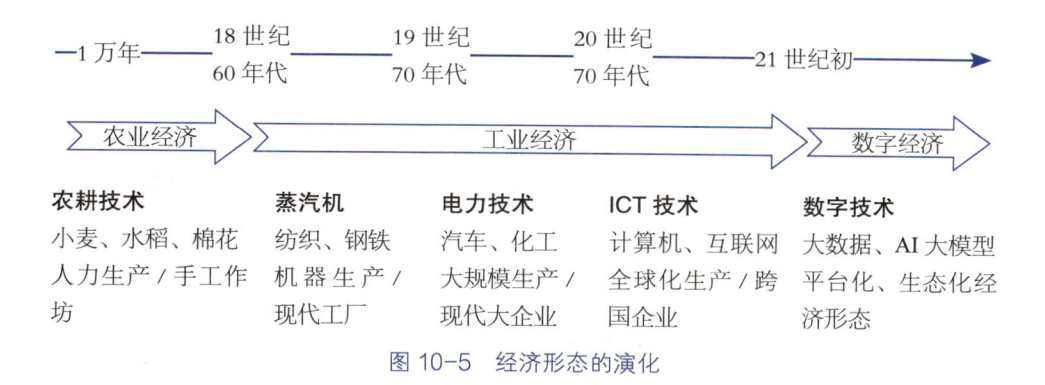

进入 21 世纪，数据作为新的生产要素，驱动经济发展进入新时代。2020 年 4 月，中共中央、国务院发布了《关于构建更加完善的要素市场化配置体制机制的意见》，数据作为一种新生产要素首次被写入中央文件，与土地、劳动力、资本、技术并列。数据成为新的生产要素，正在快速重塑传统产业形态、生产组织方式和经济运行机制。目前，全国已有近 10 万家大数据企业，数字经济核心产业增加值超过 7 万亿元。由此，数字经济也成为继农业经济、工业经济之后的第三种经济形态。

数字经济正在深刻改变全球经济格局和发展模式。随着信息技术的快速发展和广泛应用，数字经济已成为驱动经济增长、促进社会变革的重要力量。在这一大趋势下，世界各国都在积极推动数字化转型，但发展程度却呈现明显的差异。

从图 10-6 中展示的数字经济占 GDP 比重排名来看，全球数字经济发展呈现以下特点。发达国家占据领先地位：德国、英国和美国位居前三，数字经济占 GDP 比重均超过 60%，反映了这些国家在数字技术创新和应用方面的优势。亚洲国家表现突出：韩国、日本和新加坡等亚洲国家紧随其后，显示出这些国家在数字经济发展方面的积极态度和显著成果。中国快速崛起：中国以 41.5% 的比例位列第九，考虑到中国经济体量，这一数字意味着数字经济规模已相当可观。

向新而行：发展新质生产力

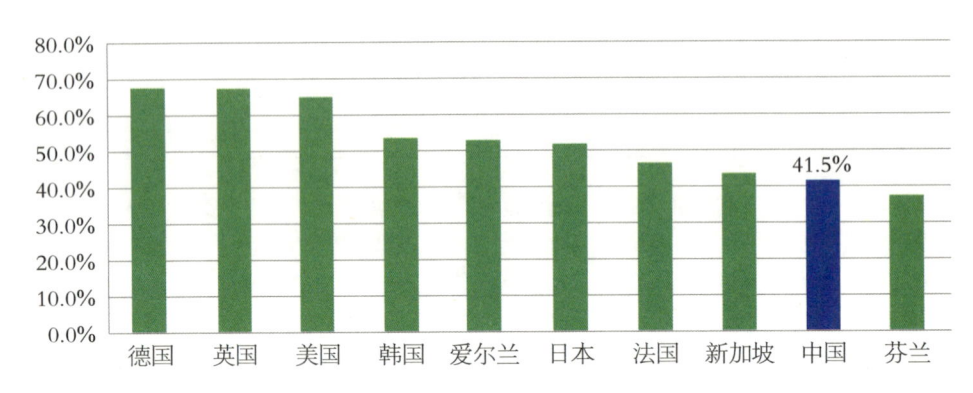

图 10-6　全球主要经济体数字经济占 GDP 比重排名情况

数据来源：中国通信研究院《全球数字经济白皮书（2023 年）》。

这一排名情况不仅反映了当前全球数字经济发展的现状，也预示了未来数字经济可能带来的机遇与挑战。随着数字技术的不断进步，各国在数字经济领域的竞争将日益激烈，如何缩小数字鸿沟、实现包容性增长将成为全球共同面临的重要课题。

数字经济的兴起，亟须建立与之相适应的要素市场和监管规则体系。随着互联网、人工智能、大数据等新技术的广泛应用，数字经济已成为驱动全球经济增长的核心力量。然而，这一新兴经济形态的特性也带来了前所未有的挑战。传统的市场机制和监管框架难以完全适应数字经济的特点，如虚拟资产的价值评估、数字知识产权的保护、跨境电子商务的税收等问题。因此，构建适应数字时代的要素市场体系，如数字技术交易平台、创新人才市场等，成为当务之急。同时，制定包括网络安全、平台责任、算法公平在内的新型监管规则，也显得尤为重要。唯有建立起与数字经济相匹配的制度环境，才能充分释放数字经济的潜力，确保其健康、可持续发展，最终实现技术创新与社会公平的平衡。

可以说，无论是智能制造，还是数字经济，都昭示着生产力的深刻变革，预示着生产关系和经济治理方式的重大变革。相较而言，很多传统产业增速放缓，甚至负增长，转型升级面临巨大压力。培育发展新动能，加快新旧动能转换，既是顺应新质生产力发展趋势的必然选择，也是破解经济下行压力、增强发展后劲的战略之举。新质生产力催生新业态新模式，撬动了经济发展新动能，倒逼生产关系加快调整完善，这已成为不可逆转的时代大势。可以预见，随着新一轮科技革命和产业变革的纵深推进，还将涌现出更多具有颠覆性、先导性的新业态、新模式，不断开辟生产力发展的新天地。面对新技术革命带来的机遇和挑战，必须加快推进生产关系的变革，破除体制机制障碍，营造适应高质量发展要求的制度环境。只有努力探索与之相适应的生产关系和制度安排，才能为新质生产力插上腾飞的翅膀。

三、"老冤家"面临新挑战

进入新发展阶段，开启全面建设社会主义现代化国家新征程，对生产关系变革提出了更高要求。如何因时因势调整生产关系，破除体制机制障碍，为新质生产力注入源源不断的活力，成为我们面临的重大课题。在创新、协调、绿色、开放、共享新发展理念引领下，破除一切不适应生产力发展的思想观念和体制机制弊端，不断完善适应高质量发展要求的生产关系和上层建筑，是我们面临的重大时代课题。

（一）创新带来新命题

创新已成为引领发展的第一动力。当前，全球新一轮科技革命和产业变革正在重构全球创新版图、重塑经济结构，国际竞争日益呈现创新驱动的新特点。我们必须顺应世界新一轮科技革命和产业变革大势，发挥创新型国家和人才强国优势，加快实施创新驱动发展战略。当前我国创新驱动发展战略深入实施，创新型国家建设成效显著。但同时也要看到，科技创新中"卡脖子"问题依然突出，关键核心技术受制于人，创新链与产业链脱节现象仍较普遍，科技成果转移转化通道不畅，创新生态有待进一步优化。对此，必须深化科技体制改革，建立健全以企业为主体、市场为导向、产学研深度融合的技术创新体系，营造良好的创新生态和制度环境。这就要求加快完善社会主义市场经济体制，深化科技体制改革，健全以企业为主体、市场为导向、产学研深度融合的技术创新体系。

（二）高水平对外开放直面新挑战

在经济全球化深入发展的背景下，各国经济相互依存、深度融合，利益交融前所未有。构建国内国际双循环相互促进的新发展格局，积极参与全球经济治理体系改革，对生产关系变革提出了新的课题。党的十九届五中全会提出，实施更大范围、更宽领域、更深层次的全面开放，依托我国大市场优势，促进国际合作，实现互利共赢。推进贸易创新发展，高质量共建"一带一路"。但与此同时，美国等西方国家对中国在高科技领域的打压和遏制也在不断升级，给中国参与全球科技创新合作蒙上了一层阴影。当前，世界正经历百年未有之大变局，单边主义、保护主义明显抬头，逆全球化思潮不断涌动，国际经贸规则加快重构，给我国参与全球治理、融入世界经济带来诸多挑战。同时，负面清单、外商投资准入前国民待遇等制度有待健全完善，服务业、农业、制造业等领域开放水平仍不平衡不充分。要坚定不移推进更高水平开放，加快建设开放型经济新体制，以高水平开放推动深层次改革、破除深层次体制机制障碍。在开放的同时，必须着力防范化解重大风险挑战，着力推进关键核心技术自主可控，着力完善产业链供应链安全保障体系，维护国家经济安全。

（三）高质量发展提出新要求

对内发展不平衡不充分、对外开放水平不高的矛盾更加突出。从国内看，发展不平衡不充分的问题仍然突出，重点领域关键环节改革任务仍然艰巨，创新能力不适应高质量发展要求，农业基础还不稳固，城乡区域发展和收入分配差距依然较大，生态环境保护任重道远，民生保障存在不少短板，等等。从国际看，我国对外开放水平总体上不高，服务业、高技术产业开放明显滞后，负面清单管理、国民待遇等制度有待健全，开放型经济水平与建设现代化经济体系的要求还不完全适应。推动高质量发展，是当前和今后一个时期确定发展思路、制定经济政策、实施宏观调控的根本要求。高质量发展，归根到底是体现新发展理念的发展，是创新成为第一动力、协调成为内生特点、绿色成为普遍形态、开放成为必由之路、共享成为根本目的的发展。由此可见，高质量发展对生产关系变革提出了诸多新课题。如何因时因势调整生产关系，破除体制机制障碍，为新质生产力注入源源不断的活力，成为我们面临的重大课题。在创新、协调、绿色、开放、共享新发展理念引领下，破除一切不适应生产力发展的思想观念和体制机制弊端，不断完善适应高质量发展要求的生产关系和上层建筑，是我们面临的重大时代课题。

因此，推动生产关系与生产力在新的历史方位上实现更高水平的动态平衡，是高质量发展阶段"老冤家"面临的时代课题。必须充分认识社会主要矛盾变化带来的新特征新要求，在更高起点、更高层次、更高目标上推进改革开放，不断探索破解发展不平衡不充分问题的新思路新举措，加快形成与高质量发展相适应的生产关系和上层建筑，为实现第二个百年奋斗目标提供坚实制度保障。

向新而行：发展新质生产力

第二节　打通束缚新质生产力的"任督二脉"

党的二十届三中全会通过的《中共中央关于进一步全面深化改革　推进中国式现代化的决定》，深刻总结和运用改革开放以来，特别是新时代全面深化改革的宝贵经验，强调进一步全面深化改革必须贯彻"六个坚持"重大原则。"坚持以制度建设为主线"是其中重要一条，深刻揭示了进一步全面深化改革、推进中国式现代化的着力点，也对加快发展新质生产力指明了主攻方向。

从体制层面看，必须进一步推进国资国企、财税金融、土地价格等重点领域和关键环节改革，建设高标准市场体系。从要素层面看，必须加快建设统一开放、竞争有序的市场体系，推进要素市场化改革，实现要素自由流动和优化配置。从环境层面看，必须加快政府职能转变，全面实施市场准入负面清单制度，创新和完善宏观调控，加强市场监管，营造法治化、国际化、便利化的营商环境。只有充分发挥市场在资源配置中的决定性作用，更好发挥政府作用，强化制度建设，破除体制机制障碍，才能为新质生产力插上腾飞的翅膀。

一、体制变革开新局

社会主义市场经济体制是社会主义基本经济制度的重要组成部分。必须坚持和完善社会主义基本经济制度，毫不动摇巩固和发展公有制经济，毫不动摇鼓励、支持、引导非公有制经济发展，充分发挥市场在资源配置中的决定性作用，更好发挥政府作用，激发各类市场主体活力。搞好经济体制改革，关键是处理好政府和市场的关系，使市场在资源配置中起决定性作用，更好发挥政府作用。

（一）深化国资国企改革是重中之重

国有企业是中国特色社会主义的重要物质基础和政治基础，在关系国家安全和国民经济命脉的重要行业和关键领域，国有企业、国有资本发挥着不可替代的作用。经过多年探索，国有企业改革不断深化，国有资产监管体制机制日益完善。特别是党的十八届三中全会以来，以管资本为主加强国有资产监管、以市场化方式推进国企重组整合、完善现代企业制度、健全公司法人治理结构等改革举措有序落地，国企党的领导和公司治理有机统一，一批国有骨干企业做强做优做大，在服务国家战略、引领行业发展、促进科技进步等方面发挥了不可替代的重要作用。国企改革三年行动实施以来，在混合所有制改革、法人治理结构完善、市场化经营机制建立等方面取得明显成效。但同时也要看到，国企改革任重道远。现代企业制度尚不健全，法人治理结构有待完善，市场化经营机制亟待建立，国有资本布局和结构有待优化。国企改革要遵循社会主义市场经济规律，搞好分类改革，推进混合所有制改革，完善中国特色现代企业制度。未来需要立足服务国家战略，聚焦主责主业，加大关键核心技术攻关力度，加快数字化、网络化、智能化改造，不断增强国企竞争力、创新力、控制力、影响力、抗风险能力，努力成为引领高质量发展的骨干力量。

（二）财税金融体制改革事关经济发展全局

近年来，中央与地方财政事权和支出责任划分改革稳步推进，预算绩效管理全面实施，中央和地方收入划分结构进一步优化。金融供给侧结构性改革深入推进，服务实体经济质效显著提升，但中小微企业融资难、融资贵问题仍然突出。人民币汇率市场化形成机制不断完善，跨境资本流动管理框架基本建立。下一步要加快构建现代财税制度，进一步理顺中央和地方财权事权划分，完善转移支付制度，健全地方税体系，深化预算管理制度改革。同时还要深化金融供给侧结构性改革，优化金融机构、市场、产品体系，提高金融服务实体经济能力，健全现代金融监管体系，守住不发生系统性金融风险底线。

（三）要素市场化配置改革任重道远

加快建设统一开放、竞争有序的市场体系，是构建新发展格局的内在要求。近年来，我国在要素价格市场化、要素交易平台建设、自然资源资产产权制度改革等方面取得积极进展。但土地、劳动力、资本、技术、数据等要素市场发育还不充分，要素价格形成机制有待完善，要素流动存在诸多体制机制障碍。

2020年，《中共中央 国务院关于构建更加完善的要素市场化配置体制机制的意见》发布，作为中央第一份关于要素市场化配置的文件，明确了要素市场制度建设的方向和重点改革任务。

近年来，中央和地方在要素改革方面都进行了有益探索。比如国家高度重视土地要素市场化配置改革，中央相继出台一系列重要政策文件，继《中共中央 国务院关于构建更加完善的要素市场化配置体制机制的意见》之后，陆续发布了《中共中央 国务院关于新时代加快完善社会主义市场经济体制的意见》《建设高标准市场体系行动方案》，围绕构建高标准市场体系进一步作出部署，把推动土地要素市场化配置放到突出位置。

> **拓展阅读**
>
> **土地要素改革驶入快车道**
>
> 在中央政策指引下，各地因地制宜开展了土地要素改革的积极探索和实践。

> 2020年6月，河北省自然资源厅等14个部门联合印发《关于加快推进新增工业用地"标准地"出让的指导意见》明确"标准地"出让流程和操作细则。2022年12月，广东省政府印发《广东省土地要素市场化配置改革行动方案》，提出到2023年底，土地要素价格更加合理、流动更加自主有序、配置更加高效公平；到2025年底，土地计划指标管理更加科学，产业用地保障体系基本完备，存量建设用地实现高效利用，集体经营性建设用地入市制度基本建立，城乡统一的建设用地市场初步形成，切实为推动广东高质量发展提供重要支撑。2022年，河南省确定了要素市场化配置改革的6个试点，其中许昌市自然资源和规划局为土地要素市场化配置改革试点。试点期限为2022年至2024年，力争在关键环节取得突破，形成可复制可推广的改革经验。

这些地方立足本地实际，以中央决策部署为指引，因地制宜开展土地要素改革创新实践，在建立健全城乡统一建设用地市场、深化产业用地市场化配置、存量用地盘活利用等方面取得积极进展，为全国土地要素市场化配置改革提供了有益借鉴。

总的来看，"十四五"时期是全面建设社会主义现代化国家开局起步的关键时期，也是加快构建新发展格局的窗口期。推动高质量发展，必须破除一切束缚生产力发展的思想观念和体制机制弊端，加快形成与新发展阶段要求相适应、充满活力的社会主义生产关系，夯实现代化经济体系基础，构建新发展格局，形成推动高质量发展的强大合力。

二、要素活化赋新能

新发展阶段，支撑高质量发展的关键是培育壮大新动能，重点在于用改革的办法推动要素自由流动，优化存量资源配置，激活新的增长因素和增长动力。

向新而行：发展新质生产力

《中共中央 国务院关于构建更加完善的要素市场化配置体制机制的意见》指出，要聚焦土地、劳动力、资本、技术、数据等重点领域，继续推进要素市场化改革，健全要素市场体系，推进要素市场制度建设。

（一）激活数据要素潜能

数据作为新型生产要素，在数字经济时代的重要性日益凸显。大数据、人工智能等现代信息技术的迅猛发展，催生了数字经济新业态新模式。数字贸易、共享经济、在线教育、远程医疗等蓬勃兴起，数据资源的价值日益凸显。数据要素市场化配置，已成为全球竞相探索的热点。2022年12月，中共中央、国务院印发的《关于构建数据基础制度更好发挥数据要素作用的意见》提出，加快构建数据属性、数据权益、数据流通交易、数据安全等数据基础制度，促进数据要素规范有序流动。这为加快培育和发展数据要素市场指明了方向。各地纷纷探索创新路径，加快数据要素市场建设步伐。比如，贵州省大数据交易所形成了从数据采集、清洗、分析、交易到应用的完整产业链条；上海市数据交易所的设立，聚焦确权难、定价难、互信难、入场难、监管难等关键共性难题，为全国数据要素市场建设提供了"上海方案"。

（二）强化技术创新赋能

随着新一轮科技革命的深入推进，技术创新的重要性更加突出，加快科技成果转化和产业化进程，充分释放科技创新创造潜能，已成为推动高质量发展的关键所在。当前，关键核心技术受制于人的局面尚未根本改变，创新链与产业链、科技与经济"两张皮"问题仍然存在，科技成果转化为现实生产力的通道不畅。《中共中央关于制定国民经济和社会发展第十四个五年规划和二〇三五年远景目标的建议》提出，必须坚持创新在我国现代化建设全局中的核心地位，把科技自立自强作为国家发展的战略支撑。这就要求在完善产权激励机制、健全科技成果转化机制、畅通技术要素流动渠道等方面持续发力。各地积极探索科技成果使用权、处置权、收益权改革，推动科技成果转化。比如，山东省出台知识产权转化专项资金管理办法，鼓励高校院所开展知识产权运营。上海市推出科创板并试点注册制，为科创企业提供直接融资渠道。这些改革举措有利于打通科技成果转化通道，为新动能培育和壮大提供强大助力。

（三）迸发人才创新动能

劳动力资源配置是要素市场化配置的重点领域和关键环节。近年来，户籍制度改革持续深化，以职称评审权下放、人才引进政策创新等为代表的人事制度改革不断取得新突破。2019年，国务院发布《关于促进劳动力和人才社会性流动体制机制改革的意见》，提出打破妨碍劳动力自由流动的户籍、地域、身份等限制，畅通人才跨地区、跨单位流动渠道。国家层面出台了一系列人才新政，包括简化外国人才签证制度、鼓励海外人才回流创业、完善人才评价机制等，极大激发了人才创新创业活力。各地因地制宜，积极探索人才管理改革新模式。这些改革举措，必将打通人才流动的"任督二脉"，为高质量发展提供智力支撑。但同时也要看到，人才发展体制机制还不完善，人才评价"四唯"倾向仍然存在，柔性引才机制有待健全。新发展阶段，要牢固确立人才引领发展的战略地位，以人才管理体制机制改革为牵引，打通人才流动的体制机制障碍，加快集聚国内外优秀人才，让各类人才的创造活力竞相迸发、聪明才智充分涌流。

> **拓展阅读**
>
> **多地深化改革创新人才新政**
>
> 上海市政府提出了面向"十四五"时期的人才政策升级、突破与拓展，包括集聚海内外优秀人才、造就高水平人才队伍、激励人才创新创业，以及营造优质人才发展生态等多项具体举措。重点聚焦集成电路、人工智能、生物医药等产业

领域，以及数学、物理等基础研究领域，优化留学回国人员、高校应届毕业生、青年人才等群体的落户政策。同时，优化市级人才计划，实施"五大工程"培养高峰人才、基础创新人才、卓越制造人才、城市治理专业人才和高技能人才。

深圳市于2021年9月1日正式实施"鹏城孔雀计划"，旨在进一步破除人才评价"唯论文、唯职称、唯学历、唯奖项"的现象，不再向人才发放"帽子"，而是强化用人主体作用和市场激励导向，构建"能力＋业绩"的人才评价体系，分领域分赛道评价"高精尖缺"人才。深圳市加快完善"4+2+2+2"住房供应与保障体系。具有全日制本科及以上学历，或者符合深圳产业发展需要的各类紧缺人才，可按规定享受租住和购买人才住房优惠。对于"高精尖缺"人才，深圳市将建立人才住房封闭流转制度，规划建设一批高品质人才住房，以更大优惠力度租售，以吸引和留住优秀人才。

2021年11月，北京市出台《"十四五"时期国际科技创新中心建设规划》，通过依托创新平台，以"大科学装置＋大科学任务"等形式，吸引全球顶尖科研人才开展工作，加快推进北京市科技创新发展。北京市推出"朱雀计划"，旨在吸引、留住和培养具有科学家思维、工程师技能和创新资源调配能力的高端科技服务人才，如国际律师、知识产权人才、项目经理等，主要服务于国家实验室、新型研发机构等重点科研机构和"三城一区"等重点区域建设。

（四）健全资本市场功能

党的二十大明确指出要"健全资本市场功能，提高直接融资比重"，这是构建高水平社会主义市场经济体制、推动高质量发展对资本市场提出的新要求。在资本要素配置领域，多层次资本市场建设稳步推进。设立科创板并试点注册制，支持硬科技企业融资发展；创业板改革并试点注册制，为成长型创新创业企业提供融资支持；新三板精选层正式启动，进一步拓宽中小企业融资渠道。

同时，私募股权、创业投资等中长期资金发展较快，更多资金投向战略性新兴产业和高新技术产业。下一步要加快建设多层次资本市场体系，完善市场基础制度，更好发挥政府投资基金作用，发展耐心资本，吸引更多中长期资金入市，为新动能培育壮大提供有力支撑。

这些改革探索和制度创新，正不断为新动能培育注入源源不断的新活力。但也要看到，破除要素流动的体制机制障碍依然任重道远。要素价格形成机制有待进一步完善，要素市场体系亟待进一步健全，政府在资源配置中的角色需进一步转变。只有加快要素改革步伐，打通要素流动的"任督二脉"，形成要素自由流动、高效配置的良性循环，才能不断激发创新创造活力，加快培育发展新动能。总之，只有形成放得开、管得住的有效市场治理格局，才能充分释放各类要素潜能，让新动能竞相迸发。

三、优化环境促新变

（一）营商环境就是生产力

近年来，我国持续推进"放管服"改革，市场准入负面清单制度全面实施，"非禁即入"普遍落地，政府职能加快转变，营商环境持续优化。据世界银行统计，2023年中国在全球营商环境排名中上升了4位，达到第31位，连续两年跻身全球改善营商环境幅度最大的十个经济体之列。但同时也要看到，民营企业在市场准入、审批许可、经营运行、招投标、军民融合等方面依然存在不平等待遇。政府职能转变还不彻底，该放的还没有完全放开，该管的还没有管住管好。一些政府部门权力观念依然严重，审批事项依然偏多，中介服务清理整顿力度不够。知识产权司法保护体系有待健全，侵权违法行为时有发生。这些都在不同程度上影响营商环境优化，制约新动能培育。

向新而行：发展新质生产力

拓展阅读

优化营商环境就是解放生产力

习近平总书记把优化营商环境摆在全局工作的重要位置，多次作出重要指示和论述。

2017年7月，习近平总书记在主持召开中央财经领导小组第十六次会议时强调，要改善投资和市场环境，加快对外开放步伐，降低市场运行成本，营造稳定公平透明、可预期的营商环境，加快建设开放型经济新体制，推动我国经济持续健康发展。

2018年，在博鳌亚洲论坛年会开幕式上习近平总书记比喻说"投资环境就像空气，空气清新才能吸引更多外资"。同年11月，在首届中国国际进口博览会开幕式上，习近平总书记做主旨演讲时提出，要"营造国际一流营商环境"，并强调"营商环境只有更好，没有最好"。

2019年，在中央全面依法治国委员会第二次会议上，习近平总书记深刻阐述了"法治是最好的营商环境"，进一步强化了法治在优化营商环境中的基础性作用。

2020年，习近平总书记在吉林考察时强调"要加快转变政府职能，培育市场化法治化国际化营商环境"。

2021年，习近平总书记在亚太经合组织领导人非正式会议上发表讲话，再次提出"建设更高水平开放型经济新体制创造更具吸引力的营商环境"。

党的二十大报告指出"完善产权保护、市场准入、公平竞争、社会信用等市场经济基础制度，优化营商环境"，强调"要以高水平安全保障高质量发展，依法维护社会主义市场经济秩序，提升法治化营商环境建设水平"。

2023年，习近平总书记视察河北时强调，"下大气力优化营商环境"，"要打造市场化、法治化、国际化一流营商环境"。

> 2024年3月，习近平总书记在湖南省长沙市主持召开新时代推动中部地区崛起座谈会并发表重要讲话。会上，他再次强调要"进一步优化民营企业发展环境"。

（二）统一市场准入制度破"垄断"

全面实施市场准入负面清单制度是优化营商环境的关键一招。2018年，国家发展改革委、商务部印发了《市场准入负面清单（2018年版）》，这标志着我国全面实施市场准入负面清单制度。2022年《长三角地区市场准入体系一体化建设合作协议》的签署推动了长三角地区标准规范统一、信息共享互认、改革协同共进、预期稳定透明的市场准入一体化体系的建立。浙江省全面实施"证照分离"改革，在市场准入、生产许可等方面大幅放宽限制，并制定"证照分离"改革全覆盖工作方案，让改革成果惠及更多市场主体。

（三）公平竞争显"神通"

公平竞争审查制度是优化营商环境的"规矩"和"尺子"。2024年6月6日颁布的《公平竞争审查条例》于2024年8月1日正式施行，首次以行政法规的形式对公平竞争审查的对象、标准、机制、监督保障等作了全面、系统、详细的规定，有助于各地积极开展公平竞争审查，维护市场公平竞争秩序。

（四）为知识产权锻造"护身符"

党的二十大报告指出，"加强知识产权法治保障，形成支持全面创新的基础制度""健全现代文化产业体系和市场体系"。加强知识产权保护是优化营商环境的题中应有之义。近年来，我国知识产权保护力度不断加大。最高人民法院知识产权法庭成立5年来，共受理案件18924件、审结15710件，国家层面知识产权案件上诉审理机制运行成效显著。

（五）法治化环境扬"正气"

法治化营商环境是高质量发展的重要保障。近年来，国务院多次部署持续优化营商环境，要求全面实行"谁执法谁普法"的普法责任制，加快建设法治政府、推进依法行政。最高人民法院发布服务保障民营企业健康发展司法解释，从平等保护、字号权益保护等方面为民营企业营造良好法治环境。上海市制定优化营商环境条例，从政务服务、市场环境、投资贸易便利化等方面入手，以法治化方式推进营商环境建设。海南自由贸易港以立法推动优化营商环境，率先在全国出台外商投资权益保护条例。这些举措有力推动了法治化营商环境建设，增强了各类市场主体投资兴业的信心和预期。

可以说，持续优化营商环境，已成为各地激发市场活力、培育经济新动能的重要着力点。展望未来，要加强事中事后监管，维护公平竞争的市场秩序。要加快政府数字化转型，推动政务流程优化再造，完善全国一体化政务服务平台功能。要建立健全产权执法司法保护制度，加强执法司法部门协同联动，依法平等保护各类所有制经济产权。总之，要以法治化、便利化、国际化为导向，打造市场化、法治化、国际化的一流营商环境，以优质高效的制度供给助力经济高质量发展。

第三节　要开放，不要闭门造车

开放带来进步，封闭必然落后，"改革不停顿、开放不止步"是新时代的时代强音。改革开放以来，从"引进来"到"走出去"，从加入世贸组织到共建"一带一路"，从设立经济特区、开发区到自贸试验区、自贸港，中国不断扩大对外开放，在开放中不断深化改革，在改革中不断扩大开放。在经济全球化遭遇逆流、单边主义抬头的背景下，中国坚定不移扩大开放，昂首阔步走向世界，展现负责任大国担当。进入新发展阶段，必须从全方位、多层次、宽领域开展开放合作，积极参与全球经济治理体系改革，推动建设开放型世界经济。展望未来，开放的中国必将为世界发展提供更多机遇，为全球治理贡献更多中国智慧。

一、新质生产力喊你"去远方"

（一）实施更大范围、更宽领域、更深层次的全面开放

新发展阶段，实施更大范围、更宽领域、更深层次的全面开放，是构建新发展格局的内在要求。党的二十届三中全会《决定》提出："必须坚持对外开放基本国策，坚持以开放促改革，依托我国超大规模市场优势，在扩大国际合作中提升开放能力，建设更高水平开放型经济新体制。"这为新发展阶段扩大开放提供了根本遵循。从更高起点、更高层次、更高目标谋划对外开放，必须充分认识开放在新质生产力形成中的突出作用，以开放促改革、促发展、促创新，不断开拓合作共赢新局面。

当今世界，新一轮科技革命和产业变革正在重构全球创新版图、重塑全球经济结构。一方面，创新资源全球流动的趋势更加明显。跨国公司研发投资加速向新兴经济体转移，全球创新链、产业链、供应链加速重构。另一方面，发达国家围绕关键核心技术加紧布局，科技竞争日趋激烈。我国在集成电路、高端芯片、基础软件、核心元器件等领域，关键核心技术受制于人的局面还没有根本改变。可以说，开放与自主的关系，是新发展阶段必须妥善处理的重大命题。面对新的形势变化，必须树立开放创新、合作共赢的理念，以更加开放的思维和举措推进改革。这就要求，必须坚持把开放作为基本国策，奉行互利共

赢的开放战略。要用好国内国际两个市场两种资源，推动更深层次的国际产业分工合作，加快形成参与国际经济合作和竞争新优势。要完善跨境电商等新业态扶持政策，支持企业创新商业模式，拓展国际市场。同时，还要着力增强自主创新能力，坚持自主创新和开放创新相结合，在开放合作中提升关键核心技术创新能力，牢牢掌握发展主动权。如何在更高水平开放中实现更强创新能力，是需要在实践中不断探索的新课题。

（二）建设更高水平开放型经济新体制

建设更高水平开放型经济新体制，是塑造我国参与国际合作和竞争新优势的战略抉择。2020年1月，新修订的《外商投资法》正式实施，准入前国民待遇加负面清单管理制度全面落地。未来，要立足新发展阶段，完整、准确、全面贯彻新发展理念，构建新发展格局，坚定不移推进高水平对外开放。在准入、标准等方面加大制度型开放力度，推动贸易和投资自由化、便利化，形成国际合作和竞争新优势，为世界经济增长注入强大动力。

> **拓展阅读**
>
> **从丝绸之路到"数字丝绸之路"**[①]
>
> 自公元前2世纪汉武帝派张骞出使西域，张骞从长安出发，打通东方通往西方的道路，完成"凿空之旅"，丝绸之路由此畅通，成为中国与欧亚各国经贸往来和文化交流的重要通道。
>
> 随着数字经济时代的到来，中国再次牵头倡议共建"数字丝绸之路"，开启了古丝绸之路在数字时代的创新发展之旅。2013年9月和10月，国家主席

[①] 参见王业斌、高慧彧、郭磊《"数字丝绸之路"的发展历程、成就与经验》，《国际贸易》2023年第10期。

第十章 面向未来的新型生产关系

> 习近平在外出访问期间先后提出"丝绸之路经济带"和"21世纪海上丝绸之路"的战略构想,二者合称为"一带一路"倡议。2015年3月,中国政府制定并发布《推动共建丝绸之路经济带和21世纪海上丝绸之路的愿景与行动》,2015年12月,在第二届世界互联网大会上,习近平主席在开幕式的演讲中指出:要加快全球网络基础建设,推动全球数字经济发展。2017年5月,在"一带一路"国际合作高峰论坛上,习近平主席正式提出了"数字丝绸之路"的概念。
>
> 中国与"一带一路"沿线国家在数字基础设施、5G网络、跨境电商、智慧城市等领域开展了广泛合作。经过不断努力,"数字丝绸之路"建设取得了显著成就:数字合作机制日趋完善,新型数字基础设施实现互联互通,数字贸易蓬勃发展,数字人才培养,数字产业发展环境持续优化。

展望未来,共建"数字丝绸之路"要着眼长远、坚持创新、注重普惠。要继承和弘扬古丝绸之路"和而不同、开放包容、互利共赢"的丝路精神,加强沟通对话,增进政治互信。相信在各方共同努力下,"数字丝绸之路"必将成为造福沿线各国人民的康庄大道,为推动构建人类命运共同体、开创人类更加美好的未来作出新的更大贡献。

二、全球产业链重构中"唱主角"

(一)在危机中育新机、于变局中开新局

当前,全球产业链供应链面临重大调整,呈现区域化、去中心化、数字化等新趋势。一方面,新冠疫情冲击全球供应链稳定,一些跨国公司调整全球供应链布局,产业链区域化特征明显。另一方面,新兴经济体创新能力不断提升,在全球价值链中分工地位逐步攀升,全球价值链呈现多极化态势。同时,数字贸易、

服务贸易快速发展，流动性生产要素对全球经济影响力不断提升。图 10-7 列出了 2021 年全球 47 个主要国家、2022 年全球 51 个主要国家数字经济增长情况。

在危机中育新机、于变局中开新局，成为把握全球产业链重构主动权的关键所在。

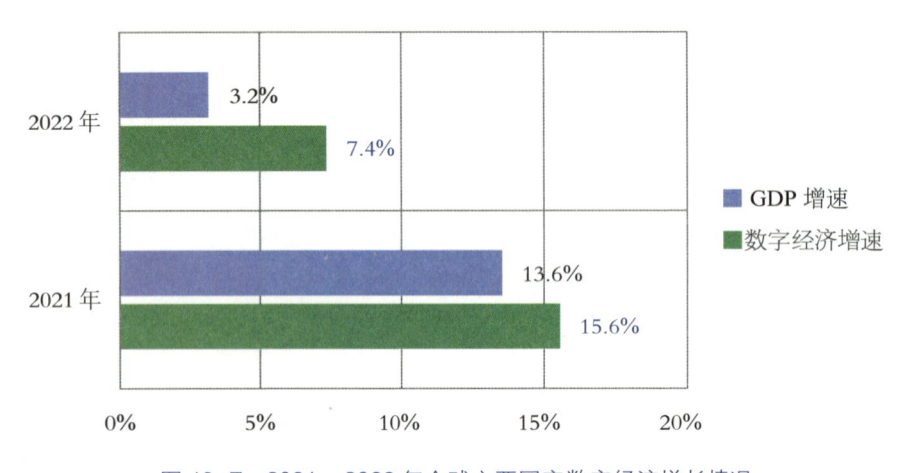

图 10-7 2021—2022 年全球主要国家数字经济增长情况

2022 年：GDP 增速 3.2%，数字经济增速 7.4%
2021 年：GDP 增速 13.6%，数字经济增速 15.6%

（二）坚持对外开放基本国策不动摇

面对世界百年未有之大变局，中国坚持对外开放的基本国策，积极参与全球产业分工。这为重塑全球产业链供应链提供了强大助力。2020 年，中国成为全球唯一实现经济正增长的主要经济体，GDP 突破 100 万亿元大关。中国 14 亿多人口的超大规模市场优势持续释放，"世界工厂"和"世界市场"的地位进一步巩固。2023 年进出口总值达 41.76 万亿元，中国货物贸易规模位居全球第一。可以说，中国已经成为引领全球开放合作的重要力量。

（三）畅通内循环，构建双循环

立足国内大循环，积极参与全球产业分工，是新发展格局下重塑产业链供应链韧性和竞争力的关键路径。习近平总书记在党的二十大报告中指出："推进高水平对外开放。依托我国超大规模市场优势，以国内大循环吸引全球资源要素，增强国内国际两个市场两种资源联动效应，提升贸易投资合作质量和水平。稳步扩大规则、规制、管理、标准等制度型开放。"这就要求，必须加快培育完整内需体系，发挥超大规模市场优势，充分激发国内市场潜力。要着力畅通国内经济循环，加快构建新发展格局。要增强产业链供应链自主可控能力，着力锻造产业链供应链长板，补齐产业链供应链短板。同时，要主动参与全球产业分工和竞争，依托国内经济循环体系形成对全球要素资源的强大引力场。推动内需和外需、进口和出口、引进外资和对外投资协调发展，加快培育参与国际合作和竞争新优势。

（四）锁定发展新质生产力"主战场"

制造业是现代产业体系的根基，也是新质生产力落地生根的"主战场"。抓住全球产业链重构窗口期，推动制造业迈向全球价值链中高端，是重塑我国参与国际分工格局的战略选择。新发展阶段，要围绕产业基础高级化、产业链现代化，加快建设制造强国。要顺应智能制造、绿色制造等新趋势，大力发展高端装备、智能制造、绿色制造，培育壮大集成电路、新材料、人工智能等战略性新兴产业。特别是要瞄准关键核心技术、关键零部件和元器件等"卡脖子"领域，实施好关键核心技术攻关工程。通过前瞻谋划、超前布局，加速我国制造业向全球价值链中高端迈进，重塑参与国际分工合作新优势，在全球产业链重构中唱好主角。

三、让"朋友圈"越来越大

构建人类命运共同体，是新时代中国特色大国外交的重要使命。党的二十届三中全会《决定》提出，"推动构建人类命运共同体，践行全人类共同价值"。

向新而行：发展新质生产力

既要让中国人民过上好日子，也要让各国人民共享发展机遇。面对动荡变革的外部环境，中国始终做世界和平的建设者、全球发展的贡献者、国际秩序的维护者，以实际行动推动构建人类命运共同体。从提出共建"一带一路"倡议到积极参与全球抗疫合作，从推动区域经济一体化到深化南南合作，中国以实际行动为完善全球治理、维护多边主义贡献智慧和力量。

（一）让"一带一路"惠及全球

"'一带一路'源于中国，但属于世界"，这一理念充分体现了"一带一路"倡议的开放包容、互利共赢的精神。10多年来，在各方共同努力下，共建"一带一路"从中国倡议走向国际实践，成为深受欢迎的国际公共产品和合作平台，为世界经济增长注入了新动能，为全球发展开辟了新空间，有力促进了沿线各国经济社会发展，造福当地民众，成为构建人类命运共同体的生动实践。

拓展阅读

"一带一路"惠及全球

在基础设施领域，中欧班列成为连接欧亚大陆的重要纽带。截至2024年2月底，中欧班列累计开行8.5万列，中欧班列已经通达欧洲25个国家，连通的城市由2023年的217个增加到219个。截至2024年9月，以"丝路海运"命名的航线总数达132条，通达全球46个国家和地区的145座港口。海上丝绸之路海洋环境预报保障系统持续业务化运行，范围覆盖"一带一路"共建国家的100多个城市。

贸易投资合作成绩斐然。2018—2023年，中国与"一带一路"共建国家货物贸易额从1.9万亿美元增长至2.8万亿美元，年均增长8.1%，占比由40.6%提高至46.6%。2024年上半年，中国与"一带一路"共建国家货物贸易额达1.4万亿美元，占比是47.4%。截至2024年10月，亚投行成员达110个，累计批准项目近 300 个，累计批准融资总额达 537 亿美元，惠及 37 个亚洲域内与域外成员。丝路基金与欧洲投资基金设立的中欧共同投资基金已在近 20 个国家开展投资，涉及 80 多家中小企业。

人文交流日益频繁。中国已经与 140 多个国家签订了文化及旅游相关协定或备忘录。在此基础上启动了"文化丝路"计划，540 多家单位参与到丝绸之路五大联盟之中。截至 2024 年 4 月底，我国已与 153 个经济体、32 个国际组织签署了 200 余份共建"一带一路"的合作文件，与共建伙伴之间在政策、设施、贸易、资金、人文等方面的关系日渐密切。我国已经连续举办 7 届丝绸之路（敦煌）国际文化博览会，吸引"一带一路"共建国家文化、文学、艺术等领域专家开展交流与合作，促进文化交流和民众相互了解。

10 多年来，中国与五大洲的 150 多个国家、30 多个国际组织签署了 200 多份共建"一带一路"合作文件，形成一大批标志性项目和惠民生的"小而美"项目。从共商共建到共享共赢，从互联互通到融通发展，从政策沟通到民心相通，"一带一路"建设取得丰硕成果，让沿线各国人民有了实实在在的获得感。事实证明，共建"一带一路"顺应时代发展潮流，符合各国人民共同愿望，为世界经济注入新动力，为全球发展开辟新空间。展望未来，共建"一带一路"必将开创合作共赢、共同发展的光明前景，为构建人类命运共同体作出更大贡献。

（二）打造区域经济合作新高地

上海合作组织（SCO）自 2001 年 6 月成立以来，已成为地区合作与安全的重要平台。近年来，随着中欧班列的开行次数增多，SCO 地区逐渐成为亚欧大陆的重要贸易通道。基础设施建设，如公路、油气管线和铁路的发展，促进了成员国之间更紧密的经济合作。此外，中国通过设立如中国－上合组织地方经贸合作示范区和上海合作组织农业技术交流培训示范基地等机构，分享先进技

向新而行：发展新质生产力

术和经验，助力成员国产业发展。上海合作组织不仅增强了地区的和平与稳定，也推动了经济和文化的繁荣发展，树立了新型国际关系和区域合作的典范。

中国-东盟自由贸易区（CAFTA）是中国与东南亚国家联盟（ASEAN）之间的一个重要经济合作框架，自 2010 年 1 月 1 日正式建成以来，已成为中国第一个也是发展中国家间最大的自由贸易区。该自由贸易区覆盖约 19 亿人口，国民生产总值达 6 万亿美元，贸易总额达 4.5 万亿美元。自贸区建成后，双方对超过 90% 的产品实行了零关税。通过这一措施，中国对东盟的平均关税从 9.8% 降至 0.1%，而东盟 6 个老成员国对中国的平均关税也从 12.8% 降至 0.6%。这一关税水平的大幅降低极大促进了双边贸易的快速增长。2022 年双方贸易额达 9753 亿美元，贸易额同比增长 11.2%，比 2013 年的 4436 亿美元扩大了 1.2 倍。截至 2024 年 7 月，中国同东盟国家累计双向投资额超过 4000 亿美元，在东盟设立直接投资企业超过 6500 家。

《区域全面经济伙伴关系协定》（RCEP）的签署预示着全球最大自贸区的成立，涵盖了 15 个成员国、22.7 亿人口、26 万亿美元的 GDP 和 5.2 万亿美元的出口额，占全球经济总量约 30%。RCEP 将促进区域经济一体化，推动高标准自贸区网络的建设，增强多边贸易体系并刺激全球经济复苏。作为主要推动者，中国将引领与 RCEP 成员国的经贸合作，加强区域合作。2023 年中国对 RCEP 其他 14 个成员国合计进出口 12.6 万亿元（人民币），较协定生效前的 2021 年增长 5.3%。RCEP 实施后，进一步促进区域内要素流动和成员国间的紧密合作，为亚太及全球经济增长提供了新动力。

这些合作平台和协议不仅为中国与其伙伴国之间的贸易和经济合作提供了坚实的基础，而且在全球化的背景下扮演着至关重要的角色。随着全球经济结构的不断变化与挑战，这些合作机制将继续发挥其独特的作用，不仅促进区域内的经济一体化，也将帮助构建更为紧密的全球经济联系。展望未来，这些合作机制将继续为成员国创造繁荣、增加就业，以及促进技术和文化交流，共同

第十章　面向未来的新型生产关系

为打造一个更加繁荣和稳定的亚洲乃至全球经济合作新高地作出贡献。

（三）携手构建人类命运共同体

互利共赢、合作发展是中国推动构建人类命运共同体的根本立场。中国始终坚定不渝走和平发展道路，奉行互利共赢的开放战略，积极发展全球伙伴关系。截至2023年，在与中国建立外交关系的182个国家中，双边关系定位中带有"伙伴"称谓的国家近100个，遍布全球五大洲。此外，中国还同欧盟、非盟、东盟、阿盟等10多个地区和区域性组织建立了不同形式的伙伴关系。从周边国家到欧亚大陆，从非洲大陆到拉美地区，中国伙伴遍天下。"朋友圈"越来越大，为构建人类命运共同体奠定了坚实基础。

> **拓展阅读**
>
> **中国新质生产力"朋友圈"越来越大**[①]
>
> **强化科技合作机制。** 截至2023年，中国已与160多个国家和地区建立科技合作关系，签署118个政府间科技合作协定，参加国际组织和多边机制超过200个，2023年，中国提出《国际科技合作倡议》，倡导开放、公平、公正、非歧视的理念，致力与各方共同探讨互利共赢的全球科技创新合作新模式。
>
> **夯实基础设施建设。** 截至2023年底，构建超190套跨境陆缆系统。广泛建设5G基站、数据中心、云计算中心、智慧城市等，对传统基础设施如港口、铁路、道路、能源、水利等进行数字化升级改造，中国－东盟信息港、数字化中欧班列、中阿网上丝绸之路等重点项目全面推进，"数字丝路地球大数据平台"实现多语言数据共享。

[①] 参见张丽、谢松延《共建"一带一路"倡议提出十周年：数字基础设施成效、挑战及建议》，《通信企业管理》2023年第11期。

向新而行：发展新质生产力

完善国际贸易渠道。数字支付系统在"一带一路"国家得到广泛应用，为131个共建国家开通了银联卡业务和银联移动支付功能，为国际贸易提供了便捷的支付方式。

深化科研交流合作。我国已与80多个共建国家签署政府间科技合作协定，共建50多家"一带一路"联合实验室，在共建国家建成20多个农业技术示范中心和70多个海外产业园，建立了10个海外科教合作中心，建设了9个跨国技术转移中心。积极参与并牵头组织国际大科学计划和大科学工程，如平方公里阵列射电望远镜（SKA）、国际热核聚变实验堆（ITER）等，这些项目不仅提升了中国的科技创新能力，也促进了国际科技界的交流与合作，推动了全球科技事业的发展。

（四）使"中国梦"成为"世界梦"

发展新质生产力，中国不能也不会唱"独角戏"。面向未来，开放合作是人间正道。我国将立足新发展阶段，贯彻新发展理念，加快构建新发展格局，更加积极主动地参与全球治理体系变革，在开放中推进改革，在合作中实现共赢。坚持实施更大范围、更宽领域、更深层次的全面开放，依托我国超大规模市场优势，以高水平开放推动深层次改革，增强国内国际两个市场两种资源联动效应，不断塑造参与国际合作和竞争新优势。

激荡改革潮，扬帆正启航。发展新质生产力的过程，也就是继续以开放促改革、促发展的过程。让我们乘着全面深化改革的东风，做好创新这篇大文章，推动新质生产力加快发展，为中华民族伟大复兴和强国建设注入源源不断的新动能，为世界和平发展增添更多正能量，为构建人类命运共同体贡献中国智慧和中国方案。

后 记

"一门科学提出的每一种新见解都包含这门科学的术语的革命",恩格斯在论及《资本论》的理论创新和科学精神时如是说。当今世界正经历百年未有之大变局,新一轮科技革命和产业变革正掀起惊涛骇浪。新质生产力的提出,是党的十八大以来以习近平同志为核心的党中央立足于世界科技进步的前沿,着眼于全面建成社会主义现代化强国这一目标任务作出的具有划时代意义的重大理论创新。新质生产力理论是习近平经济思想的重要组成部分,是马克思主义生产力理论中国化时代化的最新成果,是对中国特色社会主义政治经济学理论体系"术语革命"的丰富和发展。从这个意义上看,发展新质生产力不啻一项大变革。

新质生产力是由技术革命性突破、生产要素创新性配置、产业深度转型升级催生的当代先进生产力,背靠坚实的经济学理论大厦,内含丰富而又深刻的历史逻辑、理论逻辑和实践逻辑,需要完整认识、全面理解、准确把握。截至目前,出版界已集中涌现了一些富有洞见的学术著作,对理解新质生产力提供了日渐清晰的理论框架。但细细品读之后,虽书香满怀,却总觉缺点什么。这也重新激起了我步先行者之尘探究新质生产力理论创新体系的好奇心。或许,这正是我们拾笔赘述的根本原因。

《向新而行:发展新质生产力》是集体智慧的结晶。翟云统筹全书章节目录和统稿工作,杨杰董事长为书稿撰写贡献了很多原创性智慧,潘云龙、高乐、

向新而行：发展新质生产力

赵艺鸣参与了第一章编写，潘云龙、刘旭然参与了第二章编写，陈洪涛、杜倩、杨雅清、董辰儿参与了第三章编写，王莉军、张均胜参与了第四章编写，王晓梅、靳中美、宋业臻参与了第五章编写，梁鹏、郭中梅、王鹏、孙亮、魏丽丽、张颖、王颢颖参与了第六章编写，王晓冬、董超、邹文博、李木子参与了第七章编写，韩融参与了第八章编写，叶健、曲武、杨志雄、冯朝阳参与了第九章编写，邱茜参与了第十章编写。李江涛教授、宋洁教授、傅建平研究员给本书编写提供了很多建设性的意见建议。本书得到了中共中央党校（国家行政学院）、国家信息中心、中国行政管理学会、浙江省数据局、山东省大数据局、青岛市大数据发展管理局、中国移动、中国联通、中国电子云、中智集团、清华大学、北京大学、中国科学技术信息研究所、首都经济贸易大学、北京电子科技学院、360集团、北京金晴云华科技有限公司、北京华宇软件股份有限公司、数字中国研究院（福建）、数字浙江技术运营有限公司、数字重庆大数据应用发展有限公司、腾讯研究院等单位有关同志的大力支持，特别感谢国家行政学院出版社胡敏社长、王莹主任对本书定位和策划，提出的专业性的意见建议，让我们受益良多。在此，谨向所有给予本书帮助支持的单位和同志表示衷心的感谢。

发展新质生产力没有任何成熟的经验和模式可以直接"即插即用"，没有任何清晰的战略和规划可以模仿照搬。这对我们既是机遇，也是鞭策。书写新质生产力的故事，必须依赖我们自己。本书即将付梓，掩卷回顾，从辗转犹豫到萌生创意，从全书布局到章节编排，从内容撰写到文字润色，无不有一种重任在肩的感觉，丝毫不敢怠慢。虽即如此，总觉心绪不宁，薄薄的一本书难将心中所思所想所盼一并和盘托出，呈现给读者的或许仅是新质生产力理论体系和实践探索的冰山一角。尽管我们苦思冥想、竭力而作，但本书是否能够解其所惑、明其所向，我仍惴惴不安。

新质生产力理论博大精深，兼具时代性、开放性、拓展性、挑战性，很多

后　记

内容仍在不断学理化和体系化的过程中。尽管有不少名师大家指点迷津，尽管有那么多宏论巨著可资佐学，但由于著者水平有限，书中依然难免有疏漏和错误之处。书中倘有引文遗漏存冒犯之处，亦恳请相关之士见谅海涵。精益求精，止于至善。我们期待，专家学者和广大读者能不吝指教，帮助我们消除谬误、弥补缺失，待再版时能以崭新的面貌呈现在读者面前，为高质量发展尽一份绵薄之力。

　　是为记。

2024 年 8 月于大有庄 100 号